KB008920

나의 첫 논어 공부

나의
첫
논어
공부

김태진
지음

메멘토

일러두기

1. 이 책에 인용한 『논어』 문장은 저자가 직접 원문을 번역한 것이다. 가독성을 고려해 번역문은 본문에 두고 해당 원문은 책의 맨 뒤에 실었다.
2. 『논어』의 번역문과 원문 뒤의 「학이 1」과 같은 표시는 「학이」 편의 1장을 가리킨다. 장 구분은 주희朱熹의 『논어집주論語集註』를 따랐다.

초판을 펴내고 여러 해가 지났습니다. 첫 책인데도 기대를 넘어서
는 독자들의 칭찬이 있었어요. 특히 중·고등학교 현직 선생님들의
애정 어린 호응을 얻고 큰 보람을 느꼈습니다. 선생님들이 먼저 읽
고 학생들에게 권한 경우가 적지 않았다고 해요. 어렵게만 여겼던
『논어』가 의외로 재밌고, 공자라는 분도 친근하게 다가왔다는 게
학생들의 대체적인 독후감이었어요.

　칭찬과 호응의 주요 근거는 『논어論語』라는 고전을 쉽게 접근할
수 있도록 요령껏 정리했다는 점일 듯했어요. 성인 독자는 이 책을
『논어』를 본격적으로 공부하기 전에 읽으면 좋은 책으로 보는 경우
가 많았습니다. 연구서와 번역서를 제외하고도 『논어』를 다룬 교양

서가 적지 않은 형편이라 이런 반응은 큰 격려가 되었어요. 한편으로는 청소년에 한정한 서술이 많아 읽는 동안 부담스러웠다는 말씀도 들었고, 내용이 계몽적이고 교훈적이라 불편했다는 따끔한 충고의 말씀도 있었습니다.

여러 해가 지나는 동안 이 책이 『논어』에 관심 있는 청소년뿐만 아니라 성인까지도 아우를 수 있는 책이 되었으면 하는 바람이 생겨 개정판을 내게 되었어요. 이를 위해 표현을 고치고 문장을 다듬었으며, 불필요한 단락은 통째로 덜어 내기도 했어요. 그렇지만 부록에 속하는 「질문 있어요」는 『논어』가 '공자 학교의 이야기'라는 모티브를 담고 있다는 점에서 『논어』를 이해하는 데 도움이 된다고 여겨 그대로 두었습니다.

초판 내용을 고치는 수준에서 개정하는 것은 마음에 차지 않아 새로이 쓴 원고를 부록에 담았습니다. 『논어』와 밀접한 관련이 있는 이덕무, 정약용, 김정희, 안중근의 이야기예요. 『논어』를 처음 접하는 독자들을 위한 저의 배려라고 생각해 주길 바랍니다.

개정판의 제목은 『나의 첫 논어 공부』로 정했어요. 이 책을 거쳐서 『논어』 번역본 읽기, 더 나아가 『논어』 원전 읽기에 도전하는 용기를 내면 좋겠습니다. 이 책이 지혜의 창고인 『논어』로 향해 가는 작은 이정표가 되기를 바랍니다.

2024년 4월
김태진

『논어』는 제게 고향 가까이 있는 지리산과 무척 닮았습니다. 산 아래 중산리에서 정상인 천왕봉까지 올라가려면 무엇보다 지루함을 견뎌야 합니다. 가도 가도 모양이 비슷한 산과 계곡이 이어지니까요. 가끔은 숨어 있는 멋진 계곡과 만나기도 하지만, 좋은 건 잠깐입니다. 다리가 풀리기 전에 마음을 단단히 먹고 다시 걸음을 재촉해야 합니다. 그렇게 애써서 일단 정상에 오르면, 정상에서 이어지는 산등성이를 따라가다 만나는 세석평전의 철쭉이 장관이고 구름의 알갱이가 피부를 살짝 스치는 느낌도 경이롭지요. 그 경이로운 기쁨은 등산의 수고를 말끔히 가시게 합니다.

제가 『논어』를 처음 만난 때가 벌써 스무 해 전인데, 이제 조금씩

『논어』가 느껴집니다. 한 해에도 여러 번 읽고 있는데요, 그때마다 지리산을 오를 때 느낀 뿌듯함이 생각납니다. '그래, 내가 뒤처지지 않고 조금씩이라도 앞으로 가고 있구나.' 하고 안심될 때가 있어요.

『논어』는 역시 제 고향 가까이 있는 남해와도 많이 닮았습니다. 바다는 아무리 바라봐도 물리지 않고 새로워요. 저는 그렇습니다. 제가 처음 본 바다는 초등학교 저학년 때 남해대교를 건너면서 본 다도해인데, 그때부터 40대가 된 지금까지 바다가 주는 느낌이 늘 다르더군요. 『논어』의 구절도 읽을 때마다 맛이 달라요. 이제 삶을 한 겹이 아니라 여러 겹으로 볼 수 있는 눈이 생겼기 때문일까요?

하지만 제게 아무리 좋은 글이라도 다른 사람에게 마냥 좋으리란 법은 없죠. 저는 제가 읽고서 좋았던 『논어』의 구절과 공자孔子의 생각을 여러분과 나누고 싶지, 『논어』의 말씀을 빌려 훈계나 교훈 따위를 늘어놓을 생각은 없습니다. 이 책을 읽다가 마음에 다가오지 않는 대목은 무시하고 넘어가도 됩니다. 공자는 남에게 뭔가를 강요하는 분이 아니니, 그분도 제 생각에 동의하지 않을까요? 다만 여러분이 공감하는 대목은 읽고 배우고 느껴서 일상생활에 실천해 보기를 바랍니다. 그러는 가운데 작은 기쁨이라도 느껴 보면 좋겠습니다. 저는 '배움과 실천의 열렬함과 기쁨'이야말로 『논어』에서 공자가 힘주어 말하는 가르침이라고 생각합니다. 무엇을 배우고 어떻게 실천할지는 저마다 다르겠지요.

편집자의 격려 덕에 『열일곱 살에 읽는 맹자孟子』와 『열일곱 살에 읽는 논어』 두 권을 한꺼번에 내는 기쁨을 맛보게 되었습니다. 버거운 일이라고 생각했지만 도전하게 해 주셔서 고맙습니다. 고전의 현대적 의미를 되새기도록 조언을 아끼지 않으신 원기중 선생님, 교사로서 후배들의 귀감이 되고 올해를 끝으로 우리 학교에서 정년 퇴직하시는 김건석 선생님께도 마음 깊이 감사 인사를 올립니다. 나의 어머니 임명임 님을 비롯해 아내 정진라와 두 아이(윤후, 윤서)에게도 고마움을 전합니다. 글이 풀리지 않을 때 영감을 준, 사랑하는 나의 신광여고 2학년 3반 학생들도 고맙습니다.

늘 응원해 주신 분들께 앞으로도 더욱 정진할 것을 약속드리며, 부디 이 조촐한 책이 여러분과 공자를 잇는 만만한 다리가 되길 바랍니다.

2017년 8월

김태진

차례

3부 공자의 가치 1 : 홀로

4부 공자의 가치 2 : 함께

우리가 함께 읽기로 마음을 낸 고전은 『논어』입니다. 읽지는 않았더라도 누구나 한 번쯤은 들어 본 제목일 겁니다. 혹시 여러분 중에 서점의 서가에서 이 책을 빼내어 한동안 서서 책갈피를 몇 장 넘긴 분도 있을지 모르겠네요.

고전 중에 특히 『논어』를 고른 이유에 대해서는 차차 말씀드리기로 하고, 우선 제 소개부터 할게요. 저는 올해로 20년 차인 고등학교 국어 교사입니다. 학교에서 보낸 시간을 회상하니, 결국 책과 사람이었습니다. 어울리고 부대끼며 보낸 학생들과 제가 가장 자주꺼내 읽은 책이 『논어』였어요. 새로운 삶의 길 앞에서 출발의 호흡을 가다듬는 모든 분과 함께 읽어 보고 싶습니다.

『논어』는 나이가 들면서 같은 구절도 다르게 느껴져요. 그래서 곁에 두고 반복해서 읽어야 하는 책이라고 생각합니다. 제가 『논어』를 반복해서 읽는 것은 바로 공자라는 인물의 매력 때문입니다. 공자는 고리타분한 '꼰대'가 아닙니다. 언제든 그 앞에 무릎 꿇고 싶은 스승이에요. 맹자孟子의 표현을 빌리면, '시대를 거슬러 가서 벗하고 싶은 분[尙友]'(『맹자』 「만장萬章」)입니다. 꼭 살아 있는 사람만 스승이 되란 법은 없지요. 옛사람들 중에 보고 배울 분이 얼마나 많습니까?

『논어』에는 공자 학교의 학생들이 많이 등장합니다. 용맹한 자로子路, 명민한 자공子貢, 어진 안회顔回 등 여러 제자의 삶이 책에 녹아 있습니다. 우리가 사회생활을 하면서 만났거나 만날 사람들의 어지간한 성격은 이 책에서 모두 만날 수 있습니다. '만일 공자 선생님과 공부했다면 나는 어떤 사람이 되었을까?' 저는 가끔 이런 상상을 하며 읽기도 합니다.

공자와 제자의 대화가 담긴 『논어』를 읽으면서 교사로서 저 자신을 돌이킬 때가 많습니다. 똑같은 질문이라도 각 제자의 특성에 맞춰 다르게 대답하는 공자의 교육 방법에 공감하고, 모든 가르침을 말로 전하는 데서 그치지 않고 몸으로 실천하는 그의 모습에 감탄합니다. 공자 학교의 이야기인 『논어』가 제게는 훌륭한 교육철학 서적으로 읽히는 겁니다.

고전은 누구나 그 중요성을 말하지만 가까이하는 사람은 드물고,

때로 고전을 손에 들어도 '필독서'가 주는 의무감에서 벗어나 자신과 대면하기 위해 읽는 이는 더욱 귀해 아쉽습니다. 고전을 읽다 보면 자연스럽게 나 자신을 만나게 됩니다. 우리는 저마다 개성이 있으니, 같은 책이라도 여러분은 저와 다르게 읽을 수 있습니다. 마음대로 읽고 혼자서 비밀스레 간직할 수 있는 자유 말이죠!

고전은 마음의 함대

고전의 뜻을 자세히 알아볼까요? 고전을 뜻하는 영어 '클래식classic'은 라틴어 '클라시쿠스classicus'에서 왔고, '클라시쿠스'는 함대라는 뜻이 있는 '클라시스classis'에서 왔습니다. 함대는 '군함의 집합'이죠. 고대 로마에서 국가적 위기 상황에 맞닥뜨렸을 때 국가를 위해 함대를 기부할 수 있는 부자들을 가리킨 말이 클라시쿠스입니다. 인간은 살아가면서 언제든 위기에 처할 수 있습니다. 그러니 전쟁 같은 삶의 위기를 만났을 때 함대처럼 든든한 힘을 주는 책이나 작품을 '클래식'이라고 부르게 된 것입니다.

한자어 고전古典은 원래 오래된 문물을 가리켰습니다. 그런데 예[古]부터 소중하게 여겨 온 책[典], 즉 고전이 함대 같은 힘을 준다는 점에서 '클래식'의 번역어로 선정되었습니다. 한자 典의 모습을 볼까요? 다리가 달린 책상 위에 옛 책의 형태인 두루마리를 올려놓은 모양입니다. 책상에 올려 둔다는 것은 소중히 여기고 늘 열심히 읽어 참고한다는 뜻이겠지요. 고전을 어떻게 정의하든 우리가 그것을 읽는 목적은 앞으로 닥칠 위험에 대비하는 데 있습니다. '마음의 근육'을 기르고 '마음의 함대'를 갖기 위함이죠.

고전 읽기는 '장님 코끼리 만지기'

고전을 어떻게 읽어야 할까요? 옛날 인도의 어떤 왕이 장님 여섯을 불러 코끼리를 만지게 하고 느낀 점을 말하라고 했답니다. 맨 먼저 코끼리의 엄니를 만진 장님이 말합니다. "무같이 생긴 동물이군요." 귀를 만진 장님은 "곡식을 까불 때 쓰는 키같이 생겼네요."라고 말합니다. 다리를 만진 장님은 "둘 다 틀렸어요. 커다란 절굿공이같이 생긴 동물이에요."라고 합니다. 또 등을 만진 이는 평상 같다고 우기고, 배를 만진 이는 장독 같다고 뻐기며, 꼬리를 만진 이는 굵은 밧줄 같다고 소리를 높입니다. 그제야 왕이 말합니다. "코끼리는 하나인데, 저마다 자기가 아는 것만을 코끼리로 알면서 조금도 부끄러워하지 않는구나. 진리를 아는 것도 이와 같다." 『열반경涅槃經』「맹인모상盲人摸象」에 나오는 이야기입니다.

이 이야기가 우리에게 주는 메시지는 뭘까요? '진리를 알려면 자신의 좁은 소견을 깨라!' 맞는 말씀입니다. 좌정관천坐井觀天, 즉 우물 안에서 하늘을 본댔자 우물 크기만 한 하늘이 하늘의 전부인 줄 알겠죠. 우리는 대부분 '우물 안 개구리'인데, 이걸 인정하는 사람은 별로 없습니다.

관점을 바꿔서 같은 이야기를 읽어 봅시다. 영원히 변하지 않고 확고부동한 진리가 있을까요? 설령 있다고 한들 그 진리가 내 삶의 질을 높일 수 없다면, 그 진리는 내게 무용한 것이겠지요. 앞에서 말한 장님 여섯 명이 만지고 느낀 것들이 모두 거짓일까요? 아닙니다. 그들에겐 나름대로 진리입니다. 느끼고 경험했으니까요.

이게 중요합니다. 비록 당장 전체를 파악하지 못한다 해도 자신의 느낌을 믿고 나아가야 합니다. 오늘 다리를 만졌다면 내일 상아를 만지면 되지요. 조급해하지 말고 느끼는 범위를 찬찬히 넓혀 가면 됩니다. '장님이 코끼리를 만질 자유'가 있는 겁니다.

『논어』 읽기도 장님이 코끼리를 만지는 것과 다르지 않습니다. 『논어』를 통째로 파악하려는 욕심과 조바심을 내려놓고, 자신이 읽은 구절을 천천히 음미하면 됩니다. 느끼고 체험한 것만이 내 지각으로 파악되니까요. 엄니가 어떻느니 다리가 어떻느니 하며 남이 전해 준 말이, 내가 코끼리를 파악하는 데 무슨 도움이 될까요?

송나라 학자 주희朱熹는 『논어집주論語集註』에서 이렇게 말했어요.

정자程子가 말했다. "『논어』를 읽을 때에 읽고 나서 전혀 변화가 없는 사람이 있고, 읽고 나서 그중 한두 구절을 터득하고 기뻐하는 사람이 있으며, 읽고 나서 정말 좋은 줄을 아는 사람이 있고, 읽고 나서 곧장 자신도 모르게 손으로 춤추고 발로 뛰는 사람도 있다."

송나라 학자인 정자, 즉 정이程頤는 『논어』를 읽은 사람이 넷으로 나뉜다고 했습니다. 전혀 변하지 않는 사람은 곤란하고, 너무 좋은 나머지 '자신도 모르게 손으로 춤추고 발로 뛰는' 사람은 우리와 너무 멀죠. 저는 고전을 읽고서 '그중 한두 구절을 터득하고 기뻐하는 사람'이 될 것을 권합니다. 터득하고 기뻐한다면 나는 이미 변하고 있는 중입니다. 정이는 이런 말도 했습니다. "『논어』를 읽기 전과 읽은 후에 아무런 변화가 없다면, 그 사람은 이 책을 읽지 않은 것과 같다."

나를 위한 『논어』 읽기

우리는 그동안 삶의 어떤 문제에 대해 고전에서 위대한 말씀을 발견하고 위안을 찾으려고만 했습니다. 하지만 이런 태도는 문제를 해결하는 데 아무 도움이 되지 않습니다. 내가 고민하는 지점에 대한 성찰이 빠져 있기 때문이지요. 우리 모두는 '장님'입니다. 이걸 당당히 인정하는 데서 고전 읽기는 출발합니다. 내가 읽고 내 삶에 적용한 것만이 나에게 진리이고 진실이기 때문입니다. 코끼리의 모습을 다 알지 못한다고 자신을 타박하기보다는, 내 삶에 직결된 문제의 일부라도 고전을 통해 '만지고 느껴서' 해결하려는 태도가 더 낫지 않을까요?

조선 후기의 문장가 홍길주洪吉周가 쓴 『수여방필睡餘放筆』에 이런 글이 있습니다.

성현의 글을 읽는 것은 덕을 쌓고 행실을 닦아 자신의 부족한 점을 채우기 위해서다. 예를 들어, 『논어』 한 권을 읽었다고 하자. 어떤 사람은 마치 자기 말처럼 달달 외우지만 어떤 상황에 닥치면 책 속에 생각이 미치지 못하기에, 그 행동을 살펴보면 한결같이 읽은 것과는 반대로 한다. 한편 어떤 사람은 한두 장도 제대로 외우지 못하지만, 화나는 일이 생길 때마다 깊이 성찰해 이렇게 말한다. "『논어』 중에 한 구절이 있는데, 내가 그 말을 자세히 기억하지는 못한다. 그러나 생각해 보니, 화가 날 때 마음대로 하면 뒤에 반드시 어려움을 겪게 된다는 식의 말이었다." 그러고는 마침내 화를 참고 가라앉혔다. 또 뜻하지 않은 재물이 생겼을 때 깊이 성찰해 이렇게 말한다. "『논어』 중에 한 구절이 있는데, 내가 그 말을 자세히 기억하지는 못한다. 그러나 생각해 보니, 재물이 생겼을 때 반드시 의리에 합당한지를 헤아려 보라는 식의 말이었다." 그러고는 마침내 재물을 물리치고 취하지 않았다. 이 두 사람 가운데 누가 『논어』를 제대로 읽은 사람이겠는가?

앞서 본 정이의 말을 더 쉽게 설명했네요. 책을 읽는 목적은 책의 가르침과 자신의 생활을 가깝게 하려는 데 있을 겁니다. 그래서 책을 많이 읽어도 바람직한 쪽으로 변하지 않는 경우를 두고 옛사람들은 '서자서아자아書自書我自我'라고 했어요. '책은 책대로 나는 나대로'라는 뜻이니, 참 재미있는 표현입니다. 내 삶에 보탬이 되지 않는 독서란 한가한 사람의 심심풀이일 뿐이죠. 자신의 삶을 도약시키기 위해 읽지, 시간이 남아돌아 읽지는 않으니까요.

줄과 탁은 같이해야

고전 읽기에 관해 꼭 말하고 싶은 점은 자발성입니다. 억지로는 안 됩니다. 그건 한계가 아주 뻔해요. 불교의 도를 닦는 사람들이 진리를 찾으면서 나누는 중요한 대화를 설명한 『벽암록碧巖錄』에 '줄탁지기啐啄之機', 즉 '줄과 탁이 만나는 때'라는 말이 나와요. 새끼가 세상에 나오기 위해 알 속에서 껍질을 쪼는 것을 '줄'이라 하고, 암탉이 세상으로 나오는 새끼를 맞이하기 위해 알 밖에서 껍질을 쪼는 것을 '탁'이라고 합니다. 이 둘을 '동시'에 함께 해야 알이 병아리가 될 수 있지요. 그래서 이를 '줄탁동시啐啄同時'라고도 합니다. 헤세의 『데미안』에 나오는 한 대목이 떠오릅니다. "새는 알을 깨고 나온다. 알은 곧 세계다. 태어나려고 하는 자는 한 세계를 파괴해야 한다." 그렇습니다. 아무리 위대한 말씀도 나 자신의 '줄'이 없으면 허망한 기대일 뿐입니다. 감나무 밑에서 감이 떨어지기를 기다려 봐야 헛된 일이잖아요. 또 기억해야 할 것은 나보다 나은 사람들, 즉 멘토들의 '탁'입니다. '탁'이 없으면 독단에 빠지고, '줄'이 없으면 맹목에 빠지니까요.

> 선생님께서 말씀하셨다. "나는 배우는 사람이 스스로 알려고 분발하지 않으면 열어 주지 않았고, 표현하려 애쓰지 않으면 틔워 주지 않았다. (사각형이 있다고 하자.) 내가 한 모서리를 제시했는데 배우는 사람이 나머지 세 모서리로 사각형임을 유추하지 못하면 다시 가르쳐 주지 않았다."[1] 「술이 8」

공자 학교의 수업료는 '육포 묶음〔束脩〕'(「술이 7」)으로 헐했지만, 입학 조건은 까다로웠습니다. 배움에 대한 열의였습니다. 공자는 배움에 열정을 보이는 학생들만 최선을 다해 가르쳤습니다.

서점에 가면 자기 계발서 칸이 있습니다. 세상살이에 실제로 도움이 될 지식과 지침을 담은 책을 모아 둔 공간이지요. 이 칸을 유심히 살피면 요즘 사람들의 관심이 무엇인지를 짐작할 수 있습니다. 그런데 알고 보면, 자기 계발서의 원조라고 할 수 있는 책이 바로 우리가 읽을 『논어』입니다. 앞에 있는 인용문에서 부정어를 없애면 이렇지요. "나는 배우는 사람이 스스로 알려고 분발하면 열어 주었고, 표현하려고 애쓰면 틔워 주었다." '열어 주었다'와 '틔워 주었다'에 해당하는 한자를 원문에서 찾으면 계啓와 발發입니다. 바로 '계발'이지요.

우리는 지금 정신 없이 멘토를 찾고 있어요. 빠르게 변하는 시대에서 누구든 도움을 받고 싶은 마음이 절실하다는 뜻이겠지요. 그런데 멘토만 찾아서는 안 됩니다. 나 자신의 자각과 노력이 꼭 필요합니다. 진정한 '자기 계발'은 좋은 삶을 살기 위한 근본 조건을 성찰하는 것이지, 잔재주나 얄팍한 지식을 익히는 것이 아닙니다. 이런 면에서 『논어』는 훌륭한 '계발서'입니다. 그러나 도움을 받으려면 자신의 자세부터 가다듬어야 합니다. 계발이란, 없던 것을 새로 만들어 내기보다는 훌륭한 스승의 도움을 얻어서 내면에 있던 가능성을 끄집어내는 것이니까요. 우리 삶에 저절로 되는 것이나 만병통치 '애플리케이션'은 없습니다.

『논어』를 읽는 이유

저는 『논어』에서 공자가 말하려고 하는 핵심을 '좋은 사람이 되는 길'로 파악했습니다. 여기서 '좋은 사람'은 공자가 이 책에서 이상적 인간으로 제시한 군자君子를 우리말로 옮긴 겁니다. 군자는 원래 임금〔君〕의 아들〔子〕을 뜻하며 신분이 높은 사람을 가리켰습니다.

『논어』에서도 신분을 나타내는 말로 쓰이기도 합니다. 그러나 공자는 이 말의 뜻을 '인품이 훌륭한 사람'으로 바꿔 놓았습니다.

군자는 '자율적이고 능동적으로 삶을 꾸려 가는 사람, 공감 능력과 감수성이 풍부한 사람'입니다. 물론 이런 말로도 담기 어려운 점이 많습니다만, 저는 이를 포괄해서 '좋은 사람'이라고 해석하고 싶습니다. 그런데 뭔가 꺼림칙하네요. 흔히 이런 말을 하죠. "그 사람, 사람은 참 좋은데 일 처리가 엉망이야." 저는 '좋다'는 말의 뜻이 변질된 탓에 이런 말을 한다고 봅니다. '좋은' 사람은 성격만 좋고 능력은 없나요? 아닙니다. 예를 들어 보겠습니다. '좋은' 나라는 어떤 나라일까요? 살기 좋은 나라겠지요. 그럼 살기 좋은 나라는 어떤 나라일까요? 경제적으로 여유 있고 사람들이 저마다 바라는 대로 살 수 있는 나라겠지요. 이것만으로 되나요? 안전하게 살려면 치안과 국방도 튼튼해야 합니다. 평화를 사랑하되, 자기 나라를 지킬 힘은 있어야 하죠. 이 모든 조건을 갖춰야 '좋은' 나라입니다. 이와 마찬가지 뜻에서 '좋은 사람'이 군자입니다. 품성이 바르고 능력도 있는 사람이 좋은 사람입니다.

그런데 언제부턴가 '좋은 사람'이라고 하면 물러 터진 사람쯤으로 이해하게 되었죠. 능력과 효율과 경쟁을 우선시하는 오늘날의 눈에 '좋은 사람'이란 아무 쓸모도 없고 무능력한 사람으로 비치기 십상입니다. 요즘은 가정과 학교에서 '너 자신이 먼저 좋은 사람이 되라'고 가르치지 않아요. '능력 있는 사람'이 되라고 가르치지요.

여기서 말하는 능력이란 경쟁에서 살아남을 수 있는 힘을 가리킵니다. 그러나 생각해 보면, 내가 먼저 좋은 사람이 돼야 남을 좋게 변화시킬 수 있고 이런 사람들이 모여야 좋은 사회가 됩니다. 지금 우리는 이 소박한 기본 원칙에서 한참 멀어지고 있다는 느낌을 지울 수가 없습니다.

그럼, 좋은 사람이 되려면 어떻게 해야 할까요? 자신의 품성을 갈고닦아야 합니다. 이를 수기修己라고 합니다. 자기 이익에 몰두해서는 군자가 될 수 없습니다. 남을 배려하고 공감해서 세상을 좋은 쪽으로 바꾸기 위해 노력해야 합니다. 세상을 바꾼다면 너무 거창하게 느껴질 수 있는데, 그 시작은 남을 배려하는 것입니다. 공자는 이를 안인安人이라고 했습니다. 내 품성을 갈고닦으며 남을 배려하는 것이 아주 어렵게 느껴지지는 않지요. 이것이 바로 공자 사상의 목표고 군자가 닿아야 할 목적지입니다.

저는 우리가 『논어』를 읽어야 하는 이유, 다시 말해 『논어』에서 얻을 수 있는 통찰을 세 가지로 간추려 봅니다. 첫째는 진실함〔忠〕을 마음의 주인으로 삼는 일입니다. 둘째는 다른 사람에 대한 배려심〔恕〕를 키우는 일입니다. 진실함과 배려심을 더하면 공자가 말하는 사랑〔仁〕이 됩니다. 그리고 이 사랑을 깨닫고 실천하면 좋은 사람, 즉 군자가 됩니다. 셋째는 앞의 두 가지를 통해 더 나은 사회를 상상해 보는 일입니다. 『논어』는 공자가 '나의 좋은 삶, 너의 좋은 삶, 더 나아가 우리의 좋은 삶'에 대해 고민한 산물입니다.

어찌 보면 『논어』의 말씀들이 바쁜 세상에는 한가로운 이야기로 들릴 수도 있겠어요. 그렇지만 다시금 나를 돌이켜 보아 튼튼한 중심을 세우고, 이런 중심에서 나오는 자신감으로 남을 살뜰하게 대한다면 어떨까요? 저는 그게 오히려 요즘 시대의 경쟁력이 될 듯 싶어요. 다들 잘났다고 떠들 때 스스로 겸손한 사람, 다들 제 잇속만 차릴 때 상황에 대범하고 전체를 통찰할 수 있는 사람은 돋보이기 마련이니까요.

『논어』는 20편으로 구성되어 있습니다. 1편은 '학이學而', 20편은 '요왈堯曰'이라는 이름이 달렸지요. 이런 제목에 특별한 뜻이 있지는 않습니다. 각 편에서 '자왈子曰', 즉 '(공자) 선생님께서 말씀하셨다'는 구절을 뺀 첫 두 글자를 그냥 제목으로 삼았으니까요. 그럼 각 편의 내용을 간략하게 살펴보겠습니다.

1편 학이學而: 춘추 전국 시대에는 책에서 가장 중요한 내용을 첫 편에 두었습니다. 『논어』의 첫 편은 군자와 배움, 교우, 입신의 근본으로서 효도와 우애, 나라를 다스리는 방법 등 공자가 말하려고 하는 인간론의 핵심이 다 들어 있어요.

2편 위정爲政: 제목부터 '정치'를 강조했는데, 그 정치의 핵심은 덕치德治입니다. 또한 공자는 정치에서 위정자의 인품을 핵심으로 파악했기 때문에 후반부에는 효도와 신뢰를 많이 다룹니다.

3편 팔일八佾: 주로 '예악禮樂'에 관한 말씀입니다. 공자는 당시 권력을 전횡한 계씨季氏가 분수에 넘게 자신의 사당에서 팔일무八佾舞를 춘 것을 매섭게 비판하면서 상하 질서가 무너진 것을 개탄하지요. 예의 근본은 검소함이고, 상례喪禮의 기본은 슬픔이라고 말하면서 지나치게 형식을 중시하는 것도 비판합니다.

4편 이인里仁: 제목에 드러나듯 주로 사랑[仁]에 관한 내용이에요. 또 군자와 소인의 구분, 이익과 원한의 상관관계, 예의와 겸손, 진실함[忠]과 배려[恕], 언행일치 등에 대해 이야기합니다.

5편 공야장公冶長: 주로 인물평인데, 제자가 반을 차지하고 제후국의 명망 있는 인물이 나머지 반을 차지합니다. 재여宰予와 자로에 대한 혹평과 공자 자신의 호학好學에 관한 자부가 눈에 띕니다.

6편 옹야雍也: 이 편도 제자들에 대한 평가가 주를 이룹니다. 내용과 형식의 조화인 문질빈빈文質彬彬을 설명한 부분, 앎[知]과 좋아함[好]과 즐김[樂]의 차이를 설명한 부분, 중용을 설명한 부분이 특히 중요합니다.

7편 술이述而: 학문에 대한 공자의 열의와 교육관이 잘 나타납니다. 짧은 경구警句가 가장 많은 편이고, 내용의 폭이 넓습니다. 특히 부귀를 추구해서 얻을 수만 있다면 하찮은 일을 해서라도 그것을 이루겠다는 자조自嘲가 있는가 하면, 자신이 좋아하는 바를 굳게 지키겠다는 신념이 곳곳에 드러납니다. 현실과 이상 사이에서 고뇌하는 공자의 모습이라고 할까요?

8편 태백泰伯: 겸손, 효, 사랑[仁], 덕행, 군자의 품격 등 공자가 말하려고 하는 핵심 개념이 담겼습니다. 특히 증자曾子, 즉 증삼曾參의 문인들이 기록했다는 평이 있을 정도로 증삼과 관련된 언행이 상세하게 실렸습니다.

9편 자한子罕: 공자의 덕행에 관한 내용이 주를 이룹니다. 공자가 '젊어서 비천했기 때문에 여러 방면에 재주가 많다'고 자신의 젊은 시절을 회고한 부분이 있고, 안회에 대한 애정 어린 찬사가 이어집니다.

10편 향당鄕黨: 이 편은 『논어』의 전반적인 흐름에서 볼 때 내용이 이질적인데, 공자에 대한 객관적인 서술이 특징입니다. 주로 향당(마을)·종묘·조정에서 행한 공자의 언행과 예절 등을 다뤘는데, 의식주와 관련된 일상을 세세하게 다룬 점이 특이합니다.

11편 선진先進: 제자들에 관한 공자의 인물평이 주를 이룹니다. 애제자 안회의 죽음에 대한 애통함이 인상적이고, 삶과 귀신과 죽음에 관한 자로의 물음에 현재의 삶이 중요하다는 말씀에서는 공자의 현실주의적 세계관을 알 수 있습니다.

12편 안연顔淵: 공자가 제자를 비롯해 여러 사람들의 질문에 답한 것이 많습니다. 특히 공자 사상의 핵심인 사랑[仁]에 관한 내용이 많고, 정치적인 문제도 거론됩니다.

13편 자로子路: 주로 정치에 관해 논하면서, 정치하는 사람의 솔선수범과 성실한 자세가 꼭 필요하다고 강조하고 현명한 인재를 등용해야 한다고 주장합니다. 특히 '정치란 명분을 바로잡는 것'이라는 정명正名 사상과 양을 훔친 아버지를 아들이 고발한 문제를 놓고 말한 정직의 개념은 주의해서 봐야 할 부분입니다.

14편 헌문憲問: 인물평 중심의 대화가 이어지며 선비의 기본 자격, 덕德·말[言]·사랑[仁]·용기[勇]의 상호 관계, 군자와 소인의 차이 등을 다룹니다. 배움이란 결국 자기 수양을 위한 것이지 남의 인정을 받기 위한 것이 아니라는 점도 강조됩니다. 또한 다른 사람과 쓸데없이 비교하지 말라는 충고도 귀담아들을 대목이지요.

15편 위령공衛靈公: '술이 편'과 마찬가지로 널리 알려진 구절이 많습니다. 자신의 욕심을 이기고 사랑을 이룬다는 '살신성인殺身成仁', 가르칠 때 차별하지 않는다는 '유교무류有敎無類', 자신이 하고 싶지 않은 일을 남에게 베풀지 말라는 뜻인 '기소불욕물시어인己所不欲勿施於人'이 특히 유명하지요.

16편 계씨季氏: 공자의 정치철학을 담은 내용이 많습니다. 그 밖에 유익한 즐거움 세 가지와 해로운 즐거움 세 가지, 군자가 경계해야 할 세 가지와 두려워해야 할 세 가지, 군자가 생각해야 할 아홉 가지[九思] 등이 유명해요. 그런데 이렇게 숫자로 나열하는 방식 때문에 공자의 말씀이 아니라 후대에 다른 사람이 지어서 넣었을 것이라는 주장도 있습니다.

17편 양화陽貨: 정치적인 이야기뿐만 아니라 공자의 처세관이 담긴 기록이 많습니다. 공자의 모습이 사실적으로 담긴 이 편에는 그를 벼슬길로 나오도록 압박하는 권력자 양화와 반란자 필힐佛肸 등에 관한 이야기도 나옵니다. 특히 3년상을 두고 제자 재여와 벌이는 논쟁도 눈여겨볼 필요가 있어요.

18편 미자微子: 관직을 버리고 세상일을 피해 숨어 사는 선비에 관한 이야기가 주로 나옵니다. 벼슬을 향한 공자의 미련과 열망에 대한 그들의 조롱과 비판과 무시가 숨김없이 기록되었고, 때로 위축되는 듯한 공자의 모습까지 진솔하게 나타납니다.

19편 자장子張: 제자들이 기억하는 공자의 말씀을 기록한 편인데, 공자의 말보다는 제자들끼리 주고받은 문답이나 논쟁이 주로 나옵니다. 나라를 유지하는 근본은 무엇보다 백성의 믿음이라는 것, 벼슬과 배움의 관계 등이 눈에 띄며 자공이 공자를 사모해 남긴 예찬을 통해 공자의 제자들이 스승을 얼마나 존경했는지 짐작할 수 있습니다.

20편 요왈堯曰: 세 장만으로 된 이 편은 요임금, 순임금, 우임금이 살아 있는 동안 왕위를 물려준 것에 관한 내용이 대부분입니다.

1부

『논어』와
공자

첫 번째 이야기
『논어』는 어떤 책인가

중국 고전의 제목은 『맹자』, 『장자莊子』처럼 '자子'로 끝나는 경우가 많지요. 이 글자를 스승의 성에 붙여 존경의 의미를 담았기 때문입니다. 그럼 『논어』도 『공자』였어야 하지 않을까요? 마치 우리의 질문을 예상한 것처럼 후한 시대의 역사가 반고班固는 『한서漢書』 「예문지藝文志」에서 『논어』라는 제목에 대해 이렇게 말했습니다. "당시 제자들이 각각 기록한 것이 있었고 공자가 죽은 뒤에 그들이 서로 기록을 모아 의논해 책을 펴냈기 때문에, 이를 『논어』라고 불렀다." 즉, 의논해서〔論〕 정리한 말씀〔語〕 혹은 선생님의 말씀〔語〕을 두고 의논해서〔論〕 만들었다는 뜻입니다.

  『논어』를 반복해 읽다 보니 '내가 이 책의 편집자였다면 어떤 이름을 붙였을까?' 하고 고민한 적이 있어요. 딱 떠오른 제목은 '도덕경道德經'입니다. 물론 노자老子의 『도덕경』과 겹치지만, 이 제목을 생각한 이유가 있습니다. 『논어』의 내용이 우리가 걸어가야 할 바른길〔道〕과 그 길을 가면서 터득한 진리〔德〕에 관한 것이기 때문이에요. 뒤에서 설명할 텐데, 공자는 여러 나라의 권력자들에게 자신의 정치철학을 펼치기 위해 50대 중반에 길을 떠납니다. 이 방랑이 무려 13년 동안 이어졌어요. 그래서 딱딱한 『논어』 대신 이 방랑과 관련된 제목을 붙였어도 좋지 않았을까 싶어요.

누구의 말씀을, 누가 모아, 어떻게 엮었나

『논어』를 지은 사람은 누구일까요? 이 질문에 공자라고 답하면, 오늘날의 저술 개념으로는 영 틀린 겁니다. 『논어』의 지은이라고 하면 공자를 떠올릴 사람이 많겠지만, 『논어』는 공자와 제자들의 대화를 주로 기록한 책이지, 공자가 직접 만든 책은 아니기 때문입니다. 미리 밝히자면, 공자가 제자에게 한 말씀·공자가 제자와 나눈 대화·공자가 제자가 아닌 사람들과 나눈 대화·제자들의 말·제자들끼리 나눈 대화를 기록한 것입니다. 그러니 공자가 이 책의 유일한 주인공은 아닙니다. 그럼 이 책은 어떻게 만들어졌을까요? 『논어』 「태백」에서 이에 대한 힌트를 얻을 수 있습니다.

증자(증삼)가 병이 깊어 자신의 제자들을 불러 말했다. "이불을 걷어 내 발과 손을 살펴보아라. 『시경詩經』에 '두려워하고 조심하기를 깊은 못에 가까이 있는 듯이 하고 살얼음을 밟는 듯이 하라.' 했는데, 죽음을 앞둔 이제야 나는 부모님이 주신 몸을 상하지나 않을까 하는 근심에서 벗어났음을 알겠구나, 제자들아!"[1] 「태백 3」

공자의 제자인 증삼이 죽음을 맞는 순간에 자기 제자들을 불러 모아 유언하는 대목입니다. 이걸 유심히 보면, 『논어』는 공자와 그의 제자들이 한 말뿐만 아니라 증삼이 공자가 돌아가신 뒤에 제자를 가르치면서 나눈 대화도 담고 있어요. 증삼의 임종까지 기록했으니까요. 그러니 『논어』를 공자의 어록이라고 하면 잘못이지요.

한편 여기 있는 '증자', 즉 '증 선생님'과 다른 편에 보이는 '유자有子', 즉 '유약有若 선생님'이라는 표현을 근거로 북송의 유학자 정이는 증삼과 유약의 제자들이 이 책을 엮었다고 주장했습니다.

정리하자면, 공자의 제자들 가운데 누가 언제 『논어』를 펴냈는가 하는 문제에 대해 여러 학설이 난무할 뿐 정확히 알 수는 없습니다. 다만 공자의 제자와 그 제자의 제자들이 대략 춘추 시대 말에서 전국 시대 초기에 편집을 두 번 이상 거쳐 『논어』를 완성했다고 보는 것이 오늘날 학계의 일반적인 견해입니다.

체코 출신 프랑스 작가 쿤데라의 소설 『참을 수 없는 존재의 가벼움』에 이런 구절이 있어요. "사랑이 필연적인 것이 되려면 우연의 폭격을 맞아야 한다."『논어』의 완성에 관해서 이보다 더 정확한 표현은 없을 겁니다. 『논어』가 지금까지 동아시아의 고전으로 읽히면서 조금도 매력을 잃지 않은 이유 중 하나는 만들어진 과정과 관련이 깊어요. 저는 『논어』의 매력 중 상당 부분이 이 편집의 비밀에 있다고 생각합니다.

요즘은 전자책도 있지만 책이라면 역시 종이 책이 먼저 떠오르지요. 그러나 공자 시대에는 종이가 없었어요. 종이는 한나라 때 채륜蔡倫이 105년에야 만들었다고 전하니까, 공자가 죽고도 몇백 년이 흐른 뒤에야 생겼어요. 그럼 당시에는 글을 어디에 적었을까요? 비단이나 대나무예요. 비단은 비싸니까 대부분 대나무에 적었습니다. 글을 적은 대나무를 죽간이라고 합니다. 대나무를 쪼개 납작한 면에 글을 새기거나 적고, 귀한 기록은 가죽끈으로 묶었지요. 『사기史記』「공자세가孔子世家」에 '위편삼절韋編三絶'이라는 말이 있는데, 공자가 『주역周易』을 하도 열심히 읽어서 그것을 묶은 '가죽끈이 세 번 끊어졌다'는 뜻입니다. 『논어』가 죽간에 기록된 것은 시대가 만든 우연이자 『논어』를 『논어』답게 만든 필연입니다. 공자가 죽은 뒤에 만들어진 『논어』는 가죽끈으로 묶은 죽간의 두루마리 형태였어요. 책冊이라는 한자를 보면 죽간을 세워 놓고 끈으로 묶은 모양이 쉽게 떠오릅니다. 그런데 가죽끈이 끊어지면 큰일입니다. 죽간 조각 수백, 수천 개가 뒤엉켜 버리니까요.

공자의 직계 제자인 '자장이 (공자 말씀을 잊지 않으려고) 띠에 써넣었다〔子張書諸紳〕'(「위령공 5」)는 기록이 있습니다. 이걸 보면 공자 생전에 제자들이 기록해 둔 것이 『논어』를 편집할 때 중요한 기본 자료가 되었겠지요. 공자가 세상을 떠난 뒤에 제자들이 스승의 말씀 중 기억하고 있던 것도 자료로 삼았을 겁니다. 문제는 이 책이 특정한 시점에 특정한 누군가가 조직적으로 정리한 문헌이 아니라는 점입니다. 그래서 같은 기록이 겹치기도 해요. 편집을 하다 만 것처럼요. 특정 집단이 책을 펴내려고 편집했다면 겹치는 부분을 뺐을 겁니다. 공자가 죽은 뒤에 만든 책이니까, 공자가 그 내용을 꼼꼼히 살피는 과정도 물론 없었습니다. 공자가 살아나서 『논어』를 본다면, 제목부터 마음에 안 든다고 하거나 자신의 말을 제자들이 잘못 해석했다고 할지도 모릅니다.

공자가 죽은 뒤에 제자들은 저마다 자기 삶을 찾아 여러 나라로 흩어집니다. 거기서 스승의 사상을 전할 뿐만 아니라 스승의 사상에 자기 생각을 보태기도 했겠지요. 그러다 스승에 관한 책을 펴내기 위해 모여서, 저마다 자기 제자들과 만든 공자의 언행에 관한 파일을 내놓았을 겁니다. 이런 파일이 수십, 수백 개였을 거예요. 하지만 오늘날 우리처럼 컴퓨터로 일목요연하게 디렉터리를 만들 수는 없었어요. 책의 형태가 죽간 두루마리니까, 어떤 기록을 어느 대목에 넣자고 의견이 모이면 죽간을 묶은 끈을 풀어서 새 죽간에다 기록해 그 사이에 넣고, 의견 다툼이 벌어져서 어느 대목을 빼자고 하면 다시 끈을 풀어서 해당 죽간을 뺐겠죠. 이렇게 풀고 묶기를 수도 없이 반복했을 겁니다. 게다가 그 수량과 부피만도 엄청났어요. 이런 편집 과정을 상상해 보세요.

세월이 지나면서 끈이 닳아 끊어지면 순서가 뒤죽박죽이 됐겠지요. 이런 과정을 거쳐서 오늘날 우리가 보는 『논어』가 완성됩니다. 각 나라에 흩어져 살던 제자들이 수시로 모이기도 힘들었을 겁니다. 공자의 제자들이 여러 나라에 흩어져 살아도 우리처럼 컴퓨터로 기록하고 웹하드 같은 저장 장치를 이용하면서 편집위원 몇 사람이 모여서 단일한 관점에 따라 책을 만들었다면, 우리가 보는 『논어』는 존재할 수 없었을 겁니다. 편리한 세상에 사는 우리가 보기에는 불편한 상황 탓에 비록 체계는 부족해도 공자의 진솔한 모습이 담긴 『논어』가 됐습니다. 난처한 상황에 빠진 공자, 남한테 무시당하는 공자의 모습까지 다 모아서 기록했거든요. 이것이 『논어』의 운명인가 봅니다.

기록 매체가 죽간이었다는 사실은 『논어』의 표현에도 영향을 미쳤습니다. 죽간은 대체로 폭이 1~2센티미터, 길이는 50센티미터 안팎이라고 합니다. 글자를 많이 적을 수는 없었겠지요? 당시에는 글자 수가 지금처럼 많지도 않았을 겁니다. 게다가 공자의 말씀은 대체로 구어口語, 즉 입말입니다. 짧아요. 죽간에 기록하려면 아무래도 압축적으로 표현해야 했을 겁니다. 이런 표현은 뜻을 모호하게 만들기도 하고 풍부하게 만들기도 합니다. 『논어』를 만든 사람들은 암송도 염두에 두었을 겁니다. 이런 점들이 『논어』 구절에 대한 다양한 해석을 낳지요.

> 선생님께서 말씀하셨다. "각진 그릇인 고가 각지지 않으면, 그게 고이 겠는가! 고이겠는가![觚不觚 觚哉 觚哉]"2 「옹야 23」

원문을 한번 읽어 볼까요? "고불고 고재 고재." 입말의 리듬이 느껴집니다. 뜻이 모호하기도 풍부하기도 하다는 것은 해석이 열려 있다는 말입니다. 아마도 열린 해석이 『논어』가 지금까지 사랑받는 이유 중 하나일 겁니다. 달콤한 초콜릿을 좋아해도 매일 초콜릿만 먹을 수는 없겠지요? 우리는 음식에서 다양한 맛을 원하는 것처럼 다양하게 해석할 수 있는 책을 좋아하는 경향이 있습니다.

인간 공자를 만나다

공자는 신神이 아닙니다. 우리 같은 인간이죠. 『논어』에서 공자가 신처럼 우상화되었다면 이 책의 생명력은 그다지 길지 않았을 겁니다. 인간의 말이라서 공감하고 감탄하며 매료됩니다. 그래서 『논어』 읽기는 '인간' 공자를 읽는 일이지요. 앞서 『논어』의 편집에 관해 말했습니다. 이 책은 공자의 사상을 기록했을 뿐만 아니라, 그가 뱉은 한숨과 그가 받은 조롱을 있는 그대로 기록했습니다. 만일 공자가 죽은 뒤에 권위를 인정받은 제자 몇 명이 특정한 때에 편집회의를 하고 책을 엮었다면, 이런 대목은 다 걸어 내고 훌륭한 모습만 남겨 놓았을지도 모릅니다. 그런데 「향당」편에서 먹거리와 입을 거리도 세세히 기록한 걸 보면, 당시 제자들에겐 스승의 명성에 유리하든 불리하든 스승에 관한 기록과 증언을 가능한 한 다 모아 그대로 싣겠다는 암묵적인 편집 원칙이 있었던 듯해요. 이 기록 정신은 우리가 배울 점입니다. 조선 시대 양반 사대부들이 문집을 엮을 때 해당 인물의 전기인 행장行狀을 넣었는데, 그 인물의 단점은 거의 빼고 행적을 미화한 경우가 많습니다.

마냥 근엄할 것만 같은 공자는 농담도 했습니다. 공자의 제자 중 자유子游가 무성이라는 곳을 맡아 다스렸는데, 그가 얼마나 잘하고 있는지 알아보려고 찾아갔나 봅니다.

선생님께서 무성에 가서서 현악기에 맞춰 부르는 노랫소리를 들었다. 선생님께서 빙그레 웃으며 말씀하셨다. "닭을 잡는 데 어찌 소를 잡는 칼을 쓰겠느냐?" 자유가 답했다. "예전에 제가 선생님께 들으니, '군자(벼슬아치)가 도를 배우면 사람을 사랑하고, 소인(백성)이 도를 배우면 그들을 부리기가 쉽다.' 하셨습니다." 선생님께서 말씀하셨다. "제자들아, 언언(자유)의 말이 옳다. 앞서 내가 한 말은 농담일 뿐이다."[3] 「양화 4」

자유가 읍장으로 있는 마을에 공자가 들어서니 웅장한 음악 소리가 들립니다. 예악을 쓰니 정치는 잘 돌아가고 있다고 생각한 공자가 흐뭇한 마음에 농담조로 가볍게 말합니다. "자유야! 이깟 작은 마을을 다스리면서 거창한 음악을 쓸 필요가 있느냐?" 그런데 자유는 예전에 공자에게 들은 말로 진지하게 대답합니다. 선생님이 한 말씀을 잘 기억하는 건 모범생들의 특징이지요. 제자의 진지한 표정과 말에 머쓱했던지, 공자는 자신이 앞서 한 말은 농담이라고 말합니다. 공자도 귀여운 구석이 있네요.

『논어』가 얼마나 솔직한 책인지를 보여 주는 대목도 있습니다. 어느 날 제자 자로가 공자를 따라가다 길을 잃었는데, 길 옆에서 지팡이에 대바구니를 걸친 노인을 만납니다.

자로가 물었다. "노인께서는 우리 선생님을 보셨습니까?" 노인이 말했다. "몸을 부지런히 써서 일하지도 않고 오곡도 분별하지 못하는데, 선생은 누가 선생이란 말인가?"[4] 「미자 7」

노인은 진즉에 공자를 알아본 비범한 사람입니다. 그의 말을 쉽게 풀어 보면 이렇습니다. "세상 돌아가는 물정을 전혀 모르는 사람이 선생 노릇을 한다는 게 가당키나 한가?" 요즘 말로 공자를 심하게 '디스'했지요. 저는 이 대목을 처음 읽을 때, 왜 이런 것까지 기록했는지 의아했습니다. 그런데 이 책의 다른 대목과 연관 지어 읽어 보니 그럴 수도 있겠다는 생각이 들었어요. 공자는 "실천하는 것마다 너희들에게 보여 주지 않은 것이 없는 사람이 바로 나, 공구다.〔吾無行而不與二三子者 是丘也〕"(「술이 23」)라고 했습니다. 이런 교육의 영향으로 제자들은 '우리 스승 공자님의 행동 중에 다른 사람에게 숨길 게 있나? 떳떳한 분이다. 있는 그대로 기록하자.' 하고 생각하지 않았을까요?

제자들은 공자가 미생무微生畝라는 사람에게 당한 비웃음을 그대로 기록했습니다. "어째서 이렇게 세상일에 아등바등하는가? 말재주로 제후들의 비위나 맞추려는 수작이 아닌가?〔丘何爲是栖栖者與 無乃爲佞乎〕"(「헌문 34」) 공자가 은둔한 문지기에게 들은 핀잔도 숨기지 않고 기록했습니다. "안 될 줄 뻔히 알면서도 시도하려는 무모한 사람 말인가?〔是知其不可而爲之者與〕"(「헌문 41」)

저는 이런 대목에 끌립니다. 완전무결한 인간의 모습은 아무런 감흥도 불러일으키지 못해요. '그래서 어쨌다고?' 하는 반발만 생기지요.『논어』가 우리에게 감동을 주는 까닭은 공자의 생각과 반대편에 있는 사람들의 목소리도 그대로 담은 데 있을 겁니다.

잘났든 못났든 내 자식

『논어』에는 여러 제자가 등장합니다. 공자의 제자라면 어느 정도 비범한 재능이 있을 텐데, 공자는 유독 안회를 편애했습니다. 자로와 재여는 심하게 야단을 맞아요. 그런데 안회가 스승보다 먼저 죽습니다. 공자의 슬픔이 어땠을까요?

안회의 아버지 안로顔路도 공자에게 배웠습니다. 공자가 아버지와 아들을 모두 가르친 인연이 있는 데다 안회를 끔찍이도 아꼈기 때문에, 안로가 공자에게 도움을 청합니다. 안회의 살림이 '단표누항簞瓢陋巷'(「옹야 9」), 즉 찢어지게 가난했거든요.

> 안연(안회)이 죽자, 그의 아버지 안로가 선생님께 수레를 팔아 관을 담는 곽을 사 달라고 청했다. 선생님께서 말씀하셨다. "재주가 있건 없건 저마다 제 자식을 말하는 법인데, 내 아들 공리孔鯉가 죽었을 때도 관만 쓰고 곽은 없었다. 그때 내가 그냥 걸어 다니기로 하고 곽을 살 수도 있었는데 그렇게 하지 않은 것은, 내가 말석이나마 대부大夫라는 신분이었기에 그냥 걸어 다닐 수는 없었기 때문이다."5 「선진 7」

공자가 안로에게 말합니다. "내가 안회를 얼마나 아끼는지는 자네가 잘 알지 않나? 수많은 제자를 가르쳤어도 안회처럼 배우기를 좋아하는 이는 여태껏 못 만났네. 그러나 나도 아들 공리를 잃었을 때 관은 썼어도 곽은 없었다네." 공자가 애제자 안회의 곽을 마련해 주었다면 얼마나 멋져 보였을까요? 하지만 이건 우리의 기대입니다. 공자도 인간입니다. 자식이 죽었을 때도 마련해 주지 않은 곽을 남의 자식에게 해 줄 수는 없었을 겁니다. 이것이 공자의 인간적인 모습입니다. 모든 사람을 사랑하라는 겸애兼愛를 주장한 묵자墨子였다면, "내 자식이나 남의 자식이나 똑같은데 뭘 망설이겠나? 수레를 팔겠네." 하지 않았을까요? 공자는 대부라는 자신의 신분은 수레를 타는 것이 예법이고, 이를 어길 수 없다고도 했습니다. 이에 대해 "그깟 예법에 얽매여 자식의 죽음에 곽을 마련하지 않았단 말인가?" 하고 반문할 수 있습니다. 하지만 예법을 어기면서까지 자식의 장례를 치를 수는 없다고 믿는 것도 공자의 모습입니다. 아무튼 제가 볼 때는 안로의 청을 에둘러 거절하지 않았나 싶군요.

공자는 중용中庸을 강조했습니다. 간단히 말해, 중용은 넘치지도 모자라지도 않는 겁니다. '과유불급過猶不及', 즉 '지나침은 미치지 못함과 같다'는 말도 큰 뜻에서 이를 벗어나지 않습니다. 그러나 공자도 사랑하는 수제자 안회의 죽음 앞에서는 마음의 평정을 잃어버립니다.

안연(안회)이 죽자, 선생님께서 너무나 비통하게 곡을 하셨다. 모시고 있던 제자들이 말했다. "선생님, 너무 비통해하십니다!" 선생님께서 말씀하셨다. "너무 비통해하는 모습을 보였느냐? 그러나 내가 이 사람을 위해 비통해하지 않고 누구를 위해 비통해하겠느냐?"6 「선진 9」

안회는 공자의 아들뻘로 나이가 공자보다 30세 적었습니다. 가난해도 꿋꿋하게 학문을 즐겨서 공자가 대견해하고 안타까워하던 제자인데 마흔 즈음에 죽은 겁니다. 그러자 공자는 비통하게 하염없이 웁니다. 곁에서 모시던 제자들이 걱정할 정도였습니다. 이때 공자가 말합니다. "내가 아들 같던 안회의 죽음에 슬퍼하지 않고 누구의 죽음에 슬퍼한단 말이냐?" 공자도 우리처럼 피와 살을 가진, 감성이 풍부한 인간이었어요.

『논어』를 읽는 방법: 498조각 맞추기

『논어』는 퍼즐입니다. 송나라 학자 주희의 『논어집주』를 기준으로 하면, 『논어』는 20편 498장이기 때문에 498조각입니다. 당연히 맞추기가 어렵고 완전히 맞출 수도 없어요. 아마 공자가 다시 태어나도 못 맞출 겁니다. 공자의 제자 또는 그 제자의 제자들이 '공자와 제자'의 말씀을 있는 그대로 기록했다고 보기 어렵거든요. 같은 수업에 참여했어도 저마다 필기한 내용은 조금씩 다르잖아요. 또 나중에 기억에 기대어 적은 것은 어떻고요? 사람의 기억을 100퍼센트 믿을 수는 없지요.

그럼 『논어』에서 공자의 생각을 알고 싶은 우리는 어떻게 해야 할까요? 다행히도 498조각이 서로 전혀 다르지는 않아요. 몇 가지요령으로 맞춰 가다 보면 『논어』의 얼개를 파악할 수 있을 겁니다. 그럼 요령을 알아보지요.

첫째, '자왈子曰'이라는 조각을 모읍니다. 참고로, '자왈'을 "공자께서 말씀하셨다."로 옮기면 뉘앙스를 전달하기에 부족합니다. 자기 선생님이니까 "선생님께서 말씀하셨다."가 옳지요. 아무튼 공자와 제자의 말씀 중에 공자의 말씀이 중요합니다. 『논어』에서 가장 중요한 사람은 공자니까요. 그중에서도 특히 관심을 가질 조각은 공자가 자신을 가리키는 1인칭 대명사, '아我'와 '오吾'나 이름인 '구丘'를 넣어서 하는 말씀입니다. 이런 말씀에 공자의 생생한 목소리가 담겼기 때문입니다.

둘째, 주요 제자들을 살펴봅니다. 이에 대한 힌트는 '공문십철孔門十哲' 또는 '사과십철四科十哲'인데, 십철은 공자에게 배워 덕행德行·정사政事·언어言語·문학文學 등 네 방면에 뛰어난 재능을 발휘한 제자 열 명을 가리킵니다. 이들은 대개 공자가 방랑을 떠나기 전부터 가르침을 받은 '전기前期' 제자고, 유학에서 중요한 인물인 증삼은 공자가 말년에 받아들인 '후기後期' 제자로 십철에 속하지 않아요. 우리가 공자 학교의 풍경을 그려 보는 데 도움을 주는 제자들 중에서 가장 중요한 사람은 단연 자로, 안회, 자공입니다. 공자가 13년간 방랑할 때 바로 이 세 명이 스승과 함께했거든요.

셋째, 제자들의 질문을 정리합니다. 공자 학교에서는 제자의 질문이 없으면 스승의 대답도 없었습니다. 그래서 『논어』에는 '○○

에 대해 물었다〔問○○〕'는 구절이 아주 많아요. 질문은 주로 사람 됨〔仁〕, 군자, 정치〔政〕에 관한 것이 압도적으로 많고 효〔孝〕와 친구〔友〕에 관한 것도 있습니다. 이 조각들을 정리하면 공자 학교에서 무엇을 중요하게 여겼는지 알 수 있어요.

자, 『논어』를 누가 어떻게 만들었는지 알았고, 어떻게 읽어야 하는지도 알았습니다. 그럼 『논어』 속으로 더 깊이 들어가 볼까요?

두 번째 이야기

공구와 공자

『논어』를 읽으면서 공자를 모른다면 말이 안 되죠. 공자의 학통을 이어받았다는 맹자가 이렇게 말했습니다. "그 사람의 시를 읊고 글을 읽으면서 그 사람을 몰라서야 되겠는가?"(『맹자』「만장萬章」) 그런데 『논어』는 공자와 제자의 말씀을 기록한 것이지, 공자의 전기는 아닙니다. 그래서 『논어』를 열심히 읽어도 공자의 삶이 일목요연하게 파악되지 않아요. 공자의 삶을 살펴보려면 『논어』를 중심에 놓고, 사마천司馬遷의 『사기』「공자세가」와 좌구명左丘明의 『춘추좌씨전春秋左氏傳』과 왕숙王肅의 『공자가어孔子家語』 등을 참고하는 편이 좋습니다. 공자가 어떻게 살았는지 알아볼까요?

불우한 젊은 시절

공자의 이름은 구丘, 자字는 중니仲尼로 기원전 551년에 노나라 추읍에서 태어났어요. 공자의 부모가 이구산尼丘山에서 정성껏 기도를 올리고 공자를 낳았기 때문에 이름에 그 산의 이름을 넣었다고 합니다. 공자가 짱구라서 언덕을 뜻하는 구丘 자를 썼다는 말도 있어요. 공자 고향의 현재 지명은 중국 산둥성 취푸지요. 하급 관리였던 아버지는 공흘孔紇이고 어머니는 안징재顔徵在인데, 두 사람은 나이 차이가 많고 정식으로 결혼하지 않은 채 공자를 낳았나 봅니다. 그래서인지 사마천은 「공자세가」에서 이 결합을 '야합野合'이라고 표현했어요.

공흘은 키가 크고 기골이 장대했다는데 공자가 세 살 때 죽어서 어머니가 홀로 공자를 키웠어요. 공자도 아버지를 닮았는지 키가 엄청나게 컸나 봅니다. 사마천이 같은 기록에서 그를 '꺽다리〔長人〕'라고 했으니까요. 책상에 앉아 책만 파는 책상물림이 아니라 큰 몸집에 무인 기질까지 있었던 모양입니다.

한편 성인이 되면 부르는 자字에 버금 중仲 자가 들어간 것을 보면 공자가 둘째 아들이라는 걸 알 수 있어요. 『공자가어』에 따르면, 아버지 공흘에게는 공자의 어머니가 아닌 여성이 낳은 맹피孟皮라는 아들이 있었다고 합니다. 맹피는 다리를 못 쓰는 장애인이었어요. "선생님께서 남용南容을 두고, '나라에 도가 있을 때는 버려지지 않을 것이며 나라에 도가 없을 때라도 형벌을 면할 것'이라고 평하면서 형의 딸을 그에게 시집보내셨다.〔子謂南容 邦有道不廢 邦無道 免於刑戮 以其兄之子 妻之〕"(「공야장 1」) 하는 기록을 보면, 공자가 형의 딸을 맡아 키우고 출가까지 시켰습니다.

그는 태어나고 자란 형편이 좋지 않아, 젊을 때 창고지기〔委吏〕나 목장 관리인〔司職吏〕을 비롯해 여러 일을 전전하는데, 하찮은 일도 성실하고 정직하게 해서 주위 사람들로부터 인정받았다고 합니다. 다양한 일을 한결같이 열심히 하다 보니 '생활의 달인'이 되었나 봐요. 어떤 사람이 제자 자공을 통해 '공자는 어쩌면 그렇게 재능이 많으냐'고 물었는데, 공자가 겸연쩍이 답합니다. "내가 젊었을 때 미천했기 때문에, 자연히 잡다한 재능이 있게 되었다.〔吾少也賤 故多能鄙事〕"(「자한 6」)

지위가 높지는 않아도 사족의 자제였던 공자는 춘추 시대의 기초 교양이자 벼슬을 하는 데 필요한 여섯 가지 기예, 즉 6예六藝도 성실히 익혔어요. 6예는 제사 같은 종교의식과 행동 규범인 예禮, 잔치 때 부르는 악樂, 의식儀式을 행할 때 필요한 활쏘기〔射〕, 고급 관리가 타는 마차에 필요한 말타기 기술〔御〕, 글쓰기를 배우는 서書, 회계의 기초 지식인 수數입니다. 쉽게 말해, 아르바이트만 열심히 한 게 아니라 공부도 열심히 했다는 겁니다.

두 번의 방랑

공자의 삶에서 첫 번째 전환점은 기원전 517년, 그의 나이 35세 때였습니다. 정치적인 혼란 때문에 노나라 왕 소공昭公이 제나라로 망명합니다. 이 망명과 관련이 있는지는 확실하지 않지만, 이때 공자가 처음으로 고국 노나라를 떠나 제나라로 가서 그곳의 왕 경공景公을 만납니다. 경공이 정치의 핵심이 뭐냐고 물었을 때, "임금은 임금답고 신하는 신하답고 아버지는 아버지답고 자식은 자식다워야 한다.〔君君 臣臣 父父 子子〕"(「안연 11」) 하고 공자가 답한 것이 널리 알려졌지요. 경공은 공자에게 땅을 주어 다스리게 하며 가까이 두려고 했지만, 신하 안영晏嬰이 막아 좌절되었습니다. 공자가 안영의 사귐을 칭찬하는 대목이 『논어』에 나오기도 하지요. 결국 공자는 제나라를 떠나 노나라로 돌아가고, 그 뒤로는 시서詩書와 예악을 깊이 공부합니다. 제자들은 더욱 늘어났고요.

51세에 이른 공자에게 정치적 기회가 찾아옵니다. 오늘날 도지사나 시장과 같은 중도재中都宰를 맡아 능력을 발휘한 데 이어 건설부 장관 격인 사공司空과 법무부 장관에 해당하는 대사구大司寇 벼슬에 오릅니다. 그 후 공자의 정치적 능력으로 노나라가 상당히 빠르게 안정되자, 제나라는 이를 우려해서 미녀 악단을 보내 방해했다고 합니다. 그러나 미녀 악단 몇십 명 때문에 노나라가 휘청거렸다는 말은 믿기 어렵네요.

공자는 56세에 두 번째로 노나라를 떠납니다. 노나라의 정치가 대부들의 손에 좌우되었고, 좁은 땅에서는 정치적 포부를 펼칠 수 없다고 판단했기 때문이에요. 이때부터 68세에 노나라로 돌아가기까지 그는 그야말로 풍찬노숙風餐露宿, 바람을 맞으면서 밥을 해 먹고 이슬을 맞으면서 잠을 자는 고생을 겪습니다. 하지만 이 방랑은 공자를 만든 위대한 방랑이었습니다. 13년간 이어진 이 방랑길을 나라 순으로 보면 '노魯→위衛→조曹→송宋→정鄭→진陳→위→진→채蔡→초楚→위→노'인데, 이 중 위나라와 진나라에 가장 오래 머물렀다고 합니다.

길었던 두 번째 방랑 끝에 노나라로 돌아온 그는 정치적 야망을 모두 접고 고전 문헌 공부와 제자 양성에 여생을 바칩니다. 제자가 3000명이나 되고 그중 6예에 통달한 제자만도 일흔두 명이었다고 합니다. 공자는 73세에 세상을 떠납니다. 그러나 이 황혼 무렵에 아들처럼 아끼던 제자 안회, 친구 같던 제자 자로, 아들 공리가 공자보다 앞서 죽고 말지요.

공자는 현실 정치에서는 실패했지만, 중국에서 처음으로 사립학교를 세워 제자를 키워 냈어요. 그는 자신의 실패를 통해 춘추 시대라는 혼란기에 인재를 키워야 한다고 깨닫습니다. 혼란은 기회의 다른 이름이지요. 모든 권위가 몰락한 시기에 지식이 새로운 권위로 작동합니다. 그는 귀족 자제들만 배울 수 있었던 지식의 문호를 신분이 낮은 사람들에게도 활짝 열었습니다. 주나라의 문화로 돌아가자는 복고적 사상을 가졌던 그가 역설적으로 그 시대를 근본에서부터 해체한 셈이지요. 그리고 그는 역사에서 부활했습니다. 영원한 스승의 이름으로.

어떻게 살 것인가

일관된 편집 방향이 없기에 『논어』에는 일정한 체계가 없다고 했습니다. 맥락을 알 수 없는 단편적인 글들이 꽤 많고, 모든 말씀이 쓸모 있지는 않습니다. "여자와 소인은 잘 대하기가 어렵다. 가까이 하면 기어오르고 멀리하면 원망하기 때문이다.〔唯女子與小人 爲難養也 近之則不孫 遠之則怨〕"(「양화 25」) 같은 구절은 지금 아무짝에도 쓸모없잖아요. 하지만 보석 같은 구절이 군데군데 박혀 있습니다. 읽는 사람마다 마음에 와 닿은 구절이 다르겠지만요. 특별한 순서가 없고 고르는 재미가 있다는 점에서 『논어』는 회전 초밥 같기도 하네요.

『논어』에서 나이에 관한 부분만 골라 읽어도 재미있습니다. 일흔을 넘겼으니 당시로서는 장수한 공자가 모범 답안처럼 제시한 삶을 현재 자기 나이와 견주어 읽어 보면 어떨까요?

선생님께서 말씀하셨다. "나는 나이 열다섯에 배움에 뜻을 두었고, 서른에 삶에 대한 견해가 확고히 섰으며, 마흔에는 헛된 욕망에 휘둘리지 않았고, 쉰에 세상의 이치를 알았으며, 예순에 어떤 말을 들어도 귀에 거슬리지 않았고, 일흔에 마음이 내키는 대로 해도 법도에 어긋남이 없었다."7 「위정 4」

어떤 사람이 될 것인가: 지학

'배움에 뜻을 두었다〔志學〕'는 것은 오늘날로 치면 '이제부터 공부 열심히 해서 좋은 대학에 가야지.' 하고 마음먹었다는 뜻일 수도 있습니다. 하지만 저는 새가 멋지게 날기 위해 날갯짓을 연습하듯 앞으로 어떻게 살 것인가를 고민한다는 뜻으로 풀이하고 싶습니다. '삶에 대한 자각'이지요.

뜻을 두었다고 했지, 완성했다고 하지는 않았습니다. 허신許愼은 최초의 한자 사전으로 꼽히는 『설문해자說文解字』에서 지志를 '마음이 가는 곳〔心之所之〕'으로 풀이했습니다. 마음이 내켜야 뭐든 하지 않겠어요? 아무리 곁에서 옳은 말로 권해도 내 마음이 움직이지 않으면 소용없잖아요. '지'란 마음이 왔다 갔다 하지 않는 겁니다. 주희는 '뜻을 세움〔立志〕'을 "반드시 음식에 굶주린 것처럼 해야 한다.〔要如飢渴之於飮食〕"(『주자어류朱子語類』) 했어요. 며칠 동안 굶으면 먹고 싶다는 생각밖에 없겠지요? 피자? 라면? 찬밥? 더운밥? 따지지 않을 겁니다. 바로 이런 게 '지'예요. 자신이 품은 뜻, 그것만을 향해 마음이 가는 거죠. 이것도 하고 싶고 저것도 하고 싶다면 왔다 갔다 하는 마음이지, 한곳을 향한 마음이 아닙니다.

> 지렁이에겐 날카로운 손톱과 이도 없고 강한 힘줄과 뼈도 없다. 그러나 위로는 진흙을 먹고 아래로는 깊은 땅속의 물을 마신다. 그건 마음을 한군데 집중하기 때문이다. (……) 여러 갈래 길을 가려고 하는 자는 목적지 중 어느 한 곳에도 닿지 못한다.

『순자荀子』「권학勸學」 편에 나오는 대목입니다. 손톱도, 이도, 힘줄도, 뼈도 없는 지렁이가 진흙을 먹고 깊은 땅속의 물을 마실 수 있는 것은 먹으려는 마음이 한곳에 집중되어 있기 때문이에요. 여기저기 기웃대다 보면 아무 일도 못 합니다.

그런데 공자와 비교해서 괜히 자신감을 잃지는 말길 바랍니다. 공자와 다를 뿐이지, 틀린 게 아닙니다. 다만 '뜻을 어디에 둘지', 즉 '무슨 일을 하며 어떻게 살고 싶은지'를 진지하게 고민하는 일은 우리 모두에게 필요합니다.

내 발로 서다: 이립

서른 살은 '이립而立'이라고 합니다. 우리가 흔히 쓰는 말로는 스스로 선다는 뜻의 '자립'이지요. 갓난아이가 걷고 뛰는 과정을 생각해 보죠. 갓난아이는 먹고 자고 먹고 자기를 반복해 하루에 스무 시간을 잡니다. 그러다 기어다니고, 몸을 뒤집고, 뭔가를 짚고 일어섭니다. 한 발 가다 넘어지고 두세 발 가다 또 넘어지지만, 마침내 섭니다. 그다음에는 걷고 뜁니다. 호모에렉투스, 즉 '직립하는 인간'이 되면서 인류는 그 전과 비교할 수 없는 발전을 이루었습니다. 단순히 두 발로 선다는 겉모습뿐만 아니라 삶의 질이 달라지기 때문에, 사람이 제 발로 선다는 것에 사람 구실을 한다는 추상적인 뜻이 더해집니다. 자기 힘으로 세상을 살아갈 물질적, 정신적 토대를 만든다는 거지요.

공자는 이 나이가 되면 그 전에 하던 고민을 마무리하고 세상에 대한 가치관을 확고히 세워야 한다고 말합니다. 우리는 지학부터 이립에 이르는 시간의 내용에 주목해야 합니다. 15년이 지난다고 자연히 '이립'이 되지는 않아요. 『대학大學』에서 말한, 나날이 새로워지려는 '일신우일신日新又日新'의 노력이 그 속에 숨어 있습니다.

세상일에 휘둘리지 않는다: 불혹

마흔은 허망한 것에 휘둘리지 않는[不惑] 나이라고 했습니다. 저는 이 말을 자신이 할 수 있는 일과 할 수 없는 일을 가늠할 안목을 갖춘다는 뜻으로 보고 싶어요. 서른 살까지만 해도 뭐든 할 수 있다는 자신감에 차서 과욕을 부릴 수 있습니다. 하지만 마흔이 되면 자신의 기준이 확실해지고, 그에 따라 할 수 없는 일에 휘둘리지 않게 된다는 거죠. 미국 대통령이던 링컨이 '마흔에는 자기 얼굴에 책임을 져야 한다'고 했다는데, 불혹不惑에 딱 어울리는 말입니다. 이 나이에는 변명이 통하지 않아요. 물론 요즘 같은 장수 시대에는 나이를 감안해서 읽어야겠죠.

> 선생님께서 말씀하셨다. "후배는 두려운 존재니, 어찌 그들의 장래가 오늘의 우리만 못하다고 장담하겠는가? 그러나 나이가 마흔이나 쉰이 되어도 이름이 알려지지 않는다면, 그런 사람은 두려워할 것이 못 된다."8 「자한 22」

> 선생님께서 말씀하셨다. "나이가 마흔이 되어서도 세상 사람의 미움을 받는다면, 그것으로 끝장이다."9 「양화 26」

이렇게 『논어』에는 마흔 살에 관한 구절이 불혹 말고도 두 번이나 더 나옵니다. 공자가 마흔을 '진정한 어른'이 되는 나이로 중요하게 여기지 않았나 싶어요.

하늘의 명을 알다: 지천명

쉰은 지천명知天命이라고 합니다. 하늘의 명령을 알았다는 뜻인데, 참 거창하고 어렵습니다. 저는 이렇게 해석하고 싶어요. "나는 왜 세상에 태어났을까?"라는 질문에 어느 정도 답을 내놓을 때라고요. 하늘이 나를 태어나게 한 이유가 있을 테니, 50년쯤 살면 그걸 깨달아야 한다는 뜻이에요. 태어난 일은 되돌릴 수 없고, 태어나 버린 우리가 할 수 있는 유일한 일은 잘 살아가는 것뿐이죠. 그렇다면 나의 삶을 감당할 사람은 오직 나 자신이고, 그러기 위해 나는 내 삶, 즉 내 일상의 행위에 의미를 부여하며 열심히 살아야 한다는 뜻이라고 해석하고 싶습니다.

공자가 위나라에 머물 때 실제로 신세를 지기도 하고, 드물게 칭찬을 아끼지 않은 인물이 거백옥(蘧伯玉)입니다. 『회남자淮南子』에도 거백옥에 관한 기록이 있어요. "(거백옥은) 나이 쉰이 되어 마흔아홉 살 때 저지른 잘못을 알았다.〔行年五十而知四十九年之非〕" 이를 '마흔아홉 살 때까지' 저지른 잘못을 알았다는 뜻으로 풀기도 하는데, 저는 앞의 해석이 더 현실적인 것 같아서 마음에 와 닿네요. 사람은 자기 자신에게 너그럽기 마련이라, 지난해에 잘못한 것을 아는 사람도 드물거든요. 거백옥처럼 반백 년을 살도록 자신의 잘못을 돌아보는 사람이 큰 잘못을 저질렀을까요?

귀가 순하다: 이순

　예순은 이순耳順이라고 합니다. 한자의 뜻은 귀가 순하다는 것인데, 무슨 말일까요? 다산茶山 정약용丁若鏞은 이를 '예순이 되면 남이 싫은 소리를 하더라도 귀에 거슬려 하지 않는다'는 뜻으로 보았습니다. 남의 말에 일희일비하지 않는다, 즉 기뻐했다 슬퍼했다 하지 않는다는 말입니다. 주변에서 이런 분을 찾기가 어려워요. 보통 사람은 나이가 들면서 지혜보다는 고집만 자라기가 쉬워요. 나이가 든다고 저절로 어른이 되지는 않는 모양입니다.

　『장자』에서는 거백옥을 두고 "나이 예순에는 나이에 맞게 변했다.〔行年六十而六十化〕" 했습니다. 이를 '예순 번 변했다'고 해석하기도 하는데, 저는 두 해석이 똑같다고 봅니다. 예순 번 변했다는 말은 나이에 따라 그에 맞는 몸가짐을 보인다는 뜻이니까요.

> 　선생님께서 말씀하셨다. "군자에게는 경계해야 할 것이 세 가지 있다. 젊을 때는 혈기가 아직 정해지지 않아 경계해야 할 것이 성욕에 있고, 장성해서는 혈기가 한창 강해 경계해야 할 것이 싸움에 있고, 늙어서는 혈기가 이미 쇠해 경계해야 할 것이 욕심에 있다."[10]
>
> 「계씨 7」

　나이에 맞게 몸가짐을 가질 때 주의할 점을 공자가 자상하게 일러 주고 있네요.

멋대로 해도 법도를 벗어나지 않는다: 종심

공자는 일흔이 되니 마음이 내키는 대로 해도 법도를 넘지 않았다고 했습니다. 이를 줄여 종심從心이라고 합니다. 특별히 노력하지 않아도 상황에 맞게 말하고 행동하게 되었다는 것이지요. 대단합니다. 사실 평범한 사람은 도달하기 어려운 경지입니다.

요즘 우리가 흔히 생각하는 이상적인 인생의 행로는 이렇습니다. 열심히 공부해서 좋다고 하는 대학에 합격하고 스펙을 잘 쌓아 대기업에 들어가고 결혼한 뒤 좋은 아파트에 살면서 멋진 차를 굴리고 휴가는 해외에서 보내는 삶입니다. 이런 인생 행로가 나쁘다고 할 수는 없습니다. 하지만 공자가 돌아본 삶과 우리의 인생 계획을 비교해 보면 삶을 바라보는 안목의 차이가 느껴지지요.

하지만 공자가 돌아본 삶을 통해 주눅이 들기보다는 긍정적인 자극을 받으면 좋겠습니다. 공자는 '무엇이 될지'가 아니라 '어떻게 살지'에 집중했어요. 우리도 공자처럼 어떻게 살지를 스스로 깊이 생각하고 행동한다면 분명히 자기 삶을 책임지고 남을 배려하면서 당당하게 살아갈 수 있지 않을까요?

공자의 사생활

초나라 사람 심제량(沈諸梁)이 자로에게 공자에 대해 물은 적이 있습니다. "당신의 스승 공자는 어떤 분이신가요?" 그런데 자로는 스승 공자를 몇 마디 말로 어떤 분이라고 규정하기가 어려웠던지 아무 말도 못했어요. 그 말을 전해 들은 공자가 말합니다.

> 선생님께서 말씀하셨다. "너는 '그 사람됨이 공부에 몰입하면 먹는 것도 잊고 터득하면 즐거워서 근심을 잊어, 늙음이 장차 찾아오는 줄도 모른다'고 말하지 그랬느냐?"[11] 「술이 18」

이 말은 공자의 자기소개와 같아요. "나, 공구란 사람은 공부에 빠지면 밥 먹는 것도 잊고 거기에서 기쁨을 찾았다. 그래서 늙어 가는 줄도 몰랐다." 어떤 일에 집중해서 끼니도 거르고 노력함을 뜻하는 '발분망식(發憤忘食)'이란 말이 여기서 왔습니다.

저는 '즐거워서 근심을 잊었다(樂以忘憂)'는 대목에 특히 마음이 찡합니다. 공자의 한평생이 어찌 즐겁기만 했겠습니까? 13년 동안 방랑할 때 찾아간 임금들에게는 번번이 거절당했습니다. 제자나 후세의 유학자들이야 그 임금들이 변변치 못해서 공자를 못 알아봤다고 변호하지만, 당시 공자 자신의 가슴은 타들어 가지 않았겠습니까? 인생이 근심 덩어리였겠죠. 게다가 일흔 무렵에는 사랑하는 아들과 제자들의 죽음을 연이어 맞습니다. 공자는 하늘이 무너지는 근심을 공부하는 기쁨으로 '견딘' 겁니다.

공자는 실제로 세상에 있던 인물입니다. 사람들이 흔히 이 사실을 놓칩니다. 사람은 누구나 각자의 무늬〔文〕가 있는데, 사람의 무늬를 배우는 학문이 인문학人文學입니다. 인문은 대부분 일상에서 드러나죠. 의식주에 관한 사람의 취향에서 드러나는 무늬도 숨길 수가 없어요. 프랑스의 미식가 브리야 사바랭은 이런 말까지 남겼습니다. "당신이 무엇을 먹는지 말해 보라. 그러면 나는 당신이 어떤 사람인지 말해 주겠다."

『논어』에는 선진先秦, 즉 춘추 전국 시대 다른 제자백가의 문헌에서 보이지 않는 독특한 기록이 있습니다. 바로 10편인 「향당」인데, 공자의 사생활과 관련되어 아주 흥미로워요. 공자가 한 말은 없고 제자들이 관찰한 것을 기록했기 때문에, 공자에 대한 객관적인 자료라고 볼 수 있습니다. 마치 순간사진을 찍는 것처럼 공자의 일거수일투족을 포착했지요. 주희는 『논어집주』를 지으면서 송나라 학자 윤돈尹焞의 말을 인용합니다. "아, 공자 문하 제자들은 학문을 얼마나 즐겼는지! 성인(공자)의 얼굴빛과 말씀과 행동을 모두 꼼꼼히 적어 후세에 남겼다. 그래서 이제 그 글을 읽고 그 일을 떠올려 보면 공자가 눈앞에 계신 듯 선하다."

까다로운 음식 취향

공자의 음식 취향부터 살펴볼까요? 다소 까다로운 면이 있던 공자는 특히 '재계와 전쟁과 질병〔齊戰疾〕'(「술이 12」) 세 가지에 대해 신중했습니다. 재계의 뜻은 '목욕재계'로 알 수 있듯 몸가짐을 바르게 하는 것이지요. 질병은 몸의 중용을 지키지 못해서 생깁니다. 그러고 보니 중용을 중요하게 여긴 공자가 당시로서는 드물게 오래 산 것이 당연하게 느껴지네요.

> 밥은 곱게 찧은 쌀로 한 것을 싫어하지 않으셨고, 회는 잘게 썬 것을 싫어하지 않으셨다. 밥이 쉬어 맛이 변하거나 생선이 상하고 고기가 부패하면 드시지 않았고, 색깔이 나쁘면 드시지 않았으며, 냄새가 안 좋으면 드시지 않았고, 알맞게 삶지 않으면 드시지 않았다. 제철 음식이 아니면 드시지 않았고, 바르게 자르지 않으면 드시지 않았으며, 알맞은 장이 갖춰지지 않으면 드시지 않았다.[12] 「향당 8」

공자는 음식에 결벽이 약간 있었나 봅니다. 위생에 관해서는 이해할 수 있지만, 음식 재료가 잘린 모양을 두고 까다롭게 군 것은 너무했지요. 아마 음식 만드는 사람의 정성을 그만큼 중요하게 여겼다는 뜻일 겁니다. 만약 요즘 세상에 공자가 태어났다면 배우기를 좋아한 그가 요리도 배우지 않았을까요? 공자가 자기 뜻에 맞게 직접 만든 음식이라면 맛이 아주 훌륭할 것 같습니다.

재밌는 건 맨 마지막이에요. 음식별로 어울리는 장, 즉 소스가 있지요. 음식에 맞는 소스를 곁들였다니, 이건 공자가 미식가였다는 증거입니다. 배를 채우기 위해서만 음식을 먹지는 않지요. 색깔과 냄새와 맛이 조화를 이룬 음식은 예술이라고 해도 과언이 아닙니다. '고기가 많아도 밥보다 많이 드시지 않았다〔肉雖多 不使勝食氣〕'(「향당 8」)는 구절이 있는 것을 보면, 공자는 적게 먹는 소식을 원칙으로 삼는 미식가였습니다.

공자, 난동을 부리다?

술 마시는 태도를 보면 사람됨을 알 수 있다고 합니다. 술을 마시면 무의식이 드러나기 때문이라네요. 뜻밖에 공자도 술을 마셨습니다. 당시에는 술이 기호음료이기에 앞서 예를 차리는 데 필수품이었어요. 유학을 공부하는 마을 선비들이 다 모여서 향약鄕約을 읽고 잔치를 벌이는 '향음주례鄕飮酒禮' 중에 술을 마셨거든요. 종묘의 제사는 말할 것도 없고요. 그럼 공자가 술을 마시는 태도는 어땠을까요? 『논어』는 이런 것까지 기록해 두었습니다.

술을 마시는 데 정해진 양은 없었지만, 취해서 흐트러지는 데까지는 이르지 않으셨다.[13] 「향당 8」

여기에도 재미난 게 있습니다. 한문은 띄어쓰기가 없기 때문에 쉼표와 마침표를 찍는 자리에 따라 뜻이 180도 달라질 수 있어요. 앞에 인용한 글의 원문[唯酒無量 不及亂] 중 '난亂' 자는 보통 '윤리를 거스르거나 싸움질을 하거나 심하게는 반란을 일으키는 것'을 뜻합니다. 그런데 공자가 술을 드셨다고 해도 '난동' 직전까지 가는 모습을 보였을 리는 없잖아요. 다른 사람이 아닌 '공자'가요. 한편 장난삼아 '불급不及, 난亂'으로 끊어 해석하기도 합니다. 그럼 어떤 뜻이 될까요? "술을 마시는 데 정해진 양이 없이 많이 드셨다. 그래서 만일 술이 더 오지 않으면[不及] 난동을 부리셨다[亂]." 이런 해석에 따르면 공자는 술고래에다 주사가 심했다는 건데, 아니겠죠.

이 밖에 '생강을 거르지 않고 드셨다[不撤薑食]'(「향당 8」)거나 '밥 먹을 때는 말하지 않으셨다[食不語]'(「향당 8」)는 대목도 있습니다. 생강은 여러 제자 앞에서 가르치는 공자가 입냄새를 없애려고 드신 것 같고, 밥 먹을 때 말하지 않은 것은 밥알이 튀어 상대방에게 실례를 범할까 봐 조심한 것이겠지요.

공자에게 배움은 책을 읽고 글을 외우는 것만은 아니었습니다. 머리로 배운 것을 반드시 일상에서 몸으로 실천해 내야 진정한 배움이었습니다. 그러니 제자들도 스승의 사소한 습관까지 시시콜콜 기록했겠지요. 그 모습에서 배움을 얻기도 했을 겁니다.

공자의 '깔맞춤'

검은 옷을 입을 때는 검은 염소 가죽옷을 받쳐 입고, 흰 옷을 입을 때는 흰 새끼 사슴 가죽옷을 받쳐 입고, 노란 옷에는 노란 여우 가죽옷을 받쳐 입으셨다.[14] 「향당 6」

더운 여름에 속옷을 입고 갈포葛布로 만든 홑옷을 반드시 덧입으셨다.[15] 「향당 6」

공자는 옷의 색깔을 맞춰 입었어요. 여러 색을 몸에 걸쳐 튀기보다는 차분한 몸가짐을 하려다 보니 멋이 된 것 같습니다. '더운 여름에 속옷을 입고 갈포로 만든 홑옷을 반드시 덧입으셨다'는 대목도 있으니, 의복 예절을 중시한 게 분명하지요. 요즘은 보기 힘든 모습인데, 제가 어렸을 때 살던 시골에서는 러닝셔츠만 입은 채로 동네를 활보하는 아저씨나 할아버지 들이 많았어요. 공자는 아무리 더워도 그렇게 하지 않았다는 겁니다. 여름에 항상 겉옷을 걸쳐서 살이 안 비치게 했어요.

집에서 평소 입는 가죽옷은 길게 하되, 오른쪽 소매는 짧게 하셨다.[16] 「향당 6」

반드시 잠옷을 입으셨는데, 길이가 몸의 한 배 반이었다.[17] 「향당 6」

평소 입는 옷의 오른쪽 소매를 짧게 했다니 생활의 편리를 추구하는 성격이 보이는데, 잠옷은 왜 그렇게 길었을까요? 추위를 많이 타서 이불 같은 잠옷을 입으셨나 봅니다.

말에 대해서는 묻지 않으셨다

마구간에 불이 났다. 선생님께서 조정에서 퇴근하셔서 "사람이 다 쳤느냐?" 하시고, 말[馬]에 대해서는 묻지 않으셨다.[18] 「향당 12」

공자의 마구간에 불이 난 적이 있나 봅니다. 조정에서 퇴근했다고 했으니, 공자가 노나라의 정치에 참여한 51세에서 55세 때의 일인 듯합니다. 이 문장에 대한 해석 중 짚고 넘어갈 게 있어요. 일반적인 해석은 앞에 인용한 것과 같습니다. 그런데 원문 일부를 '상인호불傷人乎不 문마問馬'로 끊어 읽으면, '사람이 다치지는 않았는지 물은 다음에 말에 대해 물으셨다'는 뜻이 됩니다. 이렇게 해석하는 사람들은, 공자가 말씀하신 '인仁'은 사람만이 아니라 동물에게까지 미치기 때문에 그가 말의 안위를 묻지 않았을 리가 없다고 주장합니다. 공자는 동물도 사랑하셨다는 거죠.

사실 여기서는 말[馬]이 중요합니다. 당시에 말은 단순한 이동 수단에 그치지 않고 신분적 특권을 나타냈어요. 서민과 노예는 말을 탈 수 없었습니다. 공자의 마구간에 불이 난 것은 애지중지하던 고급 차가 불타 버렸을지도 모르는 상황과 같습니다. 이런 일이 벌어졌을 때 차가 어떻게 됐는지 안 물을 사람이 몇이나 될까요? 공자는 사람만 챙기고 말에 대해서는 묻지 않았습니다.

공자의 위대함은 다른 데 있지 않습니다. 자신이 한 말을 실천했다는 점입니다. 평소에 '인仁'을 강조한 공자가 마구간을 관리하는 집안의 하인보다 말을 더 사랑했다면 언행이 일치하지 않은 거죠. 말과 행동이 일치하는 스승은 제자들이 따를 수밖에 없어요. 마치 종이에 물이 스며들 듯이 자신도 모르게 감화되는 것이지요.

공자는 실패했나요?

책과 권

김 샘

저는 여러분이 다른 동아리 말고 '고전 읽기 동아리'에 들어온 것 자체가 기쁘고 대견해요. 요즘은 영화나 사진, 과학, 독서 동아리를 찾는 학생이 많잖아요. 생활기록부에 자기 진로와 관련된 활동을 했다는 기록을 남기려고 동아리에 드는 학생도 없지 않고요. 물론 이보다 더 근본적인 이유는 까다로운 것을 꺼리는 경향도 들 수 있겠죠. '고전 읽기 동아리'를 택한 이유를 물어보고 싶군요.

윤후

고전이 중요하다는 말은 많이 들었어요. 그래서 실제로 관련 책을 훑어봤는데, 너무 어려워요. 그렇지만 김 샘이 쉽게 설명을 해 주실 것으로 '믿고' 동아리에 가입했어요. 고전은 뭐랄까, 쉽지는 않아도 삶의 근원적인 문제를 생각해 볼 기회를 줄 것 같아요.

김 샘

정확한 지적이에요. 조금 어려운 말이지만 '고전 읽기'는 변화하는 현상의 이면에 숨어 있는 본질을 이해하려는 노력이에요. 프랑스의 역사학자 브로델이 역사를 바다에 비유한 걸 알려 주고 싶네요. 파도가 치는 수면에 '사건의 역사'가 있고, 파도 아래 해류처럼 흐르는 '국면 변동의 역사'가 있으며, 깊은 바다의 저류 같은 '장기 지속의 구조사'가 있다면서 이 모두가 역사의 대상이라고 선언했거든요. 우리가 바닷가에서 파도를 보잖아요. 그런데 바다 표면에 파도가 치는 건 바닷속 해류가 작동하기 때문이지요. 그 해류의 원동력은 더 깊은 바다의 저류고요. 고전 읽기는 바닷속의 해류, 더 나아가 저류를 음미해 보는 것과 같아요.

음! 확실히는 몰라도 조금은 알 것 같아요.

윤서

윤후

저는 이 책에서 죽간이라는 말을 처음 알았어요. 죽간에 대해 자세히 설명해 주세요.

김 샘

죽간이 대나무 조각이라는 건 알 테고, 종이가 없던 시절에 거기에 글을 쓰거나 새겼어요. 보통 가로 1~2센티미터, 세로 50센티미터 안팎이었다고 해요. 보통 죽간 하나에 스무 글자 정도 들어가요.

우리가 읽는 『논어』는 부피가 얼마나 됐을까요? 죽

윤후

간의 수가 아주 많았을 텐데, 짐작이 안 되네요.

김 샘

혹시 한문 시간에 '남아수독오거서男兒須讀五車書'라는 말 들어 봤나요?

윤후

배웠어요. "사람이 책을 다섯 수레 정도는 읽어야 한다." 책을 많이 읽어야 한다는 말이죠?

김 샘

맞아요. 『논어』의 글자 수로 대충 계산해 보면, 지름 1미터 정도의 원통 모양이 될 거예요. 그럼 수레 한 채에 『논어』와 같은 책을 몇 권이나 실었을까요? 수레의 크기와 책의 분량이 제각각이긴 하지만, 분명 우리 생각보다 그 분량이 훨씬 적었을 거예요. 아마 얼마 못 실었을 거예요.

윤후

그런데 책이라는 말이랑 권이라는 말이 어떻게 다르죠? 옛날 책은 몇 책 몇 권이라는 말을 많이 쓰더라고요.

김 샘

책冊이라는 한자는 대나무 조각을 세로로 나란히 세운 상태에서 가로로 끈을 묶은 모양이죠. 또 권卷은 둥글게 만 모양이고요. 예를 들어, 조선의 백과사전이라고 할 수 있는 『임원경제지林園經濟志』는 113권 52책이에요. 요즘 식으로는 113장章으로 된 책 52권이죠. 권과 책이 각각 내용과 형식의 분류 단위라고 할 수 있어요. 한 장의 내용이 오늘날 한 권 혹은 그 이상의 분량이 될 수 있으니까 한문으로 쓰인 이 책을 우리말로 옮기면 어마어마한 권수가 나오겠죠. 일부 번역본이 출판됐지만, 몇 권으로 완간될지는 가늠이 안 돼요.

윤후

와, 대단해요. 어쨌든 조선 시대의 권과 책을 지금의 장과 권으로 기억하면 되겠네요.

김 샘

맞아요. 그리고 사소한 부분에 호기심을 가지면서 공부가 시작되니까, 윤후가 참 좋은 질문을 했어요.

공자의 슬픔

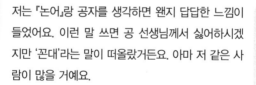

저는 『논어』랑 공자를 생각하면 왠지 답답한 느낌이 들었어요. 이런 말 쓰면 공 선생님께서 싫어하시겠지만 '꼰대'라는 말이 떠올랐거든요. 아마 저 같은 사람이 많을 거예요.
윤후

김 샘

그럼 책을 읽으면서 보니 어때요?

윤서

일단 공자의 삶이 제가 생각한 삶과 달랐어요. '실패의 연속'이랄까요? 그의 사상이 세상에 받아들여지지 않았잖아요. 공자가 답답하고 우울했을 것 같아요. 13년이나 방랑했는데도 인정받을 나라를 못 찾았으니까요.

윤후

저는 공자의 삶이 슬펐어요. 사랑하던 제자 안회, 아들 공리, 친구 같은 제자 자로가 생전에 죽잖아요.

김 샘

그래요. 저도 공자가 아주 힘들고 쓸쓸했을 거라고 생각해요. 공자가 일흔세 살에 죽었는데, 당시로서는 오래 산 셈이에요. 그런데 예순아홉 살이 되던 해에 공리가 죽고, 일흔한 살 때는 안회가 죽고, 그 이듬해에는 위나라의 내전 탓에 자로가 죽어요. 안회가 죽고 나서 슬퍼하던 공자의 모습은 얘기했지요. 자로가 죽었을 때는 그의 시신이 갈기갈기 찢겼다는 소식을 듣고는 목 놓아 울고 부엌에 있던 다진 고기를 몽땅 버리게 했대요. 자로의 죽음이 떠오르니까 그랬겠지요. 이에 관한 기록이 『예기禮記』「단궁 상檀弓上」에 있어요.

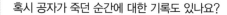혹시 공자가 죽던 순간에 대한 기록도 있나요?

윤서

김 샘

확실히 믿을 만하다고 단정하긴 어렵지만, 다행히 있어요. 사마천의 『사기』 「공자세가」에 따르면, 자로 가 죽었다는 소식을 듣고 공자가 병이 났어요. 자공 이 공자를 찾아갔는데, 마침 지팡이를 짚고 문 앞에 서 걷고 있던 공자가 자공에게 말합니다. "왜 이렇게 늦게 왔느냐?" 그리고 노래를 불러요. "태산이 무너 졌구나! 기둥이 부러졌구나! 어질고 사리에 밝은 사 람이 시들어 가는구나!" 그러고는 눈물을 흘리면서 자공에게 다시 말합니다. "천하에 도가 없어진 지 오 래됐으니 아무도 나를 존중하지 않는구나!" 7일 뒤 공자가 세상을 떠났다고 해요.

윤후

그럼, 공자는 죽은 뒤에야 성인聖人으로 받들어졌네 요. 정치가로서는 실패했고요.

김 샘

맞아요. 냉정하게 말하면, 살아 있을 때 공자는 그저 명망 있는 정치가이자 공자 학교 교장 선생님이었을 뿐이죠. 제자들이야 물론 그를 성인으로 떠받들었지 만요. 사실 고전에 나오는 인물들도 우리처럼 희로 애락을 느끼고 생로병사를 겪은 보통 사람이에요.

윤서

공자가 갑자기 가깝게 느껴지면서 궁금한 게 생겼어요. 사마천이 공자의 전기라는 「공자세가」에서 공자를 '꺽다리[長人]'라고 했잖아요. 공자 키가 얼마나 됐을까요?

김 샘

「공자세가」에 '공자의 키가 9척 6촌[孔子長九尺有六寸]'이라는 대목이 있어요. 한나라 때 1척이 23.1센티미터니까, '9척 6촌'은 220센티미터 정도 되죠. 이런 기록으로 미루어 볼 때 공자의 키가 실제로 2미터 이상이었는지는 몰라도 기골이 장대했던 것만은 분명해요.

윤후

그럼 다른 별명은 없었나요? 외모 말고 성격이나 습관 때문에 붙은 별명요.

김 샘

역시 「공자세가」에 기록이 있어요. 공자가 '집 잃은 개[喪家之狗]' 같다고 비웃음을 받았대요. '집 잃은 개'를 '초상집 개'라고 옮길 수도 있어요. 초상집은 장례 치르기가 바빠서 개한테 신경을 쓸 수 없잖아요? 공자의 신세가 그랬다는 거예요. 그런데 어떤 정나라 사람에게 이 말을 들었다는 자공한테 공자가 씩 웃으면서 말해요. "외모는 몰라도 내 처지가 집 잃은 개와 비슷하다는 게 틀린 말은 아니구나!" 공자의 자조가 눈에 선합니다.

윤서

그런 일이 있었군요. 아쉽긴 해도 저는 그래서 공자가 더 위대한 것 같아요. 당시에도 공자가 유명했을 테니까 적당히 임금의 비위를 맞췄다면 어지간한 벼슬은 하고도 남았겠죠. 그런데 공자는 끝까지 자기 뜻을 굽히지 않았잖아요.

김 샘

제대로 이해했네요. 공자가 노나라의 공직에 있던 시기는 대략 50대 초반의 4년 정도밖에 안 돼요. 정치를 했다고 보기에는 부족한 시간이죠. 하지만 공자는 정치적 야망을 위해 소신을 버린 적이 없어요. 결국 쓸쓸하게 죽었지요. 자신이 2000년 뒤 전 세계에 알려지고 성인으로 추앙받을 줄은 꿈에도 몰랐을 겁니다. 역사는 역설적으로 이런 '현실의 실패자'들을 오래 기억해요.

역사의 롤러코스터

윤후

선생님, 그럼 공자는 언제부터 역사에서 유명해졌어요?

김 샘

좋은 질문! 공자가 죽고 400년쯤 지난 한나라 무제武帝 때부터 성인으로 인정받았어요. 공자가 죽고

100년 정도 지난 뒤에 태어나 공자의 사상을 드날린 맹자의 공이 컸어요. 물론 맹자뿐만 아니라 순자荀子를 비롯해 여러 유학자들이 공자의 뜻을 따랐지요. 하지만 무엇보다 한나라에서 정치적 필요에 따라 공자의 사상을 국가의 이념으로 채택했는데, 그 영향이 가장 컸습니다.

그 뒤 상황도 가르쳐 주세요.

윤후

김 샘

양귀비와 사랑해서 유명한 당나라 현종玄宗은 공자를 '왕'으로 인정하고 '문선왕文宣王'이라는 시호를 내렸어요. 그 뒤 송나라 진종眞宗은 '지성至聖'이라는 시호를 내려서 공자가 '지성문선왕至聖文宣王'으로 불렸지요. 원나라 때는 여기에 좋은 말이 또 붙어서 '대성지성문선왕大成至聖文宣王'이 돼요. 저승에서 공자가 이런 걸 보고 어떤 표정을 지었을까요? 사양하지는 않았을까요?

결국 공자는 죽은 다음에 점점 더 존경받고 위대해졌네요. 한나라 무제 때부터는 유학이 국교國敎가 되고요.

윤서

김 샘

아, 그게 다는 아니에요. 중국 대륙이 공산화되고 나

서 중화인민공화국을 세운 마오쩌둥毛澤東이 문화대혁명을 일으켜요. 이때는 공자의 사상이 모든 낡은 체제의 본보기로 여겨져서 타도 대상이 됩니다. 공자와 관련된 유물과 유학에 관한 책 등이 끔찍한 재앙을 겪지요. 현대판 '분서갱유焚書坑儒'라고 할 수 있어요. 그러다 1980년대 이후로는 중국에서 대대적으로 공자의 사상이 부활하죠.

윤후

역사는 참 알쏭달쏭하네요. 선생님 말씀대로 이런 역사적 변화를 공자가 안다면 뭐라고 할지 저도 궁금해졌어요.

김 샘

공자가 달가워하지 않을 것 같아요. 공자는 평범했다가 점점 더 비범해졌어요. 사실 평범하지도 못했죠. 사마천이 그의 출생을 두고 '야합'이라는 부정적인 표현을 썼잖아요. 그러고 보면 세상이 알아주지 않아도 소신을 버리지 않았다는 점에서 공자가 역사에 오래 남은 것 같아요. 특별한 어려움 없이 성공하는 사람은 아무래도 매력이 떨어지고 깊은 인상을 남기지도 못하는 편이잖아요.

윤서

꼭 롤러코스터를 탄 기분이에요. 공자도 기쁘기보다는 어리둥절해서 어지럽다고 할 것 같아요. 하하!

김 샘

와! 딱 맞는 말이네요. 아마 공자만큼 '역사의 롤러코스터'를 탄 사람은 없지 않을까요? 공자뿐만 아니라 그를 따른 제자들도 자기들 선생님이 이렇게까지 위인 대접을 받을 줄은 몰랐을 겁니다.

『논어』와 이덕무
―평상심을 찾는 방법

이덕무李德懋는 조선 후기의 저명한 문인으로, 청장관靑莊館·형암炯菴·아정雅亭·영처嬰處 등 여러 호를 썼습니다. 2만여 권의 독서로 쌓은 해박한 식견과 개성적인 문장으로 당대의 문장가인 연암 박지원朴趾源을 비롯해 많은 문인의 사랑을 받았어요.

독서를 빼놓고는 이덕무를 말할 수 없습니다. 그의 정체성은 '책 읽는 사람', 그 자체였어요. 21세 청년 이덕무가 자신의 독서 생활을 생생하게 담은 글이 있습니다. 그의 독서 풍경은 어떨까요?

목멱산(木覓山, 서울 남산의 별칭) 아래 멍청한 사람이 살았다. 말은 어눌하여 잘하지 못하였고, 성격은 옹졸하고 게을렀다. 게다가 세상 돌아가는 것을 알지 못하였고, 바둑이나 장기는 더더욱 알지 못하였다. 남들이 욕을 해도 따지지 않고, 칭찬을 해도 우쭐거리지 않았다. 오직 책 보는 것만 즐거움으로 여겨 춥거나 덥거나 배고프거나 전혀 알지 못하였다.

어렸을 때부터 21세가 되도록 하루도 옛 책을 손에서 놓은 적이 없었다. 그의 방은 몹시 좁았지만 동쪽 창문, 남쪽 창문, 서쪽 창문이 있었다. 동쪽에서 서쪽으로 해의 방향에 따라 빛을 받아 글을 읽었다. 지금껏 못 보던 책을 보게 되면 그때마다 기뻐하며 웃었다. 집안사람들은 그가 웃는 것을 보고 기이한 책을 얻은 줄을 알았다. 두보杜甫의 오언율시를 더욱 좋아하여 끙끙 앓는 것처럼 골똘히 읊었다. 그러다 깊은 뜻을 깨치기라도 하면 너무 기뻐서 일어나 이리저리 왔다 갔다 했다. 그러면서 내는 소리는 마치 갈까마귀가 울어 대는 듯하였다. 가끔은 고요히 소리 없이 눈을 크게 뜨고 뚫어지게 바라보기도, 꿈결에 있는 것처럼 혼자서 중얼거리기도 했다. 사람들이 그를 가리켜 간서치(看書痴, 책만 보는 바보)라 해도 또한 기뻐하며 받아들였다. 아무도 그의 전기傳記를 써 주는 사람이 없기에 붓을 들고 그 일을 써서 「간서치전看書癡傳」을 지었다. 그의 이름과 성은 적지 않는다. —「청장관전서靑莊館全書 제4권」, 『영처문고嬰處文稿 2』

그는 스스로를 간서치, 즉 '책만 보는 바보'라고 불렀어요. 이 글을 읽고 나면 알쏭달쏭해집니다. 그가 '책 읽는 사람'의 무기력한 자조를 말하고 싶었을까요? 아니면 '책 읽는 사람'의 올곧은 자부를 말하고 싶었을까요?

아무튼 그는 쉼 없이 책을 읽었습니다. 목숨 걸고 읽었어요. 풍열로 눈병에 걸려 눈을 뜰 수 없던 때마저 실눈을 뜨고서라도 책을 읽을 정도였으니까요. 열 손가락이 다 동상에 걸려 그 끝이 밤톨만 하게 불룩 부어올라 거의 피가 터질 지경에서도 내일이라도 좋고 모레라도 좋다며 책을 빌려 달라고 독촉하는 편지를 써서 조카뻘 되는 친척 이광석李光錫에게 보냈습니다.

이덕무가 이토록 독서에 집착한 이유를 알고 나면 마음이 서글퍼집니다. 그는 서얼이었습니다. 포부나 역량과 무관하게 그가 할 수 있는 일이란 애초에 매우 제한적이었어요. 왕족의 서자인 그가 장사꾼으로 나설 수도 없는 처지였습니다. 어쩔 수 없이 처절한 가난과 신분의 숙명을 하늘이 준 형벌로 받아들이고 살아갈 뿐이었죠.

오직 책을 읽는 즐거움으로 추위와 더위, 배고픔을 이겨 냈습니다. 좁디좁은 방, 책을 펼쳐 들고 동쪽 창문에서 남쪽 창문으로 다시 서쪽 창문으로 해를 따라가며 읽는 그의 모습이 안타깝고도 경외스럽습니다.

책에 미친 그였지만 그도 현실을 살아가는 인간이었습니다. 답답하고 속 터지는 일이 없을 수 없었겠지요. 그런 일이 있을 때마다 그가 꺼내 읽은 책이 『논어』입니다. 26세에 완성한 수필집인 「이목

구심서耳目口心書」에 이런 대목이 보입니다.

내가 말했다.

"평소 가슴속에 답답한 울분이 들면 이따금 까닭 모를 슬픔이 일어 한탄하는 것이 극도에 이른다네. 이때 「이소離騷」와 「구변九辨」을 소리 내어 외우면 그 답답한 울분이 몇 배나 더해지지. 그럴 때 마음을 가라앉히고 『논어』를 읽으면 그 울분이 반드시 풀어지곤 했는데, 이 같은 경험이 한두 번이 아니었다네. 그제서야 성인(공자)의 말씀이 천년 뒤에도 나의 울분을 이처럼 변화시켜 줄 수 있다는 것을 알게 되었지. 내가 『논어』 읽은 효과를 톡톡히 보았다네."

이덕무에게 중국 전국시대 시인 굴원屈原의 「이소」와 굴원의 제자 송옥宋玉의 「구변」은 억울하고 슬픈 마음을 오히려 증폭하게 했습니다. 반면 『논어』는 억울하고 답답한 마음을 풀어 주고 평상심을 회복시키는 신통한 약이었습니다.

그대는 그대가 왜 아픈지 아시오? 김성탄金聖嘆은 나쁜 사람이며 『서상기西廂記』는 나쁜 책이오. 그대는 병석에 누워 있으므로 심기를 안정시켜 담박함과 조용함을 걱정과 병을 막아 내는 방패로 삼아야 하오. 그런데 그리하지 않고 붓으로 쓰고 눈으로 살피고 마음을 씀에 모두 김성탄과 관계되지 않은 것이 없소. 그 상황에서 도리어 의원을 맞아 약을 의논하려 한다니오? 그대는 어찌하여 깊이 깨닫지 못하시오? 바라건대 그대는 김성탄을 붓끝으로 토벌하고 손수 그의 책을 불살라 버려야 하오. 그런 뒤에 다시 나와 같은 사람을 맞아들여 날마다 『논어』를 공부하여야 그대의 병이 나을 것이오. ─「박재선(제가)에게 주는 편지[與朴在先齊家書]」, 『간본 아정유고刊本雅亭遺稿 제7권』

이덕무가 벗인 박제가에게 보낸 편지입니다. 병으로 아파 누워 있는 친구에게 위로 대신 대뜸 힐난부터 해요. '그대가 지금 아픈 것은 연애소설 나부랭이를 희곡으로 만든『서상기』를 읽고, 사회질서를 제멋대로 무시하며 경박한 재주를 믿고 날뛰는 김성탄의 작품에 심취해 있기 때문이야.' 박제가는 중국의 선진 문물을 배워야 한다고 격렬하게 주장했는데, 이 때문인지 당시 중국에서 들여온 통속적 희곡과 중국 명말 청초의 문예비평가 김성탄의 파격적인 비평서를 탐독한 모양입니다. 다분히 고지식하던 이덕무의 눈에는 박제가의 이런 모습이 매우 못마땅했던 것이죠. 병을 고치고자 한다면 의원에게 약을 지을 것이 아니라, 그따위 책을 불살라 버리라, 그런 다음 나 같은 사람과 『논어』를 읽으라고 조언합니다. 역시 마음을 안정시키는 좋은 책은 바로『논어』였습니다.

그가 『논어』의 효험을 이야기하는 다음 글을 읽고 나면, 코끝이 시큰하고 눈가가 뜨거워집니다.

지난 경진년, 신사년 겨울이었다. 내가 기거하던 작은 초가가 몹시 추웠다. 입김이 서려 성에가 되곤 해서 이불깃에서는 와삭와삭 소리가 났다. 내 게으른 성품으로도 한밤중에 일어나 급작스럽게『한서漢書』한 질을 이불 위에 비늘처럼 죽 덮어서 조금이나마 추위를 막았다. 이것이 아니었다면 거의 후산後山의 귀신이 될 뻔했다.

어젯밤에도 집 서북편 모퉁이에서 매서운 바람이 방으로 들어와 등불이 몹시 흔들렸다. 한참을 생각하다가『논어』한 권을 뽑아 세워서 바람을 막고는 혼자서 융통성 있게 잘 처리했다고 뽐내었다. 옛사람이 갈대꽃으로 이불을 만들었다는데, 이것은 특별한 경우에 불과하다. 또 금은으로 상서로운 짐승을 조각해 병풍을 만든 사람도 있지만, 이는 너무 사치스러워 본받을 것이 못 된다. 나의 경전과 역사서로 만든『한서』이불과『논어』병풍만 하겠는가? 또한 한漢의 왕장王章이 소덕석을 덮은 것이나 두보가 말안장으로 추위를 막은 것보다는 낫다. 을유년 겨울 11월 28일에 기록한다.

─「이목구심서 1권」

이불조차 꽁꽁 얼어붙은 엄동설한에『한서』로 이불을 만들고『논어』로 병풍을 만들어 얼어 죽는 것을 면했다고 하죠. 그럼에도 다른 책이 아니라 경전과 역사서로 목숨을 부지했노라, 자못 호기를 부립니다.

후산의 귀신이 될 뻔했다는 말은, 송나라 시인으로 후산이라는

호를 쓴 진사도陳師道가 추운 날 솜옷이 없어 여름옷을 입고 교외郊
外의 제사에 참석했다가 감기에 걸려 세상을 떠났다는 고사에서 왔
습니다. 또 한나라 사람 왕장이 장안에서 공부할 때 병이 나서 누웠
는데 덮을 이불조차 없어서 소의 등에나 덮을 만한 멍석을 덮으면
서 자신을 알아주지 않는 세상을 향해 소리 내어 울었고, 시성 두보
도 길을 가다가 덮을 것이 없어 말안장을 덮고 잠을 청한 적이 있다
고 합니다. 이덕무가 자신은 이들보다는 형편이 낫다며 뻐기니, 읽
는 이를 아연 마음 아프게 합니다.

어쨌든 『논어』가 추위를 막아 그의 목숨을 구해 주었어요. 『논어』
읽기는 그에게 평상심으로 돌아와 다시금 세상을 꿋꿋이 살아가게
하는 최고의 방법이었습니다.

2부

공자 학교와
제자들

공자 학교의 풍경

공자는 자신의 정치사상을 세상에 구현하려 한 정치가였습니다. 하지만 그 전에 그는 열과 성을 다해 학생을 가르치는 교사였고, 스스로 끊임없이 배움을 구하는 학생이었습니다.

공자 학교의 풍경을 한마디로 표현하자면 '교학상장敎學相長의 마당'이라고 할 수 있습니다. 교학상장이란 가르침과 배움을 통해 서로 성숙해진다는 뜻이지요. 가르침과 배움은 별개가 아닙니다. 교사와 학생은 서로에게 스승입니다. 『논어』를 봐도 제자들은 스승 공자를 통해 정치가의 덕목과 함께 더 좋은 사람이 되는 길을 배웠습니다. 한편 공자도 제자들을 가르치면서 자기 배움을 좀 더 단단하게 만들지 않았을까요? 『서경書經』에서 '교학반敎學半', 즉 '가르치는 일이 배우는 일의 반'이라고 했어요. 평소 『서경』 공부를 강조한 공자는 누구보다 이 뜻을 마음에 새기고 있었을 겁니다. 남을 가르쳐 보면 자신의 부족함을 알게 되니까요.

공자의 수업 방식은 오늘날로 치면 토론식 수업, 즉 묻고 답하는 방식이었습니다. 또한 스승에게 묻고 답을 들어도 이해되지 않으면 동학同學, 즉 같이 공부하는 친구에게도 물었지요. 공자의 제자 번지樊遲는, 스승에게 사람다움(仁)과 지혜로움(知)에 대해 물었는데 답을 듣고도 도통 무슨 말씀인지 이해가 안 됐어요. 그래서 스승과 하는 공부를 마친 다음에 똑똑해 보이는 친구 자하子夏에게 묻기도 해요. 모르면 물어야죠. 스승에게 좋은 질문을 하는 것이 물론 중요하지만, 친구들끼리 질문하고 답하는 것도 아름다운 풍경입니다.

질문의 학교

『논어』는 공자의 학교에서 나눈 대화와 사건으로 채워졌어요. 이 학교는 그의 모국인 노나라에도 있었고, 13년간 떠돈 길에도 있었어요. 특히 공자와 자로, 안회, 자공이 여러 일을 겪은 방랑길이야말로 그 자체가 이동식 학교였지요.

공자 학교의 문門은 질문(問)입니다. 질문이 있어야 들어갈 수 있었어요. 질문이 입학 조건이라고 할까요? 공자의 가르침은 어린아이에게 밥을 떠먹여 주는 방식과는 달랐습니다. 질문이 있어야 대답이 있었어요. 철저하게 학생들의 자발성과 능동성에 기초한 가르침이었습니다. 이는 공자의 태도로 확인할 수 있어요.

선생님께서 태묘에 들어가 일마다 물어보시자, 어떤 이가 말했다. "누가 추인의 아들(공자)이 예를 안다고 하는가? 태묘에 들어와서 일마다 묻는구나!" 선생님께서 이를 듣고 말씀하셨다. "이렇게 하는 것이 예다."[1] 「팔일 15」

공자가 젊을 때 노나라의 시조인 주공周公을 모신 사당에 들어가 예에 관한 일을 맡았어요. 아마 당시에도 예법에 밝다고 이름이 났나 봅니다. 그런데 모든 절차에 대해 질문하니까, 사당 관계자가 옆에서 비웃은 겁니다. 그가 보기에는 공자가 예를 몰라서 질문하는 것 같았겠지요. 하지만 그 비웃음에 대한 공자의 말이 걸작입니다. "태묘라는 엄숙한 곳에서 일하는데, 매사에 물어야지. 그게 바로 예라네." 한편 공자가 태묘에서 일한 게 아니라, 태묘를 방문해 그곳 관계자들에게 물은 것이라는 설도 있습니다.

어느 날 공자는 위나라 대부 공문자孔文子의 시호에 왜 '문文'이라는 글자가 들어가는지를 묻는 자공에게 이렇게 답합니다.

"(공문자는) 머리가 명민하면서도 배우기를 좋아하며 아랫사람에게 묻는 걸 부끄러워하지 않았다. 그래서 '문'이라는 시호를 내린 거다."2 「공야장 14」

자공의 눈에 공문자는 자기 딸을 태숙질太叔疾이라는 사람에게 시집보내려고 태숙질로 하여금 그의 본처를 내쫓게 한 부도덕한 인물인데도 문이라는 시호가 내려진 게 좀 이상했나 봅니다. 똑똑한 자공이 아마 '요거, 딱 걸렸다! 선생님도 이 문제에 대해서는 제대로 답하지 못하실걸!' 하고 생각한 것 같아요. 물론 공자가 공문자의 행실을 몰랐을 리 없지요. 그러나 그가 '문'이라는 좋은 뜻이 담긴 시호를 가질 만하다고 답합니다. 머리가 비상한 사람은 대체로 자기 머리만 믿고 더 배우려고 하지 않잖아요. 그런데 공문자는 모르는 것이 있으면 아랫사람에게 묻는 것도 주저하지 않았어요. 바로 이 점을 공자가 칭찬한 겁니다. 그래서 이 대목의 핵심인 '불치하문不恥下問', 즉 아랫사람에게 묻는 걸 부끄러워하지 않음이 바람직한 배움의 자세를 나타내는 말로 널리 알려졌어요.

선생님께서 말씀하셨다. "'어떻게 하면 좋을까, 어떻게 하면 좋을까?'라고 말하지 않는 사람에 대해서는 나도 어쩔 수가 없다."3 「위령공 15」

여기에 '묻는다'는 말은 없지만 불치하문과 비슷한 교훈이 담겨 있습니다. '어떻게 하면 좋을까?' 하며 해결책을 찾으려고 애쓰지 않는 제자에게는 공자도 매정했습니다. 실은 매정한 게 아니라 공자 말대로 어쩔 수 없었겠지요. 배울 자세가 안 된 이에게는 가르쳐도 효과가 없는 법이니까요.

공자 학교에서는 이렇게 물음을 중시했습니다. 왜 그랬을까요? 몰라서 묻고, 그에 대한 답을 들으면서 배우잖아요. 그러니 물음은 진보의 원동력입니다. 그렇다고 무작정 물으라는 말은 아닙니다. 자신이 뭘 모르는지부터 알아야죠. 질문하는 상황을 상상해 봅시다. 내용 있는 질문을 위해 충분히 준비하고 물으면, 묻는 순간이 곧 지식이 쑥쑥 자라는 순간이 됩니다. 공자는 교육 방법에 일가견이 있는 교사였어요.

"그게 나, 공구다."

『논어』 중에 스승 공자의 진면목이 드러나는 대목이 있습니다.

선생님께서 말씀하셨다. "너희들은 내가 뭘 숨긴다고 생각하느냐? 나는 숨기는 게 없다. 실천하는 것마다 너희들에게 보여 주지 않은 것이 없는 사람이 바로 나, 공구다."[4] 「술이 23」

말과 실천을 일치시키려는 그의 태도가 "그게 나, 공구다."라는 말에 압축되어 있습니다. 그는 제자들에게 자신이 실천한 실제만 말했지, 자신이 실천하지 못한 것을 속여 말하는 일은 없었습니다. 공구가 역사에서 잊히지 않고 공자로 남은 데는 아마도 그가 훌륭한 스승이었다는 점이 크게 작용했을 겁니다.

선생님께서 말씀하셨다. "가르치는 데는 신분의 차별을 두지 않는다."5 「위령공 38」

공자의 교육 사상은 아주 진보적이었던 것 같아요. 그래서 누구든 배우려고 하는 사람은 가르쳤습니다. 다만 배움에 대해 최소한의 예는 갖춰야 한다고 강조했어요. "육포 한 묶음 이상을 예물로 가져온 사람에게는, 내 일찍이 가르쳐 주지 않은 적이 없다.(自行束脩以上 吾未嘗無誨焉〕"(「술이 7」) 했거든요. 아무것도 받지 않고 가르쳤다면 더 위대할 거라고 아쉬워하는 사람이 있을지도 모르겠네요. 그럼 우리가 최소한의 비용도 내지 않고 뭔가를 배운다고 해 봅시다. 제대로 배우지 않고 빼먹는 경우가 많을 거예요. 이게 인지상정이기 때문에, 공자는 적은 비용이라도 내게 해서 배우는 자세를 추스르게 한 겁니다.

배우고 가르치는 자리에서 공자는 출신과 신분을 따지지 않았습니다. 사람됨만 봤어요. 신분제가 공고하던 당시에 공자처럼 하기는 매우 어려웠을 겁니다. 지금도 사람을 대할 때 외모나 학력이나 재산 같은 배경 말고 됨됨이로만 평가하기가 쉽지는 않지요.

선생님께서 중궁仲弓을 평해 말씀하셨다. "얼룩소의 새끼라도 털이 붉고 뿔이 반듯하다면, 제사에 사용하지 않으려 한들 제사를 받는 산천의 신령이 그대로 내버려 두겠느냐?"6 「옹야 4」

중궁은 그 아버지의 행실이 매우 나빴다고 합니다. 신분이 아주 낮았다고 보기도 하고요. 그런데도 공자는 중궁의 됨됨이만을 보고 그를 제자로 받아들여 가르쳤습니다. 편견이 없었어요.

호향 사람들은 모두 행실이 나빠서 함께 대화하기가 어려웠다. 그런데 이 마을의 어떤 아이가 선생님을 찾아와 뵙자, 제자들이 의아하게 여겼다. 이에 선생님께서 말씀하셨다. "그가 나를 찾아온 뜻을 인정해 주었지, 그가 물러가 나쁜 짓을 저지르는 것까지 인정하지는 않았다. 무엇 때문에 심하게 대한단 말이냐? 사람이 자신을 깨끗이 하고 찾아오면, 그가 깨끗이 한 것만 인정하면 될 뿐이지 과거의 잘못을 들출 필요는 없다."7 「술이 28」

풍속이 나쁜 동네라는 호향은 천민이나 사회에서 꺼리는 사람들이 살던 곳입니다. 그곳에 사는 아이가 공자를 찾아와 가르침을 청

했을 때 벌어진 일입니다. 제자들은 마주하기도 싫어하는 아이를 공자는 제자들과 차별 없이 대했어요. 정말 멋진 선생님이지요? 공자는 학생의 배경을 따져 가며 차별하지 않았습니다. 좁은 원칙을 세워 놓고 그 울타리 안에 들어오지 않으면 나쁜 학생으로 단정해 버리기, 이런 못난 선생의 행동을 공자는 하지 않았습니다.

> 시柴(자고子羔)는 우직하고, 삼(증삼)은 노둔하고, 사師(자장)는 극단적이고, 유由(자로)는 거칠다.[8] 「선진 17」

좋은 스승은 학생들에게 관심이 많아서 평소에 학생들의 특징을 잘 파악하고 있지요. 공자도 그랬습니다. 그래서 제자들 각각을 그에 맞는 눈높이로 가르칠 수 있었어요.

눈높이 교육

공자의 가르침 가운데 단연 눈에 띄는 것이 바로 눈높이 교육입니다. 증상이 같아도 환자의 상태에 따라 의사가 처방을 달리하는 것처럼, 질문이 같아도 공자의 답은 여러 가지예요.

선생님께서 말씀하셨다. "자질이 보통 이상인 사람에게는 높은 수

준의 도를 말할 수 있으나, 자질이 보통 이하인 사람에게는 높은 수준의 도를 말할 수 없다."9 「옹야 19」

대화하거나 가르칠 때 주제가 같아도 상대에 따라 선택하는 단어부터 달라지지요. 당연합니다. 공자는 이를 분명히 인식하고 실천했습니다. 제자들의 자질을 잘 살피고 그들이 갈 길을 제시했어요. 강요하는 교육은 안 된다고 판단했습니다. 사람은 잘 안 변해요. 변화의 바탕에는 오로지 자신의 깨달음이 있지요. 그래서 스승이 할 일은 제자가 스스로 깨닫도록 돕는 겁니다.

자로가 물었다. "의로운 일을 들으면 바로 실천해야 합니까?" 선생님께서 말씀하셨다. "부모와 형제가 살아 있는데 어찌 들었다고 바로 실천할 수 있겠느냐?" 염유冉有(염구冉求)가 물었다. "의로운 일을 들으면 바로 실천해야 합니까?" 선생님께서 말씀하셨다. "의로운 일을 들으면 바로 실천해야 한다." 공서화公西華가 말했다. "자로가 '들으면 바로 실천해야 합니까?'라고 묻자 '부모와 형제가 살아 있으니 바로 실천해서는 안 된다'고 하시고, 염구가 '들으면 바로 실천해야 합니까?'라고 묻자 '들으면 바로 실천해야 한다'고 하시니, 저는 의혹이 생겨 감히 묻습니다." 선생님께서 말씀하셨다. "구(염유)는 자꾸 뒤로 물러서기 때문에 앞으로 나아가게 하고, 유(자로)는 실천이 남보다 뛰어나기 때문에 한발 물러서게 했다."10 「선진 21」

공자는 모든 제자에게 천편일률적으로 가르치지 않았습니다. 학생의 품성에 따라 누르거나 추켜 주는 등 다양한 방법으로 가르쳤어요. 때론 매섭게 야단치고 때론 자상하게 타일렀습니다. 말보다 실천이 앞서는 용맹한 자로는 그 용맹으로 지나친 행동을 할까 봐 눌러 주고, 실천보다 말이 앞서는 소심한 염유는 그 소심함이 지나쳐 행동을 주저할까 봐 북돋워 준 겁니다. 자로에겐 자로에게 맞춤한 답을, 염유에겐 염유에게 합당한 답을 주었습니다.

공자 학교에서 가르친 것

공자 학교에서 어떤 것을 배웠을지 궁금하지요? 이에 대해 분명하게 알 수 있는 부분이 있습니다.

> 선생님께서는 네 가지를 가르치셨는데, 학문〔文〕과 행실〔行〕과 진실함〔忠〕과 신의〔信〕다.[11] 「술이 24」

'문文'은 옛 문헌을 가리키니, 공자가 『시경』이나 『서경』 같은 글을 가르친 겁니다. '행行'은 실천, 즉 평소 말하고 행동하는 것에 대한 규범을 일러 주었습니다. 주로 가정과 마을, 조정에서 지킬 예에 관한 것들입니다. '충忠'과 '신信'은 마음, 즉 내면과 관계되지요. 그러고 보니 '문'과 '행'은 밖으로 드러나는 행위와 연결됩니다. 아무래도 우리에게 익숙한 과목과는 거리가 있고 좀 추상적이지요. "선생님께서 평소에 말씀하신 것은 『시경』과 『서경』에 관한 내용, 그리고 예를 행하는 것이었다. 이것이 모두 평소에 강조하신 말씀이다.〔子所雅言 詩書執禮 皆雅言也〕"(「술이 17」) 이런 대목을 보면, '문'과 '행'의 의미에 좀 더 다가설 수 있겠네요.

> 선생님께서 말씀하셨다. "젊은이들이 집에 들어오면 부모에게 효도하고 집 밖에 나가면 어른께 공경해야 한다. 행실은 삼가고 말을 미덥게 해야 하며, 사람들을 널리 사랑하되 특히 어진 이와 가깝게 지내야 한다. 그렇게 행동하고서도 남은 힘이 있다면 그것으로 옛 글을 배워야 한다."[12] 「학이 6」

우리 생각에는 공자가 글공부를 가장 중시했을 것 같은데, 사실은 '충'과 '신'과 '행'을 먼저 익힌 뒤에 '문'을 배우라고 했습니다. 만약 공부는 곧잘 하는데 청소 시간에 눈치를 보며 게을리 움직이는 학생이 공자 학교에 있었다면 분명히 꾸지람을 들었을 겁니다.

네 번째 이야기

의리로 똘똘 뭉친 용기남, 자로

선생님께서 말씀하셨다. "지혜로운 사람은 헷갈리지 않고, 어진 사람은 근심하지 않고, 용기 있는 사람은 두려워하지 않는다."[13] 「자한 28」

지혜로운 사람, 어진 사람, 용기 있는 사람의 특징을 제시한 말씀입니다. 이 중 '어진 사람(仁者)'은 이상적인 인격, 즉 군자를 가리키기도 하지요. 하지만 사람의 덕목을 나열한 여기서는 '어진' 면을 강조하는 것으로 보입니다. 그래서 '좋은 사람'이나 '사람다운 사람'이 아닌 '어진 사람'으로 옮겼습니다.

공자의 제자 중에서 앞에 나열된 덕목을 대표하는 사람을 한 명

씩 꼽을 수 있어요. 지혜로운 이는 자공, 어진 이는 안회, 용기 있는 이는 단연 자로입니다. 공자 학교의 많은 제자 중에서도 이 세 사람을 살펴봅시다. 공자 학교의 72제자 중 학식과 덕행이 뛰어난 사람을 추리면 열 명의 현인, 즉 '십철'이 되지요. 이 중 다시 공자가 아낀 제자를 꼽으면 바로 앞의 세 사람입니다.

공자의 제자 중 누가 『논어』에 가장 많이 등장할까요? 자로입니다. 공자가 가장 사랑한 제자 안회도 자로보다 적게 등장해요. 이유가 뭘까요? 자로가 공자를 가장 오랫동안 수행했고, 성격이 활달하다 보니 스승과 얽힌 일화가 많기 때문일 겁니다. 그런데 안회에 대해 칭찬 일색인 것과 달리, 자로에 대해서는 대부분 비판적입니다. 물론 칭찬이 아예 없지는 않습니다만, 흔쾌한 칭찬이 드물어요. 공자가 때로는 무정하다 싶을 정도로 자로를 꾸짖기도 합니다. 괄괄한 자로가 잠자코 있을 리 없지요. 불편한 기색을 드러내고 대들기도 해요. 명나라 말기의 사상가 이지李贄는 『논어평論語評』에서 "공자는 자로를 매번 혹독하게 대했다." 했습니다. 물론 찬찬히 읽어 보면 애정이 녹아 있습니다. 애정이 없는 이에게는 충고도 하지 않잖아요. 무관심하죠.

공자보다 아홉 살 적은 그는 성격이 거칠고 용맹하며 뜻이 강하고 곧았다. 수탉의 깃으로 만든 관을 쓰고 수퇘지의 가죽으로 주머니를 만들어 허리에 차고 다녔다. 한때 공자를 업신여기며 포악한 짓을 했다. 그러나 공자가 예의를 다해 조금씩 바른길로 이끌어 주자, 나중에는 유자儒者의 옷을 입고 예물을 올리고 공자의 문인들을 통해 제자가 되고 싶어 했다.

사마천의 『사기』「중니제자열전仲尼弟子列傳」에 보이는 기록입니다. 이를 통해 우리가 알 수 있는 것은 네 가지예요. 첫째, 자로의 성격이 원래 거칠다는 점입니다. 성격이 어디 가나요? 공자를 만나 삶이 바뀌어도 끝내 그의 기질은 남아요. 이 점은 『논어』에서 확인할 수 있습니다. 둘째, 자로와 공자의 나이 차이가 아홉 살이라는 겁니다. 우리가 잘 아는 안회, 자공, 염유 등은 모두 나중에 공자의 제자가 됐어요. 공자와 거의 30년이라는 나이 차이가 있으니 아들뻘이죠. 나이 많은 자로는 여러 제자가 등장하는 장면에서 항상 먼저 말을 꺼냅니다. 물론 다른 사람이 대화할 때 끼어드는 경우도 있어요. 셋째, 수탉의 깃과 수퇘지 가죽을 몸에 지니고 다닌 점으로 볼 때 자로에게서 변방 산적의 기운을 느낄 수 있어요. 원래 그는 산적이었습니다. 넷째가 중요한데, 자로가 공자를 통해 '인생을 바꿀 만남'을 이뤘다는 점입니다. 공자의 제자가 되면서 그의 인생이 극적으로 바뀌었어요. 변방의 산적이 공자의 출중한 제자로 변하는 과정이야말로 『논어』의 백미라고 봅니다. 삶에서 만남이 얼마나 중요한가요!

공자와 자로의 첫 만남

공자와 자로의 첫 만남은 『공자가어』 「자로초견子路初見」에 나옵니다. 잘못된 만남이 아니라, 멋진 만남이지요. 삶을 송두리째 바꾼 만남입니다.

자로가 처음 공자를 만났다. 공자가 말했다. "그대는 무얼 좋아하는가?" 자로가 대답했다. "긴 칼을 좋아한다." 공자가 말했다. "그걸 물은 게 아니다. 단지 그대가 잘하는 것에 학문을 더한다면 아무도 그대를 따를 수 없다고 말하고 싶었다." 자로가 말했다. "학문이라는 게 도대체 무슨 도움이 되는가?" 공자가 말했다. "임금은 간언해 주는 신하가 없으면 정치를 잘못하고, 무사는 가르쳐 주는 친구가 없으면 귀가 어두워진다. 미친 말을 몰 때는 채찍을 잠시도 놓을 수 없고, 활은 두 번 당길 수 없다. 나무는 목수의 먹줄이 닿아야 곧아지고 사람은 비판을 받아야 비로소 성인이 된다. 배움을 얻고 물음을 중시하는 사람이 된다면 그 이상 바랄 것이 있겠는가? 인仁을 어지럽히고 선비를 미워하면 사회와 마찰을 일으켜 감옥에 갇히게 된다. 그러니 군자라면 학문을 하지 않을 수 없다." 자로가 말했다. "남산에 푸른 대나무가 있는데 휘어잡지 않아도 스스로 곧고, 그것을 잘라 화살로 쓰면 가죽 과녁을 뚫어 버린다. 이렇게 생각해 본다면 배울 게 뭐 있겠는가?" 공자가 말했다. "그 대나무 밑동을 잘 다듬어 깃털을 달고 그 앞머리에 쇠촉을 달아 날카롭게 연마한다면, 그 가죽을 더 깊이 뚫지 않겠는가?" 이에 자로가 무릎을 꿇어 두 번 절하고 말했다. "삼가 가르침을 받겠습니다."

공자의 첫 물음에 자로는 뜸 들이지 않고 '칼을 좋아한다'고 대답합니다. 그는 한마디로 무인武人 기질이 있는 용맹한 사람이었지요. 원문을 살펴보면 반말을 해 댄 것 같아요. 대단히 불손했지요. 공부하고는 아예 담을 쌓고 지내던 사람입니다. 그러나 공자의 말에 대꾸하는 것을 보면 속이 빈 인물은 아니었어요. 자기 나름대로 생각이 있었습니다. 그런 그가 공자의 설득과 자신의 깨달음 끝에 공자학교의 학생이 됩니다.

자로의 상징, 용맹

학교든 회사든 고분고분하고 말 잘 듣는 학생과 사원만 있을 때, 그 조직은 생기도 없고 발전도 없어요. 자로의 약간 삐딱한 캐릭터가 『논어』에 활력을 불어 넣습니다.

선생님께서 말씀하셨다. "도가 행해지지 않아 뗏목을 타고 바다로 떠날 때 나를 따를 사람은 아마 자로겠지!" 자로가 이 말을 듣고 기뻐하자, 선생님께서 말씀하셨다. "자로는 용맹을 좋아하는 것이 나보다 낫지만 재목을 취할 수가 없구나!"14 「공야장 6」

공자도 자로의 용맹을 인정했지만 뒷말이 개운치 않네요. 용맹은 뛰어나지만 사리를 분별하는 능력이 모자란다는 뜻이니까요. 그런데 이 대목을 공자의 농담으로 해석할 수도 있어요. 공자가 세상일이 뜻대로 되지 않아 답답한 마음에 한마디 한 거죠. 실제로 갈 생각은 전혀 없었는데 말이에요. 그런데 꽤 고지식한 자로가 만날 어린 안회에게 밀리다가 오랜만에 스승에게 칭찬을 들어 신이 났습니다. 그러자 공자가 말합니다. "자로가 용맹이 나보다 뛰어난 거야 나도 인정! 근데 나무는 어디서 구하지? 뗏목 타고 바다로 떠난다는 건 농담이야."

자로가 말했다. "군자는 용맹을 숭상합니까?" 선생님께서 말씀하셨다. "군자는 의로움〔義〕을 으뜸으로 삼는다. 군자가 용맹만 있고 의로움이 없으면 난리를 일으키고, 소인이 용맹만 있고 의로움이 없으면 도적이 된다."15 「양화 23」

자로의 장점은 자타 공인 용맹이었습니다. 그래서 그는 자신의 용맹을 자랑하고 싶었겠지요. "선생님, 저는 어느 수준이에요?" 공자의 제자 중에는 이렇게 묻는 학생들이 많았어요. 자로가 이런 뜻으로 묻습니다. "선생님께서 저희더러 늘 군자가 되라고 마르고 닳도록 말씀하시는데, 군자는 용맹을 숭상합니까?" 자신이 누구보다 용맹하다는 자부가 담긴 물음이지요. 스승께 인정받고 싶어서 질문한 거예요. 자애롭지만 엄격한 스승인 공자는 좀체 인정하지 않으셨거든요.

그런데 우리 공자께서 찬물을 끼얹었어요. "군자는 의로움을 으뜸으로 삼는다." 물론 공자가 최고로 치는 군자의 덕목은 사랑[仁]입니다만, 자로가 뻐기는 용맹에 관해 한마디 하려던 것이지요. 자로에겐 말씀이 박하시네요. 여기서 공자가 말한 의로움은 정의라고 옮길 수도 있습니다. 또 '마땅하다[宜]'는 뜻도 있어요. 그러니까 어떤 일을 분별 있고 합당하게 처리하는 것을 가리켜요. 사실 사회의 정의도 기준과 원칙이 바로 서고 그에 맞게 처리해야 세워집니다. 죄를 지으면 부자든 빈자든 똑같이 처벌하는 게 정의잖아요. 그러니 공자의 말씀은 '용맹만 믿고 설치지 말고 상황에 따라 분별력을 발휘해야 한다'는 뜻이지요. 아마 공자는 자로가 용맹을 너무 강조하니까, 그걸 눌러 주고 싶었나 봅니다. '과유불급', 지나침은 미치지 못함과 같습니다. 이렇게 공자는 늘 조화와 균형과 절제를 강조했어요.

공자 학교의 '엄친아', 안회

공자는 제자들이 지나치면 누르고, 모자라면 북돋워 주었어요. 자로와 안회를 나란히 앉혀 놓고 말하기도 합니다. 요즘 교사가 이렇게 하면 학생들에게 '공공의 적'으로 찍힐 겁니다. 우리 공자님, 용감하시네요.

> 선생님께서 안연(안회)에게 말씀하셨다. "등용되면 나아가 도를 행하고 써 주지 않으면 물러나 숨어 사는 일은, 오직 나와 너만 할 수 있다." 자로가 말했다. "만약 선생님께서 삼군三軍을 거느리신다면 누구와 함께하시겠습니까?" 선생님께서 말씀하셨다. "맨손으로 호랑이를 잡으려 하고, 맨몸으로 황하를 건너려다가 죽어도 후회하지 않을 자와는 함께하지 않겠다. 반드시 일 앞에서 두려워하고, 계획하기를 좋아하되 성공하는 자와 함께할 것이다."16 「술이 10」

자로로 말하면 공자보다 아홉 살 아래고, 안회보다는 스무 살 위입니다. 자로 생각에는, 아무리 기다려도 공자가 자신을 칭찬하는 말은 들려오지 않아요. 서운했지요. 괄괄한 자로가 가만히 있지 않고 묻습니다. "안회가 인품이 훌륭하다고 해도 선생님께서 그를 선생님과 같은 급으로 치는 것은 지나칩니다. 책상물림에 가까운 안회는 용맹이 없잖아요. 용맹 하면 저, 자로죠. 자, 선생님께서 삼군을 거느리신다면 누구와 함께하시겠어요?"

그런데 또 야박하게 답한 공자의 마음은 이랬을 겁니다. '네가 말하는 용맹은 맨손으로 호랑이를 잡고 맨몸으로 황하를 건너는 것이겠지? 나는 그런 무모함이 싫구나! 너는 두려움과 신중함이 없어. 그게 문제야.' 선생의 답을 들은 자로가 어떻게 반응했는지는 기록이 없어서 알 수 없어요. 씩씩거리며 물러나지 않았을까요? 스무 살이나 어린 안회 앞에서 망신을 당했으니까요. 예나 지금이나 동양에선 나이가 중요한 기준입니다. 공자는 왜 그렇게 자로를 무시했을까요? 인도人道, 즉 사람이 되는 길에서는 나이가 중요하지 않았을까요? 또는 공자는 안회와 호흡이 더 잘 맞았을까요?

용감하게 실천하는 자로

공자의 말대로 용맹이 지나치면 판단력이 흐려져서 나쁜 결과를 낳을 수 있지만, 용맹해서 좋은 점도 있습니다. 바로 강한 실천력이에요.

자로는 좋은 말을 듣고 그걸 실천하기 전에 또다시 좋은 말을 들을까 봐 두려워했다.[17] 「공야장 13」

공자의 말씀으로 기록되지 않은 걸 보면, 공자가 죽은 뒤 『논어』가 편집될 때 제자나 제자의 제자들이 자로를 높이 평가해서 기록한 듯합니다. 우리가 좋은 말을 얼마나 많이 듣나요? 차고 넘치는 게 훌륭한 말씀이지요. 하도 많이 들어 귀에 딱지가 앉을 지경입니다. 실천에 약한 우리는 작심삼일作心三日을 계속 반복하는 태도도 나쁘지는 않을 겁니다. 그런데 자로는 '마음의 다이어트'를 하고 있었어요. 훌륭한 말씀을 마음으로 받아들여, 그때그때 실천에 옮겼거든요.

> 안연(안회)과 계로季路(자로)가 공자를 모시고 있었다. 선생님께서 말씀하셨다. "너희들은 각자 포부를 말해 보겠느냐?" 자로가 말했다. "저는 거마車馬와 고급 가죽옷을 친구와 같이 쓰다가 낡아도 서운해하지 않겠습니다." 안연이 말했다. "저는 잘하는 걸 자랑하지 않고 공로를 과시하지 않겠습니다."18 「공야장 25」

저는 안회보다 자로가 훨씬 인간적으로 느껴집니다. 자로의 답은 아주 구체적이라 공감하기가 쉽습니다. 오늘날이라면 이런 답이잖아요. "저는 친구에게 비싼 수입차와 명품 밍크코트를 빌려주어, 설령 친구가 차와 옷을 망가뜨린다 해도 친구에게 서운한 마음을 품지 않겠습니다." 얼마나 실감 납니까? 이렇게 할 수 있는 사람, 매우 드물지요. 아마 없을 거예요.

선생님께서 말씀하셨다. "해진 솜옷을 입고 여우나 담비 가죽옷을 입은 자와 서 있어도 부끄러워하지 않을 자는 아마 자로일 거야. 남을 해치지도 않고 남의 것을 탐내지도 않으면 어찌 착하다고 하지 않겠느냐?" 자로가 (공자의 칭찬에 의기양양해) 늘 이 말을 외우고 다니자, 선생님께서 말씀하셨다. "이것은 사람의 당연한 도리인데, 어찌 이것만으로 충분하다 할 수 있겠느냐?"[19] 「자한 26」

비슷한 예가 또 있네요. 자로가 공자에게 착하다는 특급 칭찬을 들었습니다. 저는 솔직히 백화점 명품관을 지나가도 왠지 주눅이 들고, 값비싼 물건을 몸에 지닌 사람 옆에서는 괜히 불편하더라고요. 자로처럼 의연하기가 쉽진 않을 듯합니다.

스승에게 칭찬을 들은 자로가 얼마나 기뻤을까요? '아! 산적이던 내가 공자 학교에 들어와서 이렇게 변했구나. 칭찬에 인색하던 선생님께서 드디어 나를 제자로 인정하시는구나!' 스스로 대견했겠지요. 그래서 공자의 칭찬을 죽을 때까지 가문의 영광으로 알고 열심히 외우며 다녔습니다. 하지만 공자가 꼭 토를 답니다. "그건 사람이 실천해야 할 당연한 도리야! 어떻게 그것만으로 충분하겠니?" 물론 자로가 더 성장하기를 바라는 마음이 담긴 충고겠지요.

자로는 대청까지 올랐다: 공자의 인정

하루는 자로가 공자의 집에서 비파를 탄 모양입니다. 『논어집주』
에 따르면, "그 기질이 굳세고 용맹해 조화가 부족했기 때문에 그
소리에 나타남이 이와 같았다." 했습니다. 무인 기질이 있는 자로
가 탄 비파 소리가 아마 '북쪽 변방의 살벌한 소리'(『공자가어』)로 들
렸나 봐요. 공자는 척 듣고 알았을 테지요. 음악의 대가니까요. 공
자는 '음악을 배우면서 세 달 동안 고기 맛을 몰랐[三月 不知肉味]'(「술
이 13」)고, 그가 위나라에서 노나라로 돌아간 뒤에 '음악이 바로잡혀
아와 송이 각기 제자리를 찾[樂正 雅頌各得其所]'(「자한 14」)을 정도였으
니까요.

> 선생님께서 말씀하셨다. "자로의 살벌한 비파 소리가 어찌 내 집에
> 서 나느냐?" 그 뒤로 문인들이 자로를 깔보았다. 그러자 선생님께
> 서 말씀하셨다. "자로는 학문의 경지가 이미 대청에 올라섰다. 아
> 직 방에는 들어가지 못했지만."[20] 「선진 14」

제자들 사이에서 자로가 무시당했나 봐요. 공자가 자로에게 핀
잔을 주는 모습을 자주 봤기 때문이겠지요. 하지만 공자가 자로 편
을 들어 줍니다. 직설적으로 말하는 우리와 다르게 공자는 품격 있
는 비유로 자로를 인정했어요. "자로의 경지가 아직 방(심오한 경지)

에는 들어가지 못했어도 이미 대청(높은 경지)에는 올랐다. 너희들이
함부로 무시할 사람이 아니다!"

공자를 말리는 자로

공자는 정치로 노나라를, 더 나아가 세상을 바꾸려는 뜻이 있었
어요. 그런데 기회가 좀체 오질 않았어요. 노나라에서 한 짧은 관직
생활을 빼면요.

> 공산불요公山弗擾가 비費 땅을 근거로 반란을 일으켜 선생님을 불
> 렀는데, 선생님께서 가려고 했다. 자로가 기뻐하지 않으며 말했다.
> "갈 곳이 없으면 그만두고 말지, 어찌 굳이 공산씨에게 가려 하십
> 니까?" 선생님께서 말했다. "그자가 어찌 나를 빈말로 불렀겠느
> 냐? 만일 나를 써 주는 자가 있다면, 내가 노나라를 동쪽의 주나라
> 로 만들리라!"[21] 「양화 5」

마침 공산불요라는 사람이 비라는 땅에서 반란을 일으키고 공자
를 불렀는데, 공자가 그곳에 가는 문제를 두고 상의한 사람이 바로
자로입니다. 공자에게 자로는 제자이자 유일한 벗이 아니었을까 싶
어요. 공자가 자신의 삶을 바꿀 만큼 중대한 문제를 의논한 상대니

까요.

처음에는 공자가 그곳에 가려고 했습니다. 그런데 자로가 말려요. 공자는 변명조로 말합니다. 공산불요가 빈말로 부르진 않았을 테고, 자신은 노나라를 동쪽의 주나라로 만들 자신이 있다고 말합니다. 공자의 뜻이 정말 굳었다면 자로가 말려도 갔을 겁니다. 하지만 발길을 옮기지 않은 것을 보면 결국 자로의 설득에 마음을 바꾼 것으로 보입니다. 자로가 공자의 핵심 참모 구실을 한 겁니다.

다시는 없을지도 모를 정치적 기회가 공자에게 또 옵니다. 이번에도 공자의 마음이 흔들렸는데, 역시 상의한 사람도 말린 사람도 자로예요.

> 필힐佛肸이 부르자 선생님께서 가려고 하셨다. 자로가 말했다. "예전에 선생님께서 '나쁜 짓을 하는 자에게 군자는 가지 않는다.' 하셨습니다. 필힐이 중모中牟 땅을 근거로 반란을 일으켰는데, 선생님께서는 어찌 가시려고 합니까?" 선생님께서 말씀하셨다. "그렇다. 내가 그런 말을 했지. 그러나 정말 견고한 것은 아무리 갈아도 얇아지지 않고, 정말 흰 것은 아무리 물들여도 검어지지 않는 법이다. 내가 어찌 한 곳에 매달려 있기만 하고 쓰이지 않는 조롱박과 같겠느냐?"[22] 「양화 7」

자로가 한층 성숙했어요. 평소 가르침과 어울리지 않는 모습을 보이는 스승에게 따끔한 충고를 하고, 이번에도 공자는 변명조로 말합니다. 자신은 어떤 상황에서도 물들지 않고 소신을 지킬 수 있다고 했지요. 매달려 있기만 하고 쓰이지 않는 조롱박도 아닌데, 정치에 대한 포부를 접을 수 있겠냐면서요. 공산불요와 필힐의 반란 때 한 공자의 말씀을 저는 변명으로 이해했습니다만, 공자로서는 현실과 이상의 괴리에서 비롯한 고뇌의 표현이겠지요. 어찌 보면 신세 한탄으로 들리기도 하는군요. 역사에 가정은 없지만, 만일 공자가 공산불요나 필힐의 꼬임에 빠져 반란에 가담했다면 어떻게 됐을까요? 오늘날 우리가 아는 공자는 없었을지도 모릅니다.

공자는 13년 방랑 중에 위나라에 오래 머물렀습니다. 자로의 동서인 안탁추顔濁鄒의 집에도 머물렀어요. 그때 공자가 위나라 영공靈公의 부인 남자南子를 만나는데, 이 부인은 음란하다는 소문이 있었어요. 물론 여자가 정치에 참여하는 걸 못마땅하게 본 당시 사람들이 지어낸 말일 수도 있지요. 하지만 사실이 어떻든 이런 부인을 만나면 공자의 명성에 분명히 누가 되겠죠. 이때도 자로가 나섭니다.

선생님께서 남자를 만나시자, 자로가 기뻐하지 않았다. 이에 선생님께서 맹세하며 말씀하셨다. "내가 만일 도리에 어긋난 짓을 했다면, 하늘이 나를 버리실 거다! 하늘이 나를 버리실 거다!"23 「옹야 26」

자로가 싫은 내색을 합니다. 왜 소문이 안 좋은 영공의 부인을 만났느냐며 따져요. 그러자 공자가 유례없는 말을 합니다. 『논어』에서 공자가 하늘에 대고 이렇게 강한 어조로 맹세하는 대목은 여기밖에 없거든요. 공자의 말씀은 '나는 그 여자와 부끄러운 짓을 전혀 하지 않았다'는 뜻이지요. 제자가 스승을 못마땅하게 여겨 그 앞에서 불쾌한 표정을 짓고 스승이 제자 앞에 한 점 부끄럼이 없다며 하늘에 대고 맹세하는 장면은, 공자와 자로의 관계에서만 연출될 수 있었어요. 아마 안회였다면 스승 앞에서 아예 그런 표정을 짓지 않았을 테고, 공자도 굳이 30세나 어린 제자 앞에서 미주알고주알 대꾸하지도 않았을 겁니다. 물론 이렇게 펄쩍 뛰지도 않았겠지요. 싫든 좋든 자로는 어느덧 공자가 속마음을 내보일 수 있는 유일한 동반자가 되었습니다.

> 진陳나라에 있을 때 양식이 떨어져서, 따라다니던 제자들이 병들어 일어나지 못했다. 자로가 불만스러운 얼굴[慍見]로 공자를 뵙고 말했다. "군자도 곤궁한 경우가 있습니까?" 선생님께서 말씀하셨다. "(있다.) 군자는 곤궁을 견뎌 내지만, 소인은 곤궁하면 무슨 짓이든 한다."[24] 「위령공 1」

알다시피 공자가 제자들과 무려 13년 동안 떠돌아다녔습니다. 그것도 50대 중반에요. 산전수전을 다 겪었겠지요. 진나라에 있을 때 양식이 다 떨어졌어요. 굶을밖에요. 제자들이 배고프고 병들어 일어나질 못합니다. 이번에도 나설 사람은 자로밖에 없었어요. 성격 때문이기도 했고, 제자 중에 나이가 가장 많았으니까요. 원문의 '온현慍見'은 성난 기색을 나타냈다는 뜻입니다. 적극적으로 해석하면 스승에게 대들었다고 볼 수도 있어요. 공자의 제자 중에 공자 앞에서 이런 말을 할 수 있는 사람은 자로뿐이었습니다.

자로는 역시 공자에게 제자이자 친구였어요. 실제로 공자가 자로의 신세를 집니다. 앞서 말했듯 위나라에 갔을 때 자로의 동서 집에 머물기도 했죠. '굽은 나무가 선산을 지킨다'는 우리 속담이 있어요. 쓸모없어 보이는 것이 오히려 제구실을 한다는 말이지요. 우락부락할 줄만 알았던 자로가 실은 잔정이 많았습니다. "선생님께서 병이 심해지자, 자로가 문인을 시켜 공자의 병을 수발할 가신家臣으로 삼았다.〔子疾病 子路使門人 爲臣〕(「자한 11」)" 이런 기록을 통해, 자로가 스승 공자를 가까이에서 살핀 것을 알 수 있어요. 물론 이 일로 공자에게 야단을 맞기도 합니다. 현직 대부 벼슬에 있지 않으면 가신을 둘 수 없다는 예를 어겼기 때문이에요. 이런 장면에서 공자는 원칙주의자의 모습을 보이고, 자로는 다정하고 곰살맞은 친구의 모습을 보이네요. 공자가 자로를 야단쳤지만 속으로는 고맙지 않았을까요? 아무튼 공자가 재여를 야단칠 때와 비교하면 은근히 스승과 제자의 정이 느껴집니다. 함께 늙어 가는 스승과 제자의 애틋한 모습이지요.

자로의 최후: 군자의 모습

자로가 공자를 만나 많이 변했지만, 끝끝내 젊은 시절의 기질을 못 버리기도 했어요. 기질은 바뀌지 않나 봅니다.

> 괴외蒯聵가 석기石乞와 우염盂黶을 내려보내 자로를 대적하게 했다. 이에 두 사람이 창으로 자로를 공격하다가 마침 자로가 쓰고 있는 관의 끈이 끊어졌다. 그러자 자로가 "군자는 죽어도 관을 벗을 수 없다." 하고는, 다시 관의 끈을 묶은 뒤 힘써 싸우다 죽었다.

『사기』「중니제자열전」에 보이는 자로의 마지막 모습입니다. 역시 자로답지요. 산적이던 자로가 결국 군자가 된 겁니다. 공자는 인정하지 않았겠지만, 저는 자로가 군자로서 삶을 마감했다고 생각합니다.

공자가 가장 사랑한 제자, 안회

흔히 자식에 대한 사랑을 이야기할 때 열 손가락 깨물어 아프지 않은 손가락은 없다고 하지요. 전근대에는 '임금과 스승과 아버지는 한 몸'이라는 뜻에서 '군사부일체君師父一體'라는 말을 썼어요. 위대한 스승, 공자는 어땠을까요? 우리의 기대로는 모든 제자를 고루 사랑하셨을 것 같지만, 실제로는 그러지 않았어요. 실망했나요? 저는 이게 공자의 인간적인 모습이라고 생각합니다.

「중니제자열전」에서 공자의 제자가 '3000명'이었다고 하는데, 이는 공자 학교를 거쳐 간 모든 학생의 수일 겁니다. 하루 이틀 배우고 간 학생도 '내가 공자 학교에서 배웠다'고 떠벌렸을지도 몰라요. 때에 따라 72제자나 77제자라고도 합니다. 어쨌든 70여 명의 제자는 모두 6예에 통달했어요.

공자는 이 제자들 중에서 단연 안회를 편애했습니다. 공자가 특정 제자를 '편애'했다니, 듣기에 거북한가요? 하지만 『논어』를 읽어 보면 정말 그래요. 물론 지하에 계신 공자께서 이렇게 말씀하실지도 모르겠어요. "내 뜻은 그게 아닌데, 나는 듣도 보도 못한 『논어』라는 책을 편집한 제자나 그 제자의 제자들이 내 뜻을 제대로 드러내지 못했군." 그러나 우리 앞에 놓인 『논어』에는 분명히 안회에 대한 공자의 사랑이 철철 넘쳐요.

그럼 공자는 왜 안회를 그토록 아꼈을까요? 공자의 삶에서 일관된 모토인 '배움', 특히 '호학好學'에 그 비밀이 있어요. 또 공자는 가난한 안회의 모습에서 자신의 젊은 날을 떠올렸을 겁니다. 당연히 안타깝고 애달팠겠죠. 정이 더 가고 대견했겠죠. 나이까지 어리니까요. 안회는 공자 학교의 꿈나무고 기대주였습니다.

선생님께서 말씀하셨다. "열 집이 모여 사는 마을에도 반드시 나만큼 진실하고 미더운 사람이야 있을 것이다. 그러나 나만큼 배우기를 좋아하는 사람은 없을 것이다."[25] 「공야장 27」

겸손이 몸에 밴 공자도 배움에 관해서만은 자부했어요. "내가 딴 건 몰라도 배우기를 좋아하는 것만큼은 으뜸이야." 공자가 지금 세상에 있다면 어떤 모습일지를 가끔 생각해 봅니다. 아마 7개 국어에 능통하고, 새 기계가 나오면 호기심에 가장 먼저 써 보는 얼리 어답터일 겁니다. 전 거의 확신합니다. 공자는 예악만 따지는 사람이 절대 아니었어요.

공자에게 '배움'은 우리가 좋은 대학에 가려고 국어·영어·수학을 열심히 공부하는 것과는 달랐습니다. '야합'으로 태어난 그로서는 배움이 출세의 발판이었고, 한편으론 '군자'가 되는 길이었어요. 그런데 배움을 가장 좋아한 제자가 안회였으니, 안회를 두고 다른 제자를 아꼈다면 그거야말로 '치우친 사랑'이 아닐까요?

노나라의 애공哀公과 계강자季康子가 "제자 가운데 누가 가장 배우기를 좋아합니까?" 하고 물은 적이 있어요. 이 말을 곱씹어 보면 "제자 가운데 누가 가장 뛰어납니까?", "누가 가장 마음에 듭니까?", "누가 선생님의 뒤를 이를 제자입니까?"라는 질문이지요.

> 공자께서 대답하셨다. "안회라는 제자가 배우기를 좋아했는데, 불행히도 수명이 짧아 죽었습니다. 그래서 지금은 그런 제자가 없습니다."26 「선진 6」

불행하게도 안회가 단명했어요. 마흔 무렵에 죽었다네요. 오늘날로 치면 단명이지만 옛날에 그 나이에 죽은 것은 보통인데, 공자는 왜 단명이라고 했을까요? 이런 의문 때문에 안회가 32세에 죽었다는 설도 있나 봅니다. '지금은 그런 제자가 없다'는 공자의 말은 안회처럼 배우기를 좋아하는 제자는 그 전에도 없었고 앞으로도 없을 거라는 뜻입니다. 깊은 슬픔이 묻어나는 말입니다.

공자의 오해

선생님께서 말씀하셨다. "내가 안회와 종일토록 말해 보니, 그의 말이 내 뜻과 전혀 어긋나지 않아 어리석은 사람 같았다. 그런데 그가 물러간 뒤에 그의 평소 생활을 살펴보니, 역시 내가 말한 이치를 충분히 실천했다. 그러니 안회는 어리석지 않구나."[27] 「위정 9」

공자가 처음부터 안회를 편애하지는 않았습니다. 오히려 마뜩잖아했어요. 그럼 앞의 글은 안회가 공자 학교에 들어가고 얼마 안 됐을 때의 기록일 것 같네요. 눈빛은 똘똘해 보여도 수업 중에 통 질문이 없으면 가르치는 사람은 복장이 터지죠. 그래서 공자는 안회가 멍청하다고 생각합니다. 그런데 그게 아니었어요. 그가 수업을 들은 뒤에 말하고 행동하는 것을 보니 보통내기가 아니었습니다.

선생님께서 안연(안회)에 대해 말씀하셨다. "(그의 죽음이) 정말 애석하구나! 나는 그가 전진하는 것만 보았지, 중지하는 것은 보지 못했다."[28] 「자한 20」

안회는 호학하는 데 멈출 줄을 몰랐습니다. 사랑할 수밖에 없는 제자죠. 안회는 배움에 열정이 있었을 뿐만 아니라 똑똑하기까지 했답니다. 공자는 배움에 뜻을 두면 누구나 가르쳤지만, 아무에게나 깊은 가르침을 베풀지는 않았어요. "내가 한 모서리를 제시했는데 배우는 사람이 나머지 세 모서리로 사각형임을 유추하지 못하면 다시 가르쳐 주지 않았다."(「술이 8」) 하셨거든요.

> 선생님께서 자공에게 말씀하셨다. "너와 안회 중에 누가 더 나으냐?" 자공이 대답했다. "제가 어찌 감히 안회의 경지를 바라볼 수 있겠습니까? 안회는 하나를 들으면 열을 알고, 저는 하나를 들으면 둘을 아는 정도입니다." 그러자 선생님께서 말씀하셨다. "그렇다. 그만 못하다. 나는 네가 그만 못하다고 생각한다."29 「공야장 8」

물론 공자와 자공이 이런 대화를 나눈 이유가 있습니다. 자공이 "선생님, 제 인물됨이 어떻습니까?" 하고 물으며 공자에게 인정받으려고 해요. 공자가 보기에는 이 모습이 경박했어요. 그래서 한 방 먹인 겁니다. "너와 안회 중에 누가 더 나으냐?" 자공도 명민한 사람이니, 공자의 뜻을 알아채고 공손하게 안회가 월등하다고 말합니다. 저 같으면 공자의 마지막 말씀을 듣고 서운해했을 것 같군요. 한편 공자의 이 마지막 말씀을 공자의 겸손으로 보고 '나와 너는 그만 못하다'로 해석하기도 합니다. 하나를 들으면 열은 안다는 '문일

지십聞一知十'이란 사자성어가 여기서 나왔습니다.

안타깝고 대견한 제자

이렇게 빼어난 안회의 살림살이가 팍팍하니, 공자의 마음이 아팠겠지요. 저도 이 대목만 보면 짠해집니다.

> 선생님께서 말씀하셨다. "어질구나, 안회는! 한 대그릇의 밥과 한 표주박의 음료로 누추한 동네에서 살면 보통 사람들은 그 근심을 견디지 못한다. 그런데 안회는 그 즐거움을 바꾸지 않으니, 어질구나. 안회는!"30 「옹야 9」

맨밥 한 그릇에 간장 한 종지! 변변한 반찬 하나 없이 그저 찬밥 한 덩이를 물에 말아 먹습니다. 음식은 입만 속이면 된다는 식으로 말이지요. 하루나 이틀이라면 몰라도, 매일 이렇게 먹으면 어떨까요? 공자는 이런 생활을 안회나 견디지, 다른 이들은 못 견딜 거라고 했습니다. 근심과 불평이 생기고 딴생각을 하게 되겠지요. 자칫하면 부자 친구 집을 기웃대다가 소신을 저버리고 급기야 본분을 아예 잊을 수도 있어요. 하지만 안회는 학문에 매진하며 얼굴에 미소를 띠고 즐거워했다고 합니다. 공자가 보기에 한편으로는 그 처절한 가난이 안타깝고, 한편으로는 도를 추구하는 모습이 대견했겠지요. 여기서 나온 단표누항이라는 말은 가난하게 살면서도 안분지족安分知足하며 학문과 도를 열심히 닦는 것을 가리킵니다.

> 선생님께서 말씀하셨다. "안회는 도道에 거의 이르렀는데 먹을 것이 자주 떨어졌고, 자공은 천명에 순응하지 않고 재산을 늘렸는데 짐작을 하면 자주 맞았다."31 「선진 18」

공자가 안회와 자공을 비교하는 대목입니다. 총애하는 안회는 도의 경지에 거의 이르렀는데 가난하게 사는 반면, 자공은 도를 닦는 데 전념하지 않고 재산을 늘리는 데 기막힌 재주를 보였어요. 한 사람이 두 가지를 다 갖지는 못하나 봐요. 이런 면에서는 세상이 공평하지 않나요?

안회의 충심

안회와 공자의 속 깊은 정을 가늠할 수 있는 눈물겨운 장면이 있습니다. 공자가 제자들과 생사고락을 함께하며 13년 넘게 여러 나라를 떠돕니다. 흔히 주유천하周遊天下라고 하지만, 중국 전역까지는 아니고 노나라를 중심으로 그 이웃 나라를 돌아다녔어요. 한번은 광이라는 지역에서 공자 일행이 그곳 백성들에게 포위됩니다. 이유는 이렇습니다. 노나라의 실권을 쥐고 있던 계씨의 가신인 양화陽貨(양호陽虎)가 광 땅에서 포악한 정치를 했기 때문에 그곳 사람들이 그에게 원한이 있었어요. 그런데 그곳을 지나는 어떤 무리의 우두머리가 양화와 닮았어요. 바로 공자입니다.

> 선생님께서 광 땅에 포위되어 마음을 졸였다. 안연(안회)이 뒤처졌다가 늦게 도착했다. 선생님께서 말씀하셨다. "나는 네가 죽은 줄 알았다." 안연이 말했다. "선생님께서 살아 계신데, 제가 어찌 감히 죽겠습니까?"[32] 「선진 22」

공자가 포위되어 옴짝달싹하지 못하는 위급한 상황이었어요. 그런데 안회가 보이질 않네요. 며칠이 지나서야 안회가 가쁜 숨을 내쉬며 공자가 있는 곳에 도착합니다. 공자의 목소리는 떨렸겠지요. "안회야, 나는 네가 죽은 줄로만 알았다. 얼마나 다행이냐?" 공자의 눈에는 눈물이 고였을 겁니다. 그런데 안회의 말이 공자의 마음을 뒤흔듭니다. "선생님께서 살아 계신데, 제가 어찌 감히 먼저 죽겠습니까?" 공자는 안회를 자식처럼, 안회도 공자를 어버이처럼 대했지요. 안회를 낳아 준 이는 부모지만, 그를 군자로 만들어 준 이는 스승 공자였습니다.

그러나 안회는 수명이 짧았습니다. 공자의 상심이 어땠을까요?

매사에 중용을 지키던 그도 이때는 참혹한 슬픔을 느낍니다. 하늘을 원망하고 세상을 원망했습니다.

> 안연(안회)이 죽자, 선생님께서 말씀하셨다. "아아! 하늘이 나를 망치시는구나! 진정 하늘이 나를 망치시는구나!"[33] 「선진 8」

안회의 죽음이 공자에게는 자식을 잃은 것만큼이나 큰 슬픔이었습니다.

> 안연(안회)이 죽자, 선생님께서 너무나 비통하게 곡을 하셨다. 모시고 있던 제자들이 말했다. "선생님, 너무 비통해하십니다!" 선생님께서 말씀하셨다. "너무 비통해하는 모습을 보였느냐? 그러나 내가 이 사람을 위해 비통해하지 않고 누구를 위해 비통해하겠느냐?"[34] 「선진 9」

앞서 한 번 본 대목입니다. 곡은 가슴 아프게, 서럽게 소리 내는 울음입니다. 공자의 서러운 통곡을 떠올려 보세요. 그런 모습을 처음 봤기 때문에 제자들은 이상했겠지요. 선생님의 몸이 상할까 봐 걱정도 되니 너무 비통해하신다고 걱정합니다. 하지만 공자는 안회가 아니라면 누구를 위해 비통해하겠느냐고 반문하지요. 평소 안회에 대한 공자의 지극한 정을 본 제자들은 스승의 슬픔에 깊이 공감하면서도 서운함이 없지 않았을 겁니다. 그만큼 공자는 안회를 아꼈습니다.

예법은 중한 것이다

안회가 죽자 문인들, 그러니까 공자 학교의 동문들이 후하게 장사 지내려고 합니다. 공자의 총애가 아니라도 그럴 만한 이유가 있어요. 안회의 아버지인 안로도 공자의 제자였기 때문입니다. 아버지와 아들이 한 스승 밑에서 배웠는데 아들이 죽고 아버지는 살아 있으니, 그를 위해서라도 섭섭하지 않게 장례를 치르고 싶었겠지요. 그러나 공자가 선뜻 동의하지 않습니다.

안연(안회)이 죽자 문인들이 후하게 장사를 지내려고 했는데, 선생님께서 말씀하셨다. "옳지 않다." 그래도 문인들이 후하게 장사 지냈는데, 선생님께서 말씀하셨다. "안회는 나를 아비처럼 여겼는데 나는 그를 아들처럼 여기지 못하게 되었구나. 이는 내 잘못이 아니라 너희들의 잘못이다."35 「선진 10」

제자들은 스승의 의견을 따르지 않고 기어코 후하게 장례를 치릅니다. 이에 공자가 한마디 하지 않을 수 없지요. "장례는 분수에 따라 치르는 것이다. 가난한 안회의 장례는 가난하게 치러야 예법에 맞기에 내가 반대했다. 그런데도 너희들은 내 마음을 몰라주고 후하게 장례를 치렀다. 안회가 평소에 나를 아비처럼 대했는데, 나는 그의 죽음에 아비 같은 심정으로 예법에 맞는 장례를 치르지 못했구나. 이는 다 너희들의 잘못이다."

혹시 공자에게 실망했나요? 하지만 이것이 바로 공자의 모습입니다. 공자로서는 좋은 게 좋은 게 아닙니다. 공자라고 왜 남들의 눈을 의식하지 않았겠습니까? 후하게 장례를 치르면 다들 공자의 인품과 제자 사랑을 칭송했겠지요. 그래도 그는 자신이 지켜야 할 가치인 예법에 충실하려고 노력했던 겁니다.

안회가 이른 경지

선생님께서 대답하셨다. "안회라는 제자가 배우기를 좋아해 노여움을 다른 사람에게 옮기지 않고 같은 잘못을 두 번 저지르지 않았는데, 불행히도 수명이 짧아 죽었습니다. 지금은 그런 사람이 없습니다. 배우기를 좋아하는 자가 있다는 얘기를 들어 보지 못했습니다."36 「옹야 2」

앞서 말했듯이 안회는 배우기를 좋아했고, 공자는 이런 호학 정신을 높이 평가했습니다.

안회는 역시 공자의 수제자답게 『논어』에서 중요한 질문을 합니다. 그가 인仁에 대해 묻자, 공자가 유명한 답을 합니다. "자기 욕심을 이겨 내고 예를 실천하는 것이 인이다.〔克己復禮爲仁〕"(「안연 1」) 제가 볼 때는 바로 앞에 있는 인용문 중 '노여움을 다른 사람에게 옮기지 않고 같은 잘못을 두 번 저지르지 않았다'는 대목도 인을 잘 설명합니다. 군자가 되기 위해 꼭 갖춰야 할 모든 덕목의 총체인 사람다움〔仁〕을 안회가 실천한 방법이니까요. 노여움을 남에게 옮기지 않았다는 것은, 공자가 말한 배려〔恕〕의 실천인 '자신이 하고 싶지 않은 일을 남에게 베풀지 말라〔己所不欲勿施於人〕'(「안연 2」)는 것과 통합니다. 그리고 같은 잘못을 두 번 저지르지 않았다는 것은 '허물이 있으면 고치라〔過則勿憚改〕'(「학이 8」)는 가르침과 통하지요. 허물을 고치는 것은 자기 몸과 마음을 닦는 수기修己와 관련되고, 노여움을 남에게 옮기지 않는 것은 안인安人과 관련됩니다. 그러니 안회는 자신에게 허물이 있는지를 정직하게 돌아보는 진실함〔忠〕과 자신을 미루어 남을 배려하는 마음〔恕〕을 실천하는 경지에 이르렀다고 볼 수 있습니다. 이 둘을 합하면 '충서', 곧 '사람다움〔仁〕'이 됩니다. 바로 공자의 도道지요. 안회는 궁핍하게 살면서도 공자가 가르쳐 준 길을 묵묵히 즐겁게 걸어간 군자였습니다.

여섯 번째 이야기
공자 학교의 훈남, 자공

공자에게는 스승과 생사고락을 함께하고 비장한 최후를 맞은 자로, 안빈낙도하며 스승의 도를 실천했지만 안타깝게 단명한 안회와 달리 언변이 뛰어나고 명민하며 돈도 잘 버는 제자가 있었습니다. 오늘날로 치면 '재벌' 열전이라고 할 「화식열전貨殖列傳」(『사기』)에 실리기도 한 인물이 바로 자공입니다.

자공은 위나라 출신으로 공자보다 31세 아래였다고 합니다. 안회와 나이가 비슷했지요. '공문십철' 가운데 재여와 함께 언어에 뛰어났다는 자공에 대해 사마천은 「중니제자열전」에서 "언변이 날카롭고 (……) 공자는 늘 그의 달변을 꺼렸다." 하고 전합니다. 여기서 언변은 말재주만 가리키는 게 아니라 외교 능력까지 포함합니다.

사마천은 "노나라를 보전하고 제나라를 혼란에 빠뜨렸으며 오나라를 멸망시키고 진나라를 강하게 만들고 월나라를 패자霸者가 되게 했다." 하면서 그의 재능을 높이 사기도 했지요. 사마천이 지은 「중니제자열전」에는 자공의 외교 활동이 길고 상세하게 서술되어 있습니다. 사마천의 평가로는 공자의 제자 가운데 자공의 재능이 가장 뛰어났습니다.

「공자세가」에 따르면, 공자가 73세에 죽자 그의 고향 곡부의 사수泗水라는 강 가에 그를 묻고 제자들이 3년상을 치렀다고 합니다. 그런데 자공은 다른 제자들이 상기를 마치고 일상으로 돌아간 뒤로도 3년이나 더 공자의 무덤 옆 움막에 머물렀어요. 그만큼 스승을 사모한 겁니다. 공자 학교가 유지되도록 그가 훌륭한 후원자 구실을 하고 『논어』가 지금 우리가 보는 모습으로 편집되는 데도 한몫을 한 것으로 추측할 수 있습니다. 3년 동안 무덤 옆 여막에서 뭘 했을까요? 스승이 살아 계실 때 했던 말씀을 기억하고 기록하지 않았을까요? 이게 나중에 『논어』 편집에 중요한 구실을 했을 겁니다.

스승님, 스승님!

숙손무숙叔孫武叔이 조정에서 대부들에게 말했다. "자공이 중니(공자)보다 낫다." 자복경백子服景伯이 이 말을 자공에게 전하자, 자공이 말했다. "대궐의 담장에 비교하면 내 담장은 어깨에 닿을 만큼 낮아서 집 안의 좋은 모습을 다 들여다볼 수 있지만, 선생님의 담장은 몇 길이나 돼 그 문을 찾아 들어가지 못하면 아름다운 종묘와 수많은 백관들을 엿볼 수 없다. 그런데 그 문을 찾아 들어간 자가 적으니, 숙손무숙이 그렇게 말하는 것도 당연하지 않은가?"[37] 「자장 23」

자공의 명성은 당시에도 대단했나 봅니다. 숙손무숙이란 사람이 조정에서 대부들에게 자공이 스승 공자보다 훌륭하다고 말했는데, 이 말을 옆에서 들은 대부 자복경백이 곧장 자공에게 알릴 정도였으니까요. 우리 같으면 스승보다 낫다는 말에 우쭐한 마음이 들 수도 있을 텐데, 자공은 그렇지 않았습니다. 스승과 자신의 차이를 담장의 높낮이에 비유하며 스승에 대한 존경심을 드러냈어요.

이쯤 하면 알아들을 만도 한데, 숙손무숙은 공자를 헐뜯기까지 합니다.

숙손무숙이 중니(공자)를 헐뜯으니, 자공이 말했다. "그러지 마라. 중니는 헐뜯을 수 없는 분이다. 다른 사람의 훌륭한 덕은 마치 얕은 구릉 같아서 넘을 수 있지만, 중니의 훌륭한 덕은 마치 해와 달과 같아서 넘을 수 없다. 사람들이 비록 그 해와 달과 관계를 끊으려 한들 해와 달에 무슨 해를 미치겠는가? 자기 분수를 모른다는 사실만 드러낼 뿐이다."[38] 「자장 24」

스승을 헐뜯은 이가 머쓱해지도록 자공은 참 점잖게 말을 잘하네요. 자로 같으면 가만있지 않았을 겁니다. 「공자가어」에는 공자의 이런 말씀도 남아 있거든요. "자로가 내 제자가 되고부터는 나를 헐뜯는 소리가 사라졌다."

선생님, 저는 어떤 그릇인가요?

자공이 물었다. "저는 어떻습니까?" 선생님께서 말씀하셨다. "너는 그릇이다." 자공이 물었다. "어떤 그릇입니까?" 선생님께서 말씀하셨다. "종묘에서 제사에 쓰는 그릇쯤 될 거다."[39] 「공야장 3」

공자는 제자들에게 좀처럼 칭찬하지 않았어요. 안회를 빼면 전폭적인 인정을 받는 제자는 없었어요. 그런데 사람에게는 남에게 인정받고 싶은 마음이 있잖아요. 하물며 공자 같은 스승에게 인정받으면 얼마나 영광이겠어요? 자공이 보기에는 선생님이 안회는 잘도 칭찬하면서 자신은 박하게 평가하는 듯해 야속했을 겁니다. 그래서 아예 대놓고 묻습니다. "저는 어떻습니까?"

공자가 '군자는 그릇이 아니〔君子不器〕'(「위정 12」)라고 했어요. 군자는 형태가 고정된 그릇과 같지 않아서 모든 분야에 원만하게 적응할 수 있기 때문에, "너는 그릇이다."라는 스승의 말에 자공은 서운행을 겁니다. 하지만 말은 끝까지 들어 봐야 알지요. 공자가 싱긋이 웃으면서 (막그릇은 아니고) 종묘에서 쓰는 (귀한) 그릇이라고 했어요. 그때 자공의 표정이 어땠을까요?

자공이 남의 장단점을 비교하자, 선생님께서 말씀하셨다. "자공은 현명한가 봐! 나는 그럴 겨를이 없는데 말이야."[40] 「헌문 31」

자공이 남의 장단점 비교하기를 좋아하니까, 시간이 남아돌아 그런 데 쓰냐고 공자가 따끔하게 말한 겁니다. 비웃음이 조금 느껴지나요? 그러나 스승의 이런 말 한마디에 제자는 성장합니다. 물론 제자가 받아들이기 나름이긴 합니다만.

그런데 공자 자신이 안회와 자공을 비교한 적이 있습니다. 자공은 재물을 불리는 재주뿐 아니라 워낙 다방면에서 능력이 뛰어나 어딜 가나 인정받는 반듯한 인물이지요. 그런데 잘난 체를 하는 면이 있었어요. 공자가 보기에는 자신의 사상과 철학을 실천하는 면에서 부족했지요. 반면에, 안회는요? 가난하지만 스승의 가르침을 믿고 따르면서 부지런히 실천합니다. 공자의 마음이 어느 쪽으로 기울었겠습니까?

말이 나온 김에 공자가 자공을 몹시 깎아내리는 대목을 하나 더 봅시다.

너는 아직 멀었다

자공이 말했다. "저는 남이 나에게 하지 않기를 바라는 일은, 저 역시 남에게 절대 하지 않으려고 합니다." 선생님께서 말씀하셨다. "자공아, 이건 네가 미칠 수 있는 경지가 아니다."[41] 「공야장 11」

여기서 자공이 말한 것은 서恕, 즉 남에 대한 배려입니다. 왠지 자신감이 넘친 자공이 선생님께 배운 것을 실천하겠다는데, 공자는 무참히 '아직 멀었다'고 합니다. 이렇게 공자가 자공을 칭찬하는 데 인색한 것은 생각의 차이 때문입니다. 공자는 명분주의자였는데, 자공은 이재理財에 밝고 차가운 현실주의자였어요. 달리 말하면, 공자에게는 명분이 중요하고 자공에게는 실리가 중요했습니다.

자공이 곡삭의 희생을 없애려 하자, 선생님께서 말씀하셨다. "사(자공)야, 너는 그 양을 아끼느냐? 나는 그 예를 아낀다."[42] 「팔일 17」

매달 초하루에 주공의 사당에 짐승을 제물로 바치고 그 달의 책력을 꺼내어 정치를 행하였는데, 이를 '곡삭告朔'이라고 했어요. 그런데 실지로는 이름만 남고 행하지 않았기 때문에, 자공의 눈에는 애꿎은 양만 쓸데없이 죽이는 꼴이었습니다. 하지만 공자의 생각은 달랐습니다. 이름이 남아 있다면 언젠가는 실행할 가능성이 있지만, 희생을 올리는 의식마저 없어지면 곡삭의 예는 영원히 사라질 거라고 봤죠. 이런 생각의 차이 때문에 공자가 자공을 홀대했다고 볼 수도 있어요.

절차탁마

선생님께서 말씀하셨다. "안회는 도道에 거의 이르렀는데 먹을 것이 자주 떨어졌고, 자공은 천명에 순응하지 않고 재산을 늘렸는데 짐작을 하면 자주 맞았다."[43] 「선진 18」

앞에서 공자가 안회와 자공을 비교한 이 대목을 한 번 봤지요. 학자와 기업가의 길이 다르듯, 안회와 자공은 가는 길이 달랐습니다. 학자인 공자로서는 당연히 안회가 마음에 들었겠지요. 가난한 살림 때문에 안타까움이 더해져 마음이 많이 갔을 겁니다. 그런데 자공은 도를 실천하는 데는 관심이 적으면서 언변에 재산을 불리는 재주까지 있으니, 안회의 형편과 비교해 조금은 못마땅했을 겁니다.

선생님께서 자공에게 말씀하셨다. "너와 안회 중에 누가 더 나으냐?" 자공이 대답했다. "제가 어찌 감히 안회의 경지를 바라볼 수 있겠습니까? 안회는 하나를 들으면 열을 알고, 저는 하나를 들으면 둘을 아는 정도입니다." 그러자 선생님께서 말씀하셨다. "그렇다. 그만 못하다. 나는 네가 그만 못하다고 생각한다."44 「공야장 8」

하지만 제가 보기에는 자공의 경지도 만만치 않습니다. 훌륭한 친구와 비교당한 셈이죠. 자의식 때문에 상심하지 않고, 담담하고 당당하게 자신을 표현하는 멋진 모습을 보입니다. 이것이 자공의 매력이에요. '엄친아', '엄친딸'과 비교된 경험이 누구나 한 번쯤 있을 겁니다. 그때 기분이 어땠는지 떠올려 보세요. 자공처럼 의젓하게 행동하기가 정말 어렵다는 것, 인정하지요?

무턱대고 자신을 칭찬하고 응원해 주는 사람도 필요하지만, 때로는 어지간해서는 남을 인정하지 않는 깐깐한 사람을 만나는 것도 나쁘지 않아요. 그런 사람에게 인정받으려고 노력하다 보면 자신도 모르게 더 나은 사람이 될 수도 있을 테니까요. 부지런히 학문을 닦는다는 뜻으로 쓰이는 '절차탁마切磋琢磨'라는 말이 있는데, 제가 『논어』를 통틀어 가장 아름다운 명편으로 꼽는 대목에 바로 절차탁마가 나옵니다.

자공이 말했다. "가난하면서도 아첨하지 않고 부유하면서도 교만을 부리지 않는다면, 그런 사람은 어떻습니까?" 선생님께서 말씀하셨다. "괜찮긴 해도, 가난하지만 도를 즐기고 부유하지만 예禮를 좋아하는 사람만은 못하다." 자공이 말했다. "『시경』에서 '자른 뒤에 다시 갈며 쫀 뒤에 다시 마름질하듯 한다.' 하니, 선생님의 말씀은 아마 이를 의미하는 것이겠지요?" 선생님께서 말씀하셨다. "자공아, 이제야 비로소 너와 시詩를 말할 수 있겠구나! 하나를 일러주자 일러 주지 않은 것까지 미루어 아는구나."[45] 「학이 15」

앞서 말했듯이 자공은 이재에 밝은 인물입니다. 그래서 가난함과 부유함에 빗대 이야기합니다. 사실 이것은 살아가면서 대단히 중요한 문제입니다. 옛날이라고 달랐을까요? 아마 똑같았을 겁니다. 그런데 자공은 부자였으니, 가난하면서 아첨하지 않는다는 것은 해당하지 않아요. 부유하면서 남들에게 교만하지 않는 경지도 대단하지요. 슬쩍 스승에게 인정받고 싶었나 봅니다. 하지만 공자의 말씀은 자공의 경지를 인정하는 듯하면서도 자못 냉정합니다. 자공이 목표로 삼은 '부유하면서도 교만을 부리지 않는다'는 것은 아직 가난하거나 부유하다는 조건에서 초연하지 못한 상태라고 지적합니다. 그런 조건마저 잊어야 한다고 가르쳤어요. '부유하지만 예를 좋아하는' 수준이 되어야 정말로 자신이 처한 조건에 얽매이지 않는 것이니까요.

그런데 공자가 안회와 비교하면서 '그만 못하다'고 편잔주었을 때는 입도 뻥긋하지 못하던 자공이 이제는 다릅니다. 『시경』의 한 구절을 빌려다 말합니다. 자신이 현재 이른 수준에 안주하지 말고 더욱 분발해야 한다는 것을 알아차린 겁니다. 자공의 성숙한 모습에 공자가 얼마나 기뻤을까요?

마침내 공자가 자공을 인정합니다. "이제야 비로소 너와 시를 말할 수 있겠구나! 하나를 일러 주자 일러 주지 않은 것까지 미루어 아는구나." 이 말은 자공에게 더할 수 없는 칭찬이었습니다. 자공이 눈물을 흘리지 않았을까요? 기쁨의 눈물을요!

공자 학교의 문제아, 재여

이번에 주의 깊게 살펴볼 제자는 재여입니다. 재여는『논어』에서 자공과 함께 언변이 뛰어난 것으로 나옵니다. 그런데 아마도 가장 심하게 욕먹은 제자가 바로 재여일 겁니다. 우리가 보기에는 그가 『논어』를 재미있게 만드는 구실을 해요. 재여가 없다면 많이 심심했을 겁니다.

재여의 낮잠

재여가 낮에 잠을 잤다. 선생님께서 말씀하셨다. "썩은 나무는 조각할 수 없고 썩은 흙으로 된 담은 흙손질을 할 수 없다. 재여에 대해 내가 뭐라고 꾸짖겠느냐?" 선생님께서 또 말씀하셨다. "처음에 나는 사람을 볼 때 그 말을 듣고 행실도 그럴 거라 믿었는데, 이제 나는 사람을 볼 때 그 말을 듣고 행실까지 살펴본다. 재여 때문에 예전 태도를 바꾸게 되었다."[46] 「공야장 9」

겉으로는 엉뚱한 비유인 듯하지만 속으로는 재여를 매섭게 나무란 말씀입니다. 공자가 말씀하는 스타일을 알고 있었을 재여도 자신이 혼쭐이 난 줄 알았을 겁니다.

그런데 후대 학자들 사이에서는 논란이 일었습니다. 재여가 아무리 게을러도 그렇지, 낮잠 한번 잤다고 그렇게 야단쳐야 하나? 혹시 다른 이유가 있지 않을까? 조선 후기의 학자 이규경李圭景은 이런 논란을 모아 논문을 한 편 쓰기도 했어요. 그가 백과사전 형식으로 펴낸 책 『오주연문장전산고五洲衍文長箋散稿』에 실린 「재여주침변증설宰予晝寢辨證說」이지요. 조선의 학자가 보기에 공자의 핀잔이 심했나 봅니다.

이규경의 글에서 쟁점은 크게 두 가지입니다. 첫째는 '침寢' 자를 '잔다'는 뜻으로 보지 않고 내침, 즉 내실로 본 것입니다. 날이 밝았으면 외실에 나와 책을 읽어야 하는데, 내실에서 아내와 노닥거렸다는 겁니다. 둘째는 낮을 뜻하는 '주晝' 자를 '화畵'로 봐야 한다는 주장입니다. 그럼 침실을 화려하게 꾸몄다는 뜻이 되거든요. 배

우는 사람이 침실을 화려하게 꾸몄다면 공부에 관심이 없다는 것이
니, 야단맞아 마땅하다는 논리입니다. 여러분은 어떻게 생각하나
요?

재여와 공자의 3년상 논쟁

재여는 반항적인 기질이 있었나 봐요. 스승의 꾸지람에 반격이라
도 하듯, 부모가 돌아가시고 치르는 3년상을 두고 공자와 언쟁을 벌
입니다. 『논어』에 주로 단편적인 말씀이 담긴 것을 생각하면, 분량
이나 무게 면에서 분명히 논쟁으로 볼 수 있어요.

재아宰我(재여)가 물었다. "3년간 치르는 부모상은 1년만 해도 너무
긴 것 같습니다. 군자가 3년 동안 예를 행하지 않으면 예가 반드시
무너지고, 3년 동안 음악을 행하지 않으면 음악이 반드시 무너질
것입니다. 묵은 곡식이 다하고 햇곡식이 나오며 불씨 만드는 나무
도 새로 바뀌니, 1년으로 끝내는 것이 좋겠습니다."[47] 「양화 21」

재여가 볼 때, 부모상은 1년상으로도 충분합니다. 그는 두 가지
근거를 들었습니다. 하나는 군자(임금)가 3년 동안 부모상을 치르느
라 예와 음악을 행하지 않으면 나라의 기강이 무너진다는 것입니

다. 다른 하나는 1년이 짧은 기간이 아니라는 겁니다. 그 기간이면 곡식이 새로 나고 불씨를 만드는 나무도 바뀌니 충분하다는 거예요. 그 나름대로 합리적인 기준입니다.

선생님께서 말씀하셨다. "상중喪中에 쌀밥을 먹고 비단옷을 입는 것이 네 마음에는 편안하냐?" 재여가 대답했다. "편안합니다." 선생님께서 말씀하셨다. "네 마음이 편안하면 그리하려무나. 군자가 상중에 있을 때는 맛난 것을 먹어도 달지 않고 음악을 들어도 즐겁지 않으며 몸은 편히 살아도 마음이 편하지 않기 때문에 그것들을 하지 않는데, 지금 네 마음이 편안하면 그리하려무나."48 「양화 21」

공자가 볼 때 3년상은 천자天子부터 평민에 이르기까지 사람이면 누구나 치러야 하는 질서〔禮〕입니다. 불변의 원칙이니 고무줄처럼 가볍게 늘이고 줄일 수 없어요. 그러므로 재여의 주장은 공자 사상의 뿌리를 흔드는 것입니다. 공자로서는 절대로 양보하거나 타협할 수 없었겠지요.

공자가 단단히 화가 났습니다. 재여도 보통내기가 아니지요. 날선 대화가 오갑니다. 『논어』에서 가끔 자로가 공자 말씀에 토를 달지만, 대놓고 대드는 제자는 없었어요. "재여야, 너는 부모님이 돌아가셔서 상을 치르는 중에 잘 먹고 잘 입으면 마음이 편하겠니?" 이쯤 말하면 알아들어야 하는데, 재여는 아무 망설임 없이 짧게 말합니다. "편안합니다." '아, 요것 봐라.' 공자의 분노 수치가 올라갑니다. 그래도 공자는 공자입니다. 제자와 대거리를 할 수는 없는 노릇이지요. 앞서 재여의 낮잠을 꾸짖듯이, 아니, 더 깊이 나무랍니다. "네 마음이 편안하면 그리하려무나." 새겨 보면 얼마나 쌀쌀맞고 모진 말씀입니까? 차라리 "야! 이 돼먹지 못한 놈아!" 하고 따끔히 한마디 하실 일이지요. 재여가 어떻게 대답했는지는 기록에 없습니다. 그는 알아들었을까요? 그가 나간 뒤에 공자가 한 말을 보면, 재여가 스승의 말씀을 수긍하지 못한 것 같습니다.

> 재아(재여)가 밖으로 나가자 선생님께서 말씀하셨다. "재아는 불인不仁하구나. 자식이 태어나고 3년이 지난 뒤에야 부모의 품을 벗어나기 때문에 3년상이 천하의 공통 상례가 되었다. 재아도 부모에게 3년 동안 사랑받지 않았겠느냐?"[49] 「양화 21」

매서운 스승의 말씀을 듣고 재여는 속이 상해서 투덜대며 나갔겠지요. 제가 보기에 공자 학교의 제자들이 분명히 스승을 존경했지만, 안회나 자공이나 자로처럼 한결같이 존경하지는 않은 듯합니다. 공자가 강력한 카리스마로 제자들을 휘어잡는 스승은 아니었으니, 그럴 만도 하지요.

재여는 지극히 현실주의자였습니다. 앞서 자공과 재여의 언변이 탁월했고, 언변에는 외교력도 포함된다고 했지요. 예나 지금이나 외교관은 명분에 사로잡히면 안 됩니다. 냉철하게 실리를 따져야 해요. 그러고 보니 재여가 이해되지 않나요? 현실주의자의 눈으로 명분주의자를 보면 달갑지 않았을 겁니다. "선생님, 참 딱하십니다. 늘 답답한 말씀이나 하고 그렇게 명분에 집착하시니, 권력자들이 선생님을 등용하지 않는 겁니다. 제발 현실을 똑바로 보세요." 재여가 정말 하고 싶던 말은 이렇지 않았을까요?

어진 사람은 거짓에 속지 않는다

재아(재여)가 물었다. "어진 사람[仁者]은 우물에 사람이 빠졌다는 말을 들으면 아마 뛰어들어 구하지 않겠습니까?" 선생님께서 말씀하셨다. "어찌 그러겠느냐? 군자를 우물까지 가게 할 수는 있으나 빠지게 할 수는 없고, 사리에 닿는 말로 속일 수는 있어도 터무니없는 말로 현혹할 수는 없다."50 「옹야 24」

재여는 질문을 해도 답하기 어려운 질문을 합니다. 공자가 보기에는 근본적인 질문은 하지 않아요. 사람됨이나 정치에 관해 물어야 하는데, 곁가지만 물고 늘어지는 겁니다. 게다가 게으르고 입만 놀리며 자기 잘못을 쉽게 인정하지도 않지요. 그래도 어찌 보면 평범한 우리와 비슷한 재여 덕에 『논어』에서 공자의 인품을 확실하게 알 수 있게 되었어요.

공자의 답은 명쾌합니다. 요즘 말로 하면 이렇습니다. "재여야! 내가 인자가 어수룩하다고 했니? 왜 같이 우물에 빠져? 우선 가서 상황을 잘 살펴보고 해결책을 생각해야 할 일이잖아? 어진 사람은 아무리 난처한 상황에도 원칙을 잃지 않는 법이야."

재여는 인자仁者를 착하고 고분고분한 사람으로만 알았나 봐요. 문득 스승을 난처하게 할 질문거리가 떠올랐겠죠. 그러나 공자가 말하는 인자는 순해 빠진 사람이 아니고, 어수룩한 사람도 아닙니다. 오히려 상황을 빈틈없이 관찰하고 합리적으로 판단하며 실천하는 사람이지요.

예를 하나 들어 볼게요. 북송北宋 때 학자 사마광司馬光이 어렸을 때의 일입니다. 아이들과 노는데, 같이 놀던 아이 하나가 보이질 않아요. 아! 아이가 커다란 항아리에 빠진 겁니다. 아이들은 우왕좌왕하며 발을 동동 구릅니다. 항아리가 깊어서 친구를 구할 수가 없어요. 이럴 때 아이를 구하려고 항아리 속으로 들어가야 할까요? 아이를 구하는 게 목적입니다. 그런데 항아리에 따라 들어가면 같이 죽죠. 어리석은 짓입니다. 사마광은 어떻게 했을까요? 상황을 살펴보다 영 안 되겠다 싶었던지, 큰 돌을 들어다 항아리를 깨고 친구를 구했습니다. '파옹구우破甕求友', 즉 '독을 깨고 친구를 구하다'라는 말이 이렇게 생겼습니다. 공자가 생각한 인자의 행동도 이와 비슷하지 않았을까요?

사람을 넘어서는 공부가 있나요?

차별 없이 가르치는 학교

김 샘

2500년 전에 있던 공자 학교 풍경이 지금 학교의 풍경과 아주 크게 다르지는 않은 것 같아요. 어떻게 느꼈어요?

윤후

저는 『논어』를 읽기 전에는 공자나 공자 학교가 아주 고리타분할 줄 알았어요. 그런데 좀 다르더라고요. 제자들 각각의 개성이 드러나서 재미있었어요.

김 샘

윤서는요?

윤서

저는 공자가 안회를 편애한 게 처음엔 맘에 안 들었어요. 그런데 그렇게 편애도 하는 게 오히려 인간적인 면으로 느껴지기도 해요.

김 샘

그래요, 공자도 우리 같은 사람이에요. 혹시 학교에

서 선생님이 편애하는 걸 봤어요?

윤후

선생님들은 아니라고 하셔도 은근히 드러나요. 저희가 좀 예민하잖아요. 다 알아요.

윤서

공자가 '유교무류有敎無類'라고 했잖아요. 전 차별 없이 가르친다는 그 말에 감동받았어요.

윤후

나도 마찬가지! 저희가 선생님들께 바라는 점이 바로 그거예요. 차별 없는 가르침. 그런데 양반, 평민처럼 신분이 달랐던 옛날에 공자는 어떻게 그런 생각을 했을까요?

김 샘

공자가 하급 관리 출신이라는 점이 중요하게 작용하지 않았을까요? '과부 사정은 홀아비가 안다'는 속담이 있잖아요. 신분이 낮은 제자들을 보면서 동병상련同病相憐을 느꼈을 것 같아요.

윤서

공자 시대의 학교와 지금 우리가 다니는 학교의 큰 차이는 뭐예요?

김 샘

음, 공자 학교에는 지금 같은 '분반 수업'이 없었어요. 분반 수업 제도는 17세기 체코에서 코메니우스라는 교육학자가 처음 만들었다고 해요. 그러니 공자 학교에는 아예 없었지요.

그럼 어떻게 가르쳐요? 학생이 아주 많았을 것 같은데요.

윤서

김 샘

「공자세가」에는 공자 학교의 '제자가 약 3000명이고, 6예六藝에 능통한 자가 일흔일곱 명이었다'고 했어요. 여기서 3000명은 수십 년 동안 '공자 학교'를 거쳐 간 사람의 수일지도 모르는데, 이 많은 사람들이 공자에게 직접 배웠다고 보기는 어려워요. 아마 70명 정도는 공자한테 직접 지속적으로 가르침을 받지 않았나 싶어요.

선생님, 「논어」에는 공자의 제자가 몇 명이나 나와요?

윤서

김 샘

서른 명쯤 되죠. 다른 기록을 통해 명백히 공자의 제자라고 밝혀지는 경우도 있지만, 제자인지 아닌지를 명확히 구분할 수 없는 경우가 있어서 정확한 숫자를 알 수는 없어요.

그럼 공자 학교의 수업 방식을 알려 주세요.

윤서

김 샘

『논어』에서 공자와 제자들이 공부하는 장면을 보면, 많아야 학생 네 명이 공자와 둘러앉아 대화해요. 그리고 공자는 철저히 단계별, 눈높이 수업을 했어요. 제 추측이지만, 공자 학교의 뛰어난 학생들은 스승과 작은 모임을 만들어 공부하고, 나머지 학생들은 우수한 학생들한테 배우지 않았을까 싶어요. 옛날 서당에서 이렇게 했다더라고요.

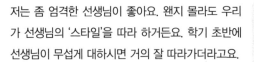

어떤 선생님을 존경하나요?

김 샘

'공자 학교' 선생님인 공자의 모습을 떠올리면서 궁금해지는 게 있어요. 여러분은 어떤 선생님을 존경해요? 여러분이 존경하는 선생님과 공자를 견줘 보면 재미있을 것 같아요.

윤후

저는 좀 엄격한 선생님이 좋아요. 왠지 몰라도 우리가 선생님의 '스타일'을 따라 하거든요. 학기 초반에 선생님이 무섭게 대하시면 거의 잘 따라가더라고요.

김 샘 윤후 얘기를 들으니까, 처음 교사가 됐을 때가 떠오르네요. 원로 선생님 한 분이 저를 앉혀 놓고, '학급 담임에게는 3월 한 달이 결정적으로 중요하다. 초반에 확실히 애들을 잡아야 한다'고 충고하셨어요. 그런데 저는 그분 생각에 동의하기가 어려웠어요. 아무튼 선생님마다 각자의 방식대로 학급을 '잘' 경영하면 그만이죠. 교사 자신이 편하려고 학생들을 무작정 잡으면 곤란하고요.

윤서 저는 윤후하고 생각이 정반대예요. 선생님 앞에서는 학생들이 고분고분해도 '뒷담화'가 얼마나 심한데요. 너무 심한 행동이 아니라면 선생님이 관대하고 다정하게 받아 주시면 좋겠어요. 우리가 스스로 잘못을 깨닫고 고칠 기회를 주시면 안 될까요?

김 샘 하하, 거창하게 말하자면 윤후와 윤서는 세상을 보는 눈, 세계관이 다르네요. 그렇죠! 사람들은 저마다 생각이 달라요. 당연해요. 그래서 학급을 맡은 선생님들이 힘든 거예요. 그런데 공자는 어떤 선생님인 것 같아요?

윤후 무서운 분 같아요. 평소에는 부드럽다가 화가 나면 인정사정없어요. 재여가 낮잠을 잤다고 눈물이 쏙 빠지게 혼나잖아요. 저는 그렇게 심하게 야단맞은 적이 아직 없거든요. 선생님이 쌀쌀맞게 말씀하시면 아무리 잘못한 제자라도 반발심이 생길 것 같아요.

윤서

저도 공자가 약간 무서운 분이라는 생각이 들어요. 그래도 진심을 알아볼 수 있는 분 같아요. 열심히 공부하는 제자는 열심히 가르쳐 주셨잖아요.

김 샘

윤후와 윤서의 말이 다 맞는 것 같아요. 엄할 때 엄하고, 자상할 때 자상한 선생님이셨죠. 게으른 제자에게는 엄격하고, 노력하는 제자에게는 따뜻했어요. 교사인 제가 보는 공자는 훌륭한 스승이에요. 저는 『논어』를 읽으면서, 제자들이 공자를 존경하고 따랐다는 점을 확실히 알 수 있었어요. 이게 중요해요. 여러분이 선생님들을 좋아힐 수는 있어도 존경하기는 쉽지 않잖아요. 공자가 제자들에게 존경받은 이유가 뭘까요?

윤후

공자가 '솔선수범'해서요. "나는 숨기는 게 없다. 실천하는 것마다 너희들에게 보여 주지 않은 것이 없는 사람이 바로 나, 공구다."(「술이 23」) 저는 이 말이 좋아요. 말은 쉬워도 정말 실천해 보이는 선생님은 드물고, 그런 만큼 존경받아요.

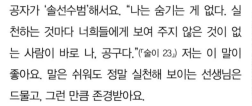

김 샘

빙고! 우리가 똑같이 생각했네요.

윤서

선생님, 저는 제자들이 질문할 때마다 공자가 다르게 대답해 주신 점이 인상적이었어요. 평소에 제자들을 잘 관찰해서 속속들이 아니까 그렇게 할 수 있지 않았을까요? 제자들의 장단점을 몰랐다면 그렇게 하기 어려웠을 거예요.

김 샘

윤서의 말을 들으니까 뜨끔하네요. 정말 중요한 걸 지적했어요. 예나 지금이나 좋은 선생님이 되려면 학생들에 대한 애정이 꼭 있어야 해요.

윤후

선생님, 공자 학교에 대해 안다는 게 우리한테 어떤 의미가 있을까요?

김 샘

글쎄, 저마다 뭘 보는가에 달려 있겠죠. 제가 본 것부터 말해 볼게요. 공자가 가르치는 자세에 대해서는 우리가 얘기했고, 제자들의 자발적인 질문을 중시한 게 눈에 띄네요. 제가 책을 쓰는 동안 이 부분이 우리 현실과 많이 다르다는 생각에 마음이 무거웠어요. 우리 교실에서는 '질문이 사라진 수업'을 하니까요.

윤서

무슨 말씀인지 알겠어요. 저만 해도 초등학교 때는 곧잘 질문을 했어요. 중학교와 고등학교를 거치면서 느낀 건데, 정말 학교 수업은 아직도 주입식이에요. 부분적으로만 토론식 수업을 하죠. 오랫동안 주입식 수업을 하다 보니까 저희도 그게 편해요. 가끔은 토론식 수업이 소모적이라는 느낌이 들거든요. 선생님들께서 수업 시간에 질문하라고 하시는데, 솔직히 뭘 물어야 할지 모르겠어요.

김 샘

솔직한 말이네요. 그런데 주입식 수업이 언제나 나쁘고 토론식 수업이 언제나 좋은 건 아니라는 점은 짚고 넘어갈게요. 좋은 주입식 수업이 있고, 나쁜 토론식 수업도 있어요. 전반적으로는 저도 토론식 수업을 지지합니다. 배움의 핵심이 질문이기 때문이에요. 수업이 교사의 '원맨쇼'는 아니잖아요.

윤후

'질문이 사라진 학교'는 '호기심이 사라진 학교'가 아닐까요?

김 샘

아! 바로 제가 하려던 말이에요. '호기심이 사라진 학교'는 '공부하는 기쁨이 사라진 학교'도 돼요. 학생들이 공부를 노동으로 인식하니까요.

윤서

공부가 즐거우려면 어떻게 해야 하죠? 공자는 이런 것에 관해 어떤 얘기를 했나요? '공부의 즐거움[好學]'을 말했는데, 어떻게 해야 공부가 즐거운지에 대해서는 별말이 없는 것 같아요.

김 샘

맞아요. 공부 얘기가 나오니까, 공자의 공부 비법을 기대했을 수도 있는데……. 공자는 '공부의 즐거움'만 말했어요. 제가 보기에는 각자 알아서 하라는 뜻 같아요. 다만 스승으로서 공부의 즐거움을 몸으로 실천해 보이긴 했죠. 이 부분에 대해 주희가 『논어집주』를 쓰면서 정이의 글을 인용했어요. 공부를 하면 '배운 것이 내 것이 되기 때문에 기쁘다'고요. 참고가 될까요?

살짝 실망스러워요.

윤후

김 샘

공자는 글공부만 공부로 보진 않았다는 점을 눈여겨볼 필요가 있어요. 우리는 공부라고 하면 내신이 떠오르잖아요. 냉정히 말해 우리나라에서 공부는 시험 준비고, 시험은 '한정된 시간 안에 답을 찾는 게임'이 되어 버렸어요. 그런데 공자는 글공부만 공부가 아니라, 부모님께 효도하고 친구와 잘 지내고 훌륭한 사람을 본받는 것도 공부라고 생각했어요. 저는 이게 공자가 우리한테 주는 중요한 메시지라고 생각해요. 요리사가 될 친구에겐 요리가 공부고, 화가가 될 친구에겐 데생 연습이 공부죠. 정말이지, 모든 학생이 '국영수'에 매달릴 필요는 없어요.

공자의 제자들

김 샘

공자의 여러 제자 가운데 어떤 학생의 어떤 점이 마음에 들었나요?

윤후

저는 자로가 마음에 들었어요. 의리 있는 모습이 참 듬직해요. 꾸밈없고 진솔한 사람 같아요. 이런 친구가 있으면 얼마나 든든할까요? 『논어』에 자로가 없으면, 참 밋밋하고 딱딱한 책이 될 거예요.

김 샘

저도 안회보다는 인간적인 면이 두드러진 자로한데 끌렸어요. 공자가 안회를 편애한 건 '학문'에 대한 열정을 인정했기 때문이에요. 제자 중 '호학好學' 면에서 단연 으뜸이었으니까요.

윤서

저도 자로의 용맹이 마음에 들었어요. 아주 다혈질의 학생인 것 같아요. 다른 제자들은 스승인 공자의 말에 입도 벙긋하지 못하는데, 자로는 단호하게 "노 No!"라고 하잖아요. 다른 제자들에 비해 공자와 나이 차이가 적은 것도 작용했겠죠?

김 샘

노나라 계씨의 가신인 양호(양화)가 반란을 일으킨 뒤에 공자를 초빙했어요. 공자가 처음에는 가려다가 결국 가지 않아요. 판단은 공자가 했겠지만, 공자는 이런 문제를 늘 자로와 상의했어요. 그러니까 공자가 어떤 결정을 내릴 때 자로의 생각이 중요한 영향을 미쳤을 거예요. 역사에 가정은 없지만, 공자가 그 초빙에 응했다면 어떻게 됐을까요? 화를 당하거나 명성에 치명적인 약점이 되지는 않았을까요? 어쩌면 오늘날 우리가 아는 공자는 없었을지도 몰라요.

윤서

저는 자공의 의젓함도 좋았어요. 공자가 '비교하는 버릇이 있는' 자공을 매섭게 대하잖아요. 그래도 자공은 스승을 원망하거나 친구를 질투하지 않았어요. 특히 안회와 자공을 비교할 때는 공자가 너무한다는 생각이 들었어요. 제 마음도 그런데 자공은 어땠을까요? 담임 선생님이 어떤 친구를 칭찬하고 그 친구와 저를 비교하면 제 기분이 당연히 나빠지겠죠. 꾸지람도 좋게 받아들이는 자공이 이해가 잘 되지 않지만 참 대범하고 멋있다고 생각해요.

김 샘

자공에 대해 생각이 많았네요. 저도 공감합니다. 더구나 자공이 부자라서 공자 학교의 살림을 많이 보탠 걸 생각해 봐요. '누구 덕에 공자 학교가 굴러가는데, 나를 이렇게 대접하시지?' 이렇게 서운해하기 쉽잖아요. 자공은 정말 품이 넓었기 때문에 스승을 원망하지 않았다고 봐요. 또 공자와 자공의 정이 깊었으니까 공자가 이런저런 사정을 신경 쓰지 않고 자공을 나무랄 수 있었어요. 깊은 정이 없으면 그렇게 못해요. 특히 공자가 죽은 뒤에 3년 동안 상을 치르고도 3년을 더 무덤 곁에 움막을 짓고 머물면서 스승을 추모합니다. 요즘은 상상하기도 힘든 모습이라 더 감동적이에요. 『논어』가 우리에게 주는 중요한 메시지의 하나가 '사람을 넘어서는 공부는 없다'는 점이라는 말을 꼭 하고 싶어요. 책도 중요하지만 우리는 역시 사람한테 배워야 합니다. 결국 제자들은 공자 학교에서 공자를 공부했어요. 공자가 아주 훌륭한 책이었던 셈이죠.

아, 느낌이 왔어요. 그래도 무슨 말씀인지 알쏭달쏭하네요, 헤헤.

윤후

저도 대충은 알겠어요. 더 설명하지 않으셔도 돼요. 저희가 조금씩 알아 갈게요.

윤서

『논어』와 정약용
―유배지의 『논어』 공부, 『논어고금주』

『논어』를 말할 때 결코 비켜 갈 수 없는 인물이 다산 정약용입니다. 그가 20년 가까이 이어진 유배 생활을 마치고 고향에 돌아간 지 4년째인 회갑 때, 자신이 지나온 파란만장한 삶을 회고하며 적은 「자찬묘지명自撰墓誌銘」에서 유배 직후의 심정을 이렇게 밝히죠.

내가 해상(海上, 강진을 가리킨다.)으로 유배될 때 생각했다. '젊은 시절부터 학문에 뜻을 두었으나 20년 동안 출셋길에 빠져 다시 선왕先王의 큰 도가 있는 줄을 알지 못하였는데 지금에야 여가를 얻게 되었다.' 마침내 기쁜 마음으로 스스로 축하하였다.

다른 사람에겐 비참과 고난의 길이겠지만, 정약용은 유배 생활을 출셋길에 등한하던 학문을 온축할 수 있는 더없는 기회로 받아들였습니다. 그래서 과골삼천踝骨三穿, 즉 복사뼈가 세 번 구멍 나는 처절한 몰입과 무서운 의지로 힘든 세월을 견뎠죠.

그가 유배지에서 공부한 책 가운데 『논어』가 중요한 몫을 차지했어요. 다산에게 『논어』는 평생토록 읽어야 하는 삶의 지침서였거든요. 그래서 자식은 물론이고 제자들에게도 『논어』 공부를 권했습니다. 이를테면 그가 외척이자 강진 유배 시절 제자인 윤종문尹鍾文에게 보낸 글에서 이렇게 말합니다. "육경 중에 여러 성인의 글은 모두 읽을 만하지만, 오직 『논어』만이 평생토록 읽을 만하다."

「자찬묘지명」의 마지막은 저술 목록을 나열하고, 그 학문적 성과를 자부하는 말로 맺습니다. 역시 다산은 학자로 기억되는 삶을 살고 싶었던 겁니다. 특기할 점은 유배지에서 완성한 그의 저술 가운데 손가락에 꼽을 만큼 상당한 분량을 차지하는 저술이 『논어고금주論語古今註』 40권이라는 것이에요.

그의 이런 성취는 오랜 고민과 준비 기간이 있었어요. 흑산도에 유배되어 있던 둘째 형 정약전丁若銓에게 보낸 편지에서 『논어』에 관한 저술을 완성하지 못한 데서 비롯한 답답함을 토로하기도 했으니까요.

평소 『논어』에 대한 고금古今의 여러 학설을 많이 수집했습니다만,

1장章씩 대할 때마다 고금의 여러 학설을 모조리 고찰하여 그중 좋은 것을 취해다가 간략히 기록하고 의견이 대립되는 것을 취해다가 논평하여 단정했으니, 이제야 이 밖에 새로 더 보충할 것이 없다고 말하겠습니다. (……) 하늘이 만약 나에게 세월을 주어 이 작업을 마칠 수 있게 해 준다면, 그 책은 제법 볼 만할 것입니다. 그러나 탈고할 방법이 없으니 매우 안타깝습니다.

이런 곡절을 거쳐, 강진으로 유배 간 지 13년이 되던 해인 1813년(순조 13) 겨울 다산초당茶山草堂에서 마침내 『논어고금주』 40권을 완성했습니다. 자료 수집에 여러 해가 걸렸고, 강진에서 키운 제자인 이강회李綱會 · 윤동尹峒 등의 도움이 있었다고 해요.

『논어고금주』의 성격을 파악하려면 『논어』 해석의 역사를 간단하게나마 살펴볼 필요가 있어요. 『논어』 문장은 길이가 짧고 함축이 깊어 그것만으로는 뜻이 명료하지 않습니다. 반드시 해석의 길잡이인 주석서가 있어야 해요. 한漢 대의 학자 정현鄭玄의 『논어정주論語鄭注』, 하안何晏의 『논어집해論語集解』를 고주古注라고 합니다. 옛날 주석이란 뜻이에요. 반면에, 주희의 『논어집주』를 신주新注라고 합니다. 새로운 주석이란 뜻이죠. 고주가 본문을 정확하게 읽기 위한 사전적 해석에 주안점을 두었다면, 신주는 글자 하나하나에 얽매이기보다는 전체적인 의미를 더 염두에 둡니다. 특히 주희는 자신의 철학적 구상으로 『논어』를 해석했다고 해도 과언이 아니에요.

다산의 『논어고금주』는 '고금주古今註'라는 이름에 드러나듯 『논어』에 관한 한 옛날부터 당시까지 존재한 거의 모든 주석서를 망라했습니다. 중국의 역대 주석서는 물론이고 일본의 유학자 다자이 슌다이太宰春台의 저술도 언급했어요. 이뿐만 아니라 다자이의 저술을 통해 그의 스승이자 에도시대의 저명한 유학자인 이토 진사이伊藤仁斎와 오규 소라이荻生徂徠의 학설까지도 인용합니다. 다산이 『논어』 공부에 들인 공력이 얼마만큼인지 짐작할 수 있어요. 『논어』에 관한 해석의 논란에 마침표를 찍는 결정판을 저술한다는 포부가 있었으리라 짐작됩니다. 그 앞에 놓인 큰 산이 바로 주희의 『논어집주』였어요.

『논어고금주』의 학문적 성취를 미리 밝혀 두는 것이 이 글을 이해하는 데 도움이 될 듯합니다. 다양한 고금의 학설을 폭넓게 제시한 그의 목표는 주자학을 객관화, 상대화한다는 데 있었어요. 쉽게 말해 그동안 조선에서 압도적 영향력을 행사한 『논어집주』가 『논어』 해설서 가운데 하나일 뿐이지 유일무이하고 독보적인 책은 아니라는 점, 다산은 이를 학문적으로 밝히려 했습니다.

그렇다면 『논어집주』와 차별되는 『논어고금주』의 관점은 무엇일까요? 그중 단 하나만 꼽자면, 바로 공자 사상의 핵심인 '인仁'에 대한 인식입니다. '인이란 한 글자는 논어 전체의 핵심仁之一字 二十編主宰'(『논어고금주』)이라고 말한 다산의 주장은 이렇습니다.

인이란 두 사람이다.[仁者二人也] 옛 전서篆書는 '인人' 자를 겹쳐서 '인仁' 자로 삼았다. 이는 자子를 겹쳐서 손孫 자로 쓴 것과 같다. 인仁이란 사람과 사람 관계의 지극함이다. 자식이 부모를 효도로 섬기니 자식과 부모가 두 사람이고, 신하가 임금을 충심으로 섬기니 신하와 임금이 두 사람이고, 형과 아우가 두 사람이고, 목민관과 백성이 두 사람이다.

정약용은 인仁을 '이二'와 '인人'이 결합한 글자로 보았습니다. 그래서 인은 한마디로 '두 사람' 사이에서 일어나는 윤리적 관계와 행위예요.

주희는 '인仁'을 어떻게 정의했을까요? 그는 인仁을 '사랑의 이치, 마음에 있는 덕[愛之理 心之德]'으로 보았습니다. 더 쉽게 풀이하자면 이렇습니다. 인이란 우리가 타인을 사랑할 수 있는, 인간의 내면에 있는 근거이며 마음에 갖추어져 있는 덕이라는 것입니다. 요컨대 인이란 사람이 태어나면서 하늘로부터 받은, 인간의 마음속에 있는 도덕성이죠.

그렇다면 공자는 인을 어떻게 보았을까요? 『논어』에서 공자는 인에 대한 질문에 여러 답을 내놓습니다. 그중 번지의 물음에 대한 답이 간명합니다. "인은 남을 사랑하는 것이다." 다산은, 『논어』에 나온 공자의 말에 기초해 인이란 추상적인 이념이 아니라 바로 '내가 타인을 사랑하는 구체적이고 윤리적인 행위'로 해석해야 한다고 본 것입니다. 그래서 다산의 해석은 주희의 철학적 해석을 넘어 공자의 본뜻에 다가가려는 노력으로 이해되기도 합니다.

다산은 『논어고금주』에서 새롭게 밝혔다고 말한 100여 조목 가운데 몇 가지를 「자찬묘지명」에 소개합니다. 그중 가장 핵심적인 대목인 '인仁'에 관한 내용을 살피기 위해 『논어』의 문장을 놓고 비교해 볼까요.

> 유자(유약)가 말했다.
> "사람 됨됨이가 효성스럽고 공손한 사람치고 윗사람에게 대들기를 좋아하는 사람은 드물고, 윗사람에게 대들기 좋아하지 않는 사람치고 난을 일으키기 좋아하는 사람은 여태 없었다. 군자는 근본에 힘쓰니, 근본이 확고히 서면 방법은 절로 생겨난다. 효성스러움과 공손함은 아마 사람다움仁을 실천하는 근본일 것이다."

여기서 논란을 일으키는 구절은 끝부분의 '효제야자, 기위인지본여(孝弟也者 其爲仁之本與!)'이며 가장 핵심적인 글자는 '위爲'입니다. '위'는 '하다' 그리고 '되다'라는 뜻이 있어요. 주희는 『논어집주』에서 '위'를 '행行', 즉 '하다'로 명시했습니다. 반면에, 다산은 '위'를 '되다'로 보고 이 구절을 풀었어요. 위의 인용문은 주희의 해석에 따라 옮긴 것입니다.

두 사람의 풀이가 어떻게 달라질까요? 주희처럼 '행'으로 풀면 이렇습니다. '효와 제는 인을 실천하는 근본일 것이다.' 효와 제가 인을 실천하는 한 방편이라는 뜻입니다. 반면에, 다산처럼 풀면 이렇습니다. '효와 제는 인의 근본이 된다.' 주희는 『논어집주』에서 사람의 본성에는 인의예지, 네 가지만 있기 때문에 효제라는 것은 본성이 될 수 없고, 다만 인을 실천할 때 중요한 덕목일 뿐이라며 효제의 가치를 낮춰 보았어요. 인이 상위개념이고 효제는 인의 하위개념이라는 것이죠. 그러므로 그의 철학적 구상에서는 '인=효제'가 성립될 수 없었어요. 하지만 다산은 「자찬묘지명」에서 이렇게 말합니다.

> 『논어』는 다른 뜻이 더욱 많다. 이를테면 효제는 바로 인仁이니, 인이란 총명總名이고 효제는 분목(分目, 특칭特稱)이다. 인은 효제로부터 비롯되므로, 효제는 인의 근본이 된다고 한 것이다.

그는 효와 제가 바로 인이라고 단언했습니다. 그럼 인과 효제의 관계는 어떻게 될까요? 인이 곧 효제고, 효제가 곧 인이에요. 굳이 구분하자면 인은 통틀어 가리키는 이름이고, 효제는 부모에 대한 효도와 형제 사이의 우애를 통틀어 이르는 말입니다. 인이 효제의 행동에서 비롯하기 때문에 효제가 바로 인의 근본이 된다고 했어요. 이를 더 쉽게 이해시키는 다산의 말이 있습니다.

인은 두 사람의 교제다. 부친을 효성으로 섬기는 것이 인이니 아버지와 아들 두 사람이고, 형을 공경으로 섬기는 것이 인이니 형과 아우 두 사람이며, 임금을 충성으로 섬기는 것이 인이니 임금과 신하 두 사람이고, 백성을 자애로 기르는 것이 인이니 목민관과 백성 두 사람이다. 부부와 붕우에 이르러서도 대체로 두 사람 사이에 도리를 다하는 것이 모두 인이다.

부친을 섬기는 효孝, 형을 섬기는 제弟, 임금을 섬기는 충忠, 임금이 백성을 사랑하는 자慈를 모두 인으로 부를 수 있다고 했어요. 이것이 총명입니다. 그렇지만 그 행위에 초점을 두면 저마다 효와 제와 충과 자로 나누어 부를 수 있습니다. 이것이 분목이죠.『논어고금주』에 언급된 다산의 또 다른 비유를 통해 다산과 주희의 철학적 구도를 분명하게 파악할 수 있습니다.

『맹자』에 '인의예지는 마음에 뿌리를 박고 있다〔仁義禮智 根於心〕'고 하였으니, 인의예지는 비교하자면 꽃과 열매이고 오직 그 뿌리만이 마음에 있을 뿐이다. 측은·수오의 마음이 안에서 일어나 인과 의가 밖에서 이루어지고, 사양·시비의 마음이 안에서 일어나 예와 지가 밖에서 이루어진다. 그런데 지금의 유자들은 인의예지라는 네 덩어리가 사람의 뱃속에 마치 오장五臟처럼 자리 잡아 사단四端이 모두 여기에서 나오는 것으로 알고 있으니 잘못이다.

주희에 따르면 인은 마음의 본성이고, 현실에서 사랑의 감정이 피어나게 하는 근거가 됩니다. 다시 말해, 인이 마음속에 내재하기 때문에 사랑의 감정이 밖으로 표현될 수 있다는 것입니다. 인간의 심성에 인의예지가 내재한다는 것은 선험적이고 관념적인 사고라고 할 수 있어요. 그러나 다산은 인이란 이름은 본래 존재하는 것이 아니라 실제로 어진 일을 행한 뒤에 붙는다고 보았습니다.〔仁義禮智之名 成於行事 非在心之理〕(『논어고금주』)

당시 성리학자들은 인의예지를 마음속에 내재한 덕으로 보고 내면 탐구의 철학에만 몰두함으로써 관념에 빠진 나머지 구체적인 현실을 등한시했어요. 반면에, 다산의 주장은 구체적인 현실을 직시하기 위한 것으로 볼 수 있습니다. 이를테면 백성에 대한 임금의 인이 임금의 마음속에만 존재해서는 가치가 없고, 오직 백성을 위한 정책으로 실현될 때에만 가치가 있는 것과 같다는 것입니다. 우리가 다산을 실학자로 부르는 이유는 그가 현실을 개혁하기 위한 방법으로 학문에 매진한 데 있습니다.

3부

공자의 가치 1:
홀로

여덟 번째 이야기
공자의 생각 읽기

지금까지 함께 『논어』를 읽어 오면서 알았듯이, 이 책은 단편적인 대화를 모아 만들었기 때문에 일관된 체계가 없습니다. 물론 핵심이 없는 것은 아니에요. 핵심은 인仁, 즉 사랑입니다. 『논어』 읽기가 공자의 생각을 읽는 것이라면, 공자의 생각을 읽는 것이 바로 사랑을 읽는 것이에요.

'인'은 『논어』에 몇 번이나 나올까요? 100번이 넘어요. 한마디로 공자 학교는 인을 배우고 실천한 곳입니다. 조선의 대유학자 율곡栗谷 이이李珥도 『격몽요결擊蒙要訣』에서 이렇게 말했어요. "『소학小學』과 『대학』을 읽은 다음에는 『논어』를 읽어야 한다. 그래서 인을 구하고 자신을 위한 학문을 해, 본원을 함양하는 공부에 대해 하나하나 곰곰이 생각하고 깊이 몸으로 실천해야 한다." 『논어』 읽기는 결국 '인을 추구하고 자신을 위해 공부하는 것〔求仁爲己〕'이지요. 그래서 공자 학교에서는 자장처럼 벼슬을 구하는 방법을 물으면 눈총 받고, 번지처럼 농사짓는 방법을 뜬금없이 물으면 좀스러운 인간〔小人〕이라고 꾸지람을 들었습니다. 이상적인 인격, 즉 군자가 되려면 인을 추구해야지 그깟 벼슬을 하거나 농사를 짓는 등 부차적인 것을 추구해서는 안 된다고 했어요. 이렇게만 말하면 자칫 오늘날로 치면, 공무원 시험을 봐도 안 되고 농사를 지어도 안 되고 오로지 학자가 되어야 한다고 오해할 수 있습니다. 제자 자하의 말을 들어 볼까요?

자하가 말했다. "비록 작은 도, 즉 기예라도 반드시 볼 만한 것이 있으나 원대한 목표를 이루는 데 방해가 될까 두렵다. 이 때문에 군자는 추구하지 않는다."[1] 「자장 4」

주희는 여기에 나오는 작은 도〔小道〕가 농사와 원예園藝, 의술과 복술卜術 같은 것이라고 설명을 달아 놓았습니다. 쉽게 말해, 직업과 관계된 것이죠. 공자가 자장이나 번지를 나무란 것은 그들이 아직 군자가 되기 위한 공부가 부족한데 '밥벌이' 자체에 몰두했기 때문이라고 봅니다. 그러나 공무원과 농부로서 자신의 직분을 성실하게 행한다면 그 자체가 인이라고 할 수 있어요. 인을 학자만의 것으로 보는 것은 결코 공자의 본뜻이 아니라고 생각합니다.

그런데 '인'만큼 이해하기 어려운 말이 없습니다. 인을 흔히 '어질다'로 풀이하지요. 『표준국어대사전』에서 '어질다'를 찾아보면, '마음이 너그럽고 착하며 슬기롭고 덕이 높다'는 풀이가 나옵니다. 많은 뜻이 들어 있어요. 마음만이 아니라 덕행, 즉 실제 행동과도 연관된다고 했습니다. 이런 정의가 도움이 안 되는 것은 아니지만, 『논어』에서 말하는 인의 뜻을 담기에는 부족합니다.

왜 그럴까요? 인이 공자의 사상 전반과 관련된 개념이기 때문입니다. 단순하지 않아요. 공자의 사상을 알아야 인도 제대로 알 수 있어요. 앞서 알아본 공자의 '눈높이 교육'을 기억하나요? 사람마다 생김새가 다르듯 개성과 자질이 제각각입니다. 공자가 인에 대해 설명해도 알아듣는 학생이 있고 알아듣지 못하는 학생이 있을 겁니다. 그건 제자들 각자의 문제 상황과 인식이 모두 다르기 때문일 테지요. 그래서 공자는 인의 개념을 딱 꼬집어 정의하지 않았어요. 제자의 특성에 맞춰 인을 여러 가지로 설명합니다.

> 사마우司馬牛가 인에 대해 묻자, 선생님께서 말씀하셨다. "인자는 그 말을 참는 듯이 어렵게 내뱉는다."[2] 「안연 3」

사마우는 말이 많고 성미가 조급했습니다. 그러니 공자가 인을 '말조심'과 연결해서 설명했어요. 인은 '사람됨'이라고 옮기기도 했는데, 사람다운 사람이 되기 위해서는 말과 행동을 신중하게 해야죠. 이렇게 다양한 인의 속성 중에서 제자들 각각의 단점에 맞는 처방을 한 셈입니다. 공자는 인이 거창하고 대단한 것이 아니라 일상생활, 즉 먹고 자고 말하고 행동하는 과정에 있는 것임을 제자들이 스스로 깨닫기를 바랐습니다.

심지어 공자는 한 사람이 같은 질문을 해도 다르게 대답합니다. 번지가 인에 대해 세 번 물었어요. 그중 두 가지를 먼저 보면 이렇습니다.

> 번지가 인에 대해 물으니 선생님께서 말씀하셨다. "인자는 어려운 일을 먼저하고 그 결과에 집착하지 않는다. 이렇다면 인이라고 할 수 있지."3 「옹야 20」

> 번지가 인에 대해 물으니 선생님께서 말씀하셨다. "일상생활에서 공손하고 일을 처리할 때 신중하며 남을 대할 때 진심을 다한다면, 오랑캐 땅에 가도 버려지지 않을 거다."4 「자로 19」

이렇게 공자의 대답은 그때그때 달랐습니다. 인이란 '어려운 일을 남보다 먼저 하고 자신에게 돌아올 이익은 남보다 뒤로 미루는 것'이라고 답하기도 하고, '일상생활은 공손한 자세로 하고 일은 신중하게 처리하며 남을 진실하게 대하는 것'이라고 대꾸하기도 했습니다.

어렵죠? 그럼 좀 쉽게 접근하지요. '인仁'이라는 한자를 한번 볼까요? 사람[人]과 둘[二]이 더해져 있어요. '두 사람'이죠. 그중 한 사람은 '나', 다른 한 사람은 '남' 또는 '세상의 많은 사람'입니다. 가까이 있는 부모, 형제, 벗을 비롯해 세상에는 수많은 타인이 존재합니다. 결국 인이란 내가 살아가면서 타인과 맺는 '관계' 속에 드러나는 덕성의 총칭이라고 할 수 있어요. 부모에게 해야 할 인은 효도[孝]고, 형제끼리 해야 할 인은 공손함[悌]이며, 벗에게 해야 할 인은 신의[信]가 되겠죠.

『설문해자』는 "인은 친애한다는 뜻이다. 인人과 이二로 된 회의자會意字다."라고 설명해요. 또 인仁과 인人은 근원이 같은 글자라고도 합니다. 실제로 중국어에서 두 한자의 발음이 똑같아요. 『논어』에도 인人과 인仁이 통용된 예가 있고요. 그래서 인은 사람의 관계에서 나온 덕목이고, '사람은 곧 인仁'이니까 인이 사람됨의 근본 조건이라고 할 수 있습니다. 즉 인은 '사랑'이나 '사람됨'이라고 옮길 수도 있어요.

재미있는 것은 인을 부정하는 불인不仁이라는 말입니다. 불인은 마비를 뜻하기도 합니다. 마비는 신진대사에 문제가 생겨 피가 잘 돌지 않을 때 생기잖아요. 그럼 사람으로서 마비, 즉 불인은 뭘까요? 타인에 대한 감수성이 모자란 겁니다. 쉽게 말해, 남을 배려할 줄 모르는 게 불인입니다. 인은 '씨'라는 뜻도 있습니다. 살구씨를 한방에서는 행인杏仁이라고 하거든요. 그런데 씨는, 흙과 물과 햇빛을 만나 싹을 틔우고 가지를 뻗고 열매를 맺으니까 가능성이고 바탕이라고 할 수 있잖아요. 그래서 씨가 열매를 맺듯 인은 참다운 사람, 즉 군자의 가장 중요한 요소라고 할 수 있어요.

인은 군자가 사는 집

맹자가 '인은 사람이 사는 편안한 집'(『맹자』「공손추 상公孫丑上」)이라고 했는데, 공자도 비슷한 말을 했어요.

선생님께서 말씀하셨다. "인이 멀리 있느냐? 내가 인을 실천하려고 하면 인은 곧바로 온다."[5] 「술이 29」

"자두나무 꽃잎이 한들거리네. 어찌 그대를 생각하지 않으랴마는 집이 멀어 갈 수가 없네." 이 시를 읽고 선생님께서 말씀하셨다. "그 사람을 사랑하지 않아서지, 집이 먼 것이 무슨 상관이겠느냐?"[6] 「자한 30」

진정으로 사랑하는 마음만 있다면 그 사람이 아무리 멀리 있어도 달려갈 수 있지요. 물리적 거리보다는 마음의 거리가 문제죠. 인도 멀리 있지 않은데, 우리가 인을 멀리 있고 어려운 것으로 여겨 실천하지 않는 것이죠. 인을 실천하려고 하면 세상에 널린 것이 인입니다. 우리가 공부하려면 어디로 가야 합니까? 책상 앞으로 가야겠지요. 멀리 있나요? 가깝지요. 그러나 마음이 공부에 가 있지 않으면 집 안에서 거기보다 먼 곳이 없어요. 마음 먹기에 따라 먼 게 가깝고 가까운 게 멀기도 합니다.

> 선생님께서 말씀하셨다. "(……) 군자가 인을 떠나면 무엇으로 군자라는 이름을 이루겠는가? 군자는 밥 한 끼 먹는 동안에도 인을 떠나지 않아야 하니, 위급할 때도 반드시 인에 있어야 하고 엎어질 때도 반드시 인에 있어야 한다."7 「이인 5」

공자는, 인이라는 집을 떠나서는 군자가 될 수 없다고 했습니다. '밥 한 끼 먹는 동안에도 인을 떠나지 않아야' 한다는 말은, 군자가 그 집에서 편히 산다는 말도 됩니다. 우리 각자의 집이 자신에게는 마치 공기처럼 익숙한 편이지요. 외출했다가 집으로 돌아갈 때 집으로 가야겠다는 의식이 거의 없어요. 그냥 내 몸이 가고 있죠. 도착해 보면 집이에요. 인仁도 군자에겐 편안한 집과 같아요.

인의 집에는 식구가 많다

인은 혼자 살지 않습니다. 앞에서 인이 사람 그 자체이기도 하고, 두 사람의 관계라고도 했습니다. 그래서 군자가 사는 인의 집에는 식구가 많습니다. 그중 인은 가장쯤 될까요? 스포츠 팀이라면 주장이라고 할 수 있겠네요.

> 자장이 공자에게 인에 대해 묻자 선생님께서 대답하셨다. "다섯 가지를 천하에 실천할 수 있다면 인이 된다." 자세한 답을 청하자 선생님께서 대답하셨다. "공손함, 너그러움, 미더움, 민첩함, 은혜로움이다. 공손하면 남이 나를 업신여기지 않고, 너그러우면 대중의 신임을 얻고, 미더우면 남이 나를 의지하며, 민첩하면 공을 세우고, 은혜로우면 사람을 부릴 수 있다."8 「양화 6」

공자는 공손함[恭], 너그러움[寬], 미더움[信], 민첩함[敏], 은혜로움[惠] 등 다섯 가지를 실천하면 인이 된다고 했습니다. 그런데 인의 집에 이 다섯만 있지는 않습니다. 재여가 3년상이 너무 길다고 하자 공자가 '재여는 불인하다[予之不仁]'(「양화 21」)고 한 걸 기억하지요? 인 안에는 효孝도 있는 겁니다. 효도 인의 집 식구예요. 공자가 영윤자문令尹子文이나 진문자陳文子 같은 사람들을 가리켜 "지혜롭지 못했으니 어찌 인이라 하겠는가?[未知 焉得仁]"(「공야장 18」)라고 했으니, 인은 지혜[智]도 포함합니다. 또 있어요. '인자는 반드시 용기가 있다[仁者必有勇]'(「헌문 4」)고 했거든요. 그럼 용기[勇]도 인의 집 식구입니다. 찾아보면 더 있을 겁니다. 하지만 아무나 식구가 되지는 않지요.

가훈: 진실함과 배려

예전에는 집집마다 가훈을 써서 큼지막한 액자에 담아 안방이나 마루에 걸어 뒀어요. 특히 '집안이 화목해야 모든 일이 잘 된다'는 뜻의 '가화만사성家和萬事成'이 가훈으로 인기가 많았습니다. 군자가 사는 집의 가훈은 '충서', 즉 진실함[忠]과 배려[恕]입니다.

> 선생님께서 말씀하셨다. "증삼아! 내 도는 하나로 꿰어져 있단다." 증자(증삼)가 대답했다. "예." 선생님께서 나가시자, 다른 제자들이 증자에게 물었다. "선생님께서 말씀하시는 도는 무엇입니까?" 증자가 대답했다. "선생님의 도는 충서일 뿐이다."[9]「이인 15」

여기서 말하는 공자의 도는 '인'입니다. 그는 '내 도를 실천하는 방법은 하나'라고 말했고, 증삼은 그 방법이 '충서'라고 했습니다. 충과 서, 이렇게 둘인데 왜 하나라고 하는지 이상한가요? 충과 서는 방향만 다를 뿐, 실은 같기 때문입니다. 즉 나에게 지켜야 할 덕목은 진실함(忠), 남에게 베풀 덕목은 배려(恕)가 되는 거예요.

한편 공자의 도가 충서로 꿰어져 있다는 데서 '일이관지一以貫之', 흔히 '일관'이라고 줄여 쓰는 말도 나왔습니다.

> 중궁이 인에 대해 물으니, 선생님께서 말씀하셨다. "문밖을 나서면 귀한 손님을 뵙듯 몸가짐을 삼가며 백성을 부릴 때 큰 제사를 받들 듯 조심하고, 자신이 하고 싶지 않은 것은 남에게 베풀지 말아야 한다. 이렇게 하면 나라에서 원망하는 사람이 없고, 집안에서도 원망하는 사람이 없을 거다." 중궁이 말했다. "제가 비록 명민하지는 못해도 이 말씀을 실천하겠습니다."[10] 「안연 2」

여기서 공자가 인을 두 가지 방면으로 설명합니다. 첫째는 자신의 몸가짐에 관한 인, 즉 진실함(忠)입니다. 이는 수신修身에서 가장 중요한 덕목이지요. 둘째는 타인을 대할 때의 행동 지침, 바로 배려(恕)입니다. 이는 정치 지도자가 남을 다스리는 치인治人에서 가장 중요한 항목입니다.

그런데 글자의 생김새를 한번 눈여겨볼까요? '충忠'은 가운데(中)와 마음(心)으로 이루어져 있으니, 마음의 한가운데를 가리킵니다. 어디에도 치우치지 않은 곧은 마음이 충이지요. 달리 말하면, 자신에게 솔직하고 정직한 마음입니다. 어떤 일에 최선을 다했는지는 자신만 정확히 알겠죠. '서恕'는 같음(如)과 마음(心)이 합쳐진 글자입니다. 남의 마음도 내 마음과 같다, 그러니 내가 싫다고 느꼈다면 남도 싫어할 것을 짐작할 수 있다는 뜻이지요. 이를 다른 말로는 '추기급인推己及人', 즉 내 마음을 미루어 보아 남의 마음을 헤아린다고 합니다.

제가 고등학생이었을 때 어떤 국어 선생님께서 가위를 달라고 하셔서 제가 가위를 드렸는데, 뜻밖에 엄청난 칭찬을 들었습니다. 왜 그랬을까요? 두 손으로 드려서? 물론 두 손으로 드렸지만, 그것 때문에 칭찬받은 것은 아닙니다. 가윗날을 제 쪽으로 하고 손잡이 부분을 선생님 쪽으로 해서 드렸기 때문입니다. 별생각 없는 행동이었지만 그때 저는 분명히 인을 실천했어요. 그 덕에 큰 칭찬을 받아 오랫동안 추억하는 일이 됐네요. 인이 거창하기만 한 것은 아니지요?

안연(안회)이 인에 대해 물으니, 선생님께서 말씀하셨다. "자기 욕심을 이겨 내고 예를 실천하는 것이 인이다. 하루라도 자기 욕심을 이겨 내고 예를 실천한다면 천하가 그의 인을 인정할 것이다. 인을 행하는 것은 자기한테 달렸지, 어찌 남한테 달렸겠는가?"[11] 「안연 1」

공자 학교의 수제자 안회가 물었습니다. 공자가 자로의 경지를 두고 '승당升堂', 즉 집의 대청까지는 올랐다(「선진 14」)고 했으니 안연은 아마 방에까지 들어간 수준이 아니었을까요? 빼어난 제자의 질문이니 공자의 대답도 각별했겠지요.

인은 '극기복례克己復禮'라는 답이 나왔습니다. 대단히 유명한 말이죠. 유학을 한마디로 정의한다면 극기복례가 아닐까 싶을 정도입니다. 극기는 자기 욕심을 이기는 것입니다. 진실함[忠]이 필요해요. 복례는 예를 실천하는 것이니까, 타인에 대한 배려[恕]가 필요합니다. 우리는 '극기 훈련'이라고 하면 '해병대 캠프'를 떠올리는데, 극기는 매일매일 일상생활에서 남과 부대끼는 중에 연습하는 거예요.

> 안연(안회)이 말했다. "그 실천 조목을 묻겠습니다." 선생님께서 말씀하셨다. "예가 아니면 보지 말고, 예가 아니면 듣지 말며, 예가 아니면 말하지 말고, 예가 아니면 행하지 말아야 한다." 안연이 말했다. "제가 비록 명민하지 못하지만, 이 말씀을 실천하겠습니다."12 「안연 1」

『논어』에 보이는 안회의 모습은 수더분하고 말이 적은 제자입니다. 그런데 그가 배우기를 좋아했기 때문에 공자에게 사랑받았잖아요. 배움에 관한 한 그는 스승에게 날카로운 질문을 던질 뿐만 아니라 실천 조목까지 물을 만큼 적극적이었습니다.

안회가 인을 묻자 공자는 '사물四勿', 즉 네 가지를 하지 말라고 답했어요. 이것은 인을 실행하는 데 지침이 됩니다. 보고 듣고 말하고 행동하는 기준으로 제시된 '예'는 절제와 균형이지요. 이 대목에 보이는 '비례非禮'는 좀 어렵게 느껴지지만, '무례'라고 하면 이해하기가 쉽습니다. 남이 나에게 행동했을 때 내가 무례하다고 느끼는 것, 그것은 나도 남에게 하지 말아야 한다는 겁니다. 공자는 여러 곳에서 예를 강조합니다. 아마 『논어』에서 인 다음으로 예를 강조했을 거예요. 그럼 예가 도대체 뭘까요? 예는 '질서, 격식, 의식, 규율' 등으로 다양하게 옮길 수 있습니다. 더 확장하면 사회질서를 가리키기도 합니다만, 쉽게 말하면 상대방에 대한 배려죠. 딴 게 아닙니다. 무례하지 말라는 말씀입니다.

실은 진실함〔忠〕 따로, 배려〔恕〕 따로가 아니에요. 진실한 마음에서 배려가 나오고, 배려로 나온 행동을 보면 그 사람의 진실한 마음을 읽을 수 있으니까요. 안회가 실천한 인, 즉 충서는 '노여움을 남에게 옮기지 않고, 같은 잘못을 두 번 저지르지 않는다〔不遷怒 不貳過〕'(「옹야 2」)는 것입니다. '잘못을 두 번 저지르지 않는 것'은 진실함〔忠〕, '노여움을 남에게 옮기지 않는 것'은 배려〔恕〕와 관련됩니다. 안회가 추구한 '배움의 즐거움'이 바로 진실함과 배려였어요.

중궁이 인에 대해 묻자 선생님께서 말씀하셨다. "(……) 자신이 하고 싶지 않은 것은 남에게 베풀지 말아야 한다."[13] 「안연 2」

"네가 나라면 기분이 어떻겠어?" 우리가 흔히 하는 말이죠. '상대방의 처지에서 그 사람이 되어 생각해 보는 것'이 배려〔恕〕입니다. 역지사지易地思之라는 말과도 같아요.

『대학』에 혈구지도絜矩之道라는 말이 나오는데, 배려가 잘 설명되어 있습니다.

> 덕을 갖춘 군자는 혈구지도를 실천한다. 윗사람에게서 싫어하는 점으로 아랫사람을 부리지 말고 아랫사람에게서 싫은 점으로 윗사람을 섬기지 말며 앞사람에게서 싫은 점으로 뒷사람에게 먼저 하지 말며 뒷사람에게서 싫은 점으로 앞사람에게 따라 하지 말며 오른쪽에 있는 사람에게 싫은 점으로 왼쪽 사람과 사귀지 말며 왼쪽 사람에게서 싫은 점으로 오른쪽 사람과 사귀지 말 것이니, 이를 혈구지도라 한다.

직장 생활을 하다 보면 정말 맞는 말이라는 생각이 듭니다. 사람이 어떤 대상을 미워하면 마음속으로는 '저 사람은 절대 닮지 말아야지.' 하면서도 미워하는 만큼 닮나 봐요. 마음먹은 대로 잘 안 돼요. 어느새 내가 미워하는 사람처럼 행동하기가 쉽지요. 배려가 그만큼 어렵습니다. 저절로 되는 게 아니라, 엄청난 자각과 노력이 필요해요. 사실 쉽게 얻을 수 있고 누구나 할 수 있다면 귀한 게 아니겠지요.

비밀번호는 호학

인의 집에서 문을 여는 비밀번호는 호학, 즉 '배우기를 좋아함'입니다. 배우기를 좋아하는 사람만 이 집에 들어갈 수 있어요. 아무나 드나들지 못합니다. 왜 그럴까요? 사랑(仁)도 때로는 독이 되고 폭력이 되기 때문입니다. 자식에 대한 부모의 사랑이 지나치면 구속이 되고 억압이 되기도 하잖아요. 제가 보기에는 공자가 사랑의 해독제로 호학을 제시한 겁니다. 배움은 섣부른 확신을 경계하기 때문이지요.

공자의 사상에는 늘 균형추가 있어서 한쪽으로 기울거나 치우치지 않게 해 줍니다. 사랑은 감성에 가깝고 감성은 말랑말랑하지요. 부드럽고 연하면 자칫 무원칙이 됩니다. 이때 원칙을 잡아 주는 균형추가 배움(學)입니다.

선생님께서 말씀하셨다. "자로야, 여섯 가지 중요한 말씀(六言)과 여섯 가지 폐단(六蔽)에 대해 들었느냐?" 자로가 대답했다. "아직 듣지 못했습니다." 선생님께서 말씀하셨다. "앉거라. 내가 말해 주마. 어짊을 좋아하면서 학문을 좋아하지 않으면 그 폐단은 어리석어지는 것이요, 지혜를 좋아하면서 학문을 좋아하지 않으면 그 폐단은 허탕해지는 것이요, 믿음을 좋아하면서 학문을 좋아하지 않으면 그 폐단은 해치는 것이요, 곧음을 좋아하면서 학문을 좋아하지 않으면 그 폐단은 사나워지는 것이요, 용기를 좋아하면서 학문을 좋아하지 않으면 그 폐단은 난을 일으키는 것이요, 굳셈을 좋아하면서 학문을 좋아하지 않으면 그 폐단은 경솔해지는 것이다."[14]

「양화 8」

공자에게 호학은 음식을 부패하지 않게 만드는 소금 같은 겁니다. 어짊[仁], 지혜[知], 믿음[信], 곧음[直], 용기[勇], 굳셈[剛]이라는 미덕도 배움이라는 바탕 위에 지어진 집이에요. 굳이 나누자면 인과 지와 신은 내면의 덕성이고, 직과 용과 강은 실천적 덕목입니다. 여기서 인은 공자 사상을 대표하는 개념이라기보다는 인간의 중요한 덕성 가운데 하나인 '어짊'으로 파악됩니다.

어질기만 하고 배우지 않으면 어리석어진다고 했는데, 그 예가 『사기』「송미자세가宋微子世家」에 나옵니다. 송나라 왕 양공襄公이 홍수泓水라는 곳에서 초나라 군대와 맞서요. 초나라 군대가 강을 건너기 시작하니까, 신하들이 바로 공격해야 한다고 주장하지요. 그러나 양공의 답은 "안 된다!"입니다. 초나라 군사가 강을 다 건넜지만 전열을 갖추지 못했기에, 바로 지금이 공격하기에 좋은 때라고 해도 양공의 답은 똑같았습니다. 결국 초나라 군대가 대오를 가다듬고 나서 두 나라 군사가 싸웁니다. 결과는 송나라 군사의 대패입니다. 패전 원인을 분석하는 자리에서 신하들이 왜 좀 더 일찍 공격하지 않았는지를 따지자, 양공이 말합니다.

군자는 어려움에 빠진 사람을 곤란하게 만들지 않는 법이다. 전열을 갖추지 못한 상태에서 공격의 북을 울려서는 안 된다.

이렇게 지나치게 은혜와 정을 베풀다가 자신을 망치는 어리석은 행위를 '송양지인宋襄之仁', 즉 '송나라 양공의 어리석은 어짊'이라고 합니다. 상황에 대한 판단 없이 어질기만 하면 곤란해요. 꽉 막힌 사람은 인자仁者가 아닙니다. 두루 배워야 고루해지지 않습니다.

선생님께서 말씀하셨다. "배우고 때에 맞게 배운 것을 익힌다면 이 또한 기쁘지 않겠는가? 나와 뜻이 맞는 벗이 먼 데서 찾아온다면 이 또한 즐겁지 않겠는가? 남들이 나를 알아주지 않아도 서운해하지 않는다면 이 또한 군자답지 않겠는가?"[15] 「학이 1」

『논어』의 첫 구절입니다. 배움으로 시작해서 군자로 끝납니다. 배움이 없으면 군자가 될 수 없고, 군자가 사는 사랑[仁]의 집에 들어갈 수 없어요. 그래서 배움의 중요성은 아무리 강조해도 지나치지 않습니다. 배움의 궁극적 목적은 군자가 되는 데 있으니까요.

사람됨은 사회질서의 바탕

선생님께서 말씀하셨다. "사람이 어질지 않은데 예를 행한들 무슨 소용이며, 사람이 어질지 않은데 악樂을 행한들 무슨 소용이겠는가?"16 「팔일 3」

사실 하나 마나 한 소리일지도 모르겠습니다. 좋은 사람이 모여야 좋은 사회가 된다는 이야기니까요. 우리가 믿고 있는 법치주의는 시스템을 강조합니다. 사람의 선의만 믿을 수는 없다는 거죠. 그럼에도 공자는 사회질서나 규범보다 앞서는 것으로 '사람됨[仁]'을 꼽았습니다. 아주 낡은 생각처럼 보이는데, 과연 그럴까요?

『논어』에서 공자의 사상 체계를 대표하는 두 기둥을 꼽으라면 사랑[仁]과 질서[禮]입니다. 사랑이 개인적 차원이라면, 질서는 사회적 차원이지요. 단순합니다. 개인이 모여 사회를 이루니까요. 이런 이유로 먼저 갖춰야 하는 것은 당연히 개인의 덕목입니다. 앞에서 살핀 극기복례도 결국은 개인의 욕심을 이겨 내고 사회의 질서를 바로 잡는 것입니다.

인은 남을 사랑하는 것

번지가 인에 대해 세 번 물었는데, 일부러 앞에는 그중 두 개만 소개했습니다. 번지는 공자 학교에서 '농사짓는 법'을 물었다가 야단맞기도 했죠. 좀 맹했나 봅니다. 물론 다른 훌륭한 제자들과 비교할 때 그렇다는 말이에요. 우리로서는 번지나 재여같이 공자 학교에서 뒤처진 사람들이 가깝게 느껴지니, 공자가 이들에게 한 말도 주목하게 됩니다. 공자는 제자의 자질과 수준에 따라 대답해 주셨잖아요. 번지가 두 번이나 '인'에 대해 물어서 알아듣게 대답해 줬는데도 또 물어요. 공자는 이렇게 생각했겠지요. '참! 번지는 좀 떨어지는 편인데, 내가 무심했네. 더 쉽게 설명해야지.'

> 번지가 인에 대해 물으니, 선생님께서 말씀하셨다. "남을 사랑하는 거다."[17]「안연 22」

『논어』에서 인을 이토록 간명하고 쉽게 설명한 대목은 여기뿐입니다. 공자가 이상적 인격으로 제시한 군자는 결국 '남을 사랑하는' 사람입니다. 얼마나 멋집니까? 그런데 나를 사랑하지 않고 어떻게 남을 사랑하겠어요? 그러니까 남을 사랑한다는 것의 전제는 당연히 나 자신을 사랑하는 것이지요.

여러분, 혹시 로맹 가리의 소설 『자기 앞의 생』을 읽어 봤나요?

이 소설은 불법으로 성매매를 하는 로자 아줌마에게 길러지는 고아 소년 모모의 이야기인데, 비참한 상황에 놓인 이들의 삶을 따라가 다 보면 '사랑'이라는 말을 만나게 됩니다. 인간으로 세상에 태어난 우리는 어떤 순간, 어떤 상황에서도 나 자신과 타인에 대한 사랑을 포기해서는 안 된다는 것이 이 소설의 메시지예요. 의미심장하게도 이 소설은 '사랑해야 한다'는 말로 끝납니다.

배움과 즐거움의 심연

고등학생일 때는 '학교만 졸업하면 배우는 건 끝이다. 아니, 끝나야 한다.' 이렇게 강렬한 소망을 품어요. 그런데 대학에 가면 대학에서 배울 게 또 있어요. 대학을 졸업하고 취직하면 정말 '배움은 안녕!' 이라고 생각할지 모르겠는데, 아닙니다. 우리 인생은 끝없는 배움의 연속입니다. 고대 로마의 스토아 철학자 세네카는 이렇게 말합니다. "사는 동안 줄곧 잘 사는 방법을 배워야 한다."

자, 이제 율곡 이이의 『격몽요결』 서문을 잠깐 볼까요?

사람이 세상에 나서 학문이 아니면 사람 구실을 하며 살아갈 수가 없다. 학문이라는 것은 일상생활에서 벗어나 따로 존재하는 일이 아니다. 아버지가 되어서는 마땅히 자식을 사랑해야 하고, 자식이 되어서는 마땅히 부모를 사랑해야 한다. 신하가 되어서는 마땅히 임금에게 충성해야 한다. 부부 사이에서는 마땅히 내외를 구별해야 하고, 형제 사이에는 마땅히 서로 우애해야 한다. 어린 사람이 되어서는 마땅히 어른을 공경해야 하며, 친구 사이에는 마땅히 신의를 지켜야 한다. 따라서 학문이란 모두 일상생활 속에서 일에 따라 각각 그 마땅함을 얻는 것일 뿐이다.

고리타분한 말을 하려는 게 아닙니다. 부모와 자식의 관계가 늘 그대로 머물러 있지는 않습니다. 자식인 내가 언젠가는 부모 자리에 갑니다. 내 자식도 아마 그렇게 살아가겠지요. 거대한 톱니가 굴러가듯 세대가 바뀌면서 세상이 돌아갑니다. 이와 마찬가지로 학생이 늘 학생 자리에만 있지는 않아요. 꼭 가르치는 자리가 아니라도 선생의 자리로 갑니다. 자식 앞에서 부모가 선생이듯, 우리는 늘 제자와 스승의 관계를 갈마들며 살아갑니다.

공자는 가르침〔敎〕과 배움〔學〕이 세상을 이루는 씨줄과 날줄이라고 생각했어요. 『논어』에 나오는 부모와 자식, 스승과 제자, 임금과 신하 등 모든 관계에는 가르침과 배움이 존재하며 맞물립니다. 스승 자리에 있으면서도 늘 배우는 자세를 지켰다는 점에서 공자가 훌륭합니다. 하심下心, 즉 자신을 늘 낮추는 마음 덕에 그럴 수 있었습니다.

『논어』의 첫 글자

　『논어』를 펼치면 보이는 첫 글자가 뭘까요? 어떤 글을 쓰든 첫 문장이 가장 신경 쓰이고, 그만큼 잘 쓰고 싶지요. 어떤 소설가는 첫 문장만 잘 쓰면 다음 문장들이 술술 풀린다고까지 하더군요. 『논어』를 편집한 제자들도 공자의 어떤 말씀을 책의 맨 첫 페이지에 둘까에 대해 많이 고심했을 거예요. 그 고심의 결과로 '배운다'는 뜻의 한자, '학學' 자로 시작하는 문장을 꼽았습니다. 알다시피 『논어』의 각 편 제목은 그저 '자왈子曰' 뒤에 이어진 두 글자죠. 그래도 '학이' 편의 '학' 자는 특별한 뜻이 있습니다.

> 선생님께서 말씀하셨다. "배우고 때에 맞게 배운 것을 익힌다면 이 또한 기쁘지 않겠는가? 나와 뜻이 맞는 벗이 먼 데서 찾아온다면 이 또한 즐겁지 않겠는가? 남들이 나를 알아주지 않아도 서운해하지 않는다면 이 또한 군자답지 않겠는가?"[18] 「학이 1」

　학생들이 아침부터 저녁까지 학교 수업, 자율 학습, 학원 수업으로 보내는 시간을 다 합하면 성인들의 노동시간보다 훨씬 많다고 합니다. 그러니까 '학습 노동'이라는 말까지 나오지요. 학습이 노동인 시대인데, 공자는 공부가 재밌다고 하니까 그의 말씀에 공감하기 힘들 수도 있겠습니다. 우리에게 공부는 대체로 마지못해서 하는 것이니까요.

공 선생님과 우리의 차이는 어디서 올까요? 여기서 확실히 해 둘 게 있어요. 공자는 '배우는 즐거움'을 말할 뿐입니다. 자신이 해 보니까 기뻤다는 것이지, 제자들에게 하라거나 하지 말라거나 강요하는 법이 없어요. 그래도 공자의 말이 제자들에게 호소력이 있었기 때문에, 이 구절을 맨 처음에 두었겠지요. 아마 배우고 익히는 모습이 스승 공자의 평소 모습이었을 겁니다. 이게 공자의 위대함입니다. 말이 아니라 평소 모습으로 가르친 점 말이에요. 그것도 '열심히'가 아니라 '즐겁게' 하는 모습으로요.

배움의 대상은 대개 6예로 봅니다. 오늘날로 치면 국어, 영어, 수학 같은 교과목이지요. 공자가 의도했든 그렇지 않았든 간에 '배우다'라는 동사의 목적어가 분명하지 않다는 것도 주목해 볼 만합니다. 그 목적어를 글로만 보지 않아도 되는 거죠. 요리사가 되고 싶으면 요리를 배우고, 체력을 키우려면 운동을 배우고 익힐 수 있잖아요. 그러니까 우리는 배움을 세상의 모든 배움으로 확장해서 생각해 볼 필요가 있습니다. 그중 글공부는 그야말로 조족지혈鳥足之血, 즉 새발의 피일 뿐입니다.

저는 『논어』를 펼치면 만나는 첫 문장을 보고, 교사인 제가 할 일은 학생들에게 열심히 공부하라고 잔소리를 하는 것이나 열심히 공부하는 모습을 보이는 것보다는 '즐겁게' 공부하는 모습을 보이는 것이 아닌가 싶었습니다. 물론 최고의 학교 모습은 교사와 학생이 함께 즐기며 공부하는 것이겠지요. 부모 구실도 같겠죠. 엄마, 아빠가 자녀들에게 '열심히' 사는 모습을 보이는 것도 중요하지만, '즐겁게' 사는 모습을 보이는 것이 더 중요하지 않을까 싶어요.

몸으로 하는 공부

조선 시대 선비들이 매우 존숭했던 주희의 『논어집주』에는 '익힘', 즉 '습習'이 이렇게 설명되어 있어요.

> 습은 새가 자주 나는 것이니, 그치지 않고 배우기를 마치 새끼 새가 자주 나는 것과 같이 하는 것이다. 열說은 기뻐한다는 뜻이다. 배우고 때때로 그것을 익힌다면 배운 것이 익숙해져서 기쁨을 느끼고, 그 진전은 자연히 그만둘 수 없게 된다.

습을 설명하면서 그것이 갓 태어난 새의 날갯짓과 같다고 했어요. 습習이라는 한자를 살펴봅시다. 위쪽에 깃털이 두 개[羽] 있고, 그 아래에 흰 백白 자가 있어요. 새의 겨드랑이에 흰 깃털이 난 모양이죠. 우리가 볼 때 새가 그냥 나는 듯하지만, 어린 새가 날기 위해 얼마나 날개를 퍼덕이며 연습했겠어요? 공부도 이와 마찬가지라는 뜻이죠. 옛글자에서는 백白을 백自으로 썼다고 해요. 그렇다면 습習

은 새가 날개짓을 100번이나 반복해서 했다는 뜻이 될 겁니다.

그럼 왜 배우고 익히는 것이 기쁠까요? 배운 것이 완전히 '내 것'이 되기 때문입니다. '내 것'이 되면 나와 그 배움의 대상이 분리되지 않습니다. 수영을 배운다고 해 보죠. 처음에 물속으로 들어갔다 나왔다 하면서 '음파, 음파'를 하라고 선생님이 가르쳐요. 이 단계를 마치면 조금씩 앞으로 나가는 것을 배우는데, 몸에 힘이 들어가면 여지없이 가라앉아 버리죠. 물도 먹어요. 그런데 내가 물을 의식하지 않고 물과 한 몸이 되면 힘을 들이지 않아도 가라앉지 않아요. '내 것'이 되게 한다는 것은, 공부를 좀 더 내 몸 쪽으로 당겨서 가능한 한 내 몸과 일치시키려고 노력한다는 뜻입니다.

공자의 '습'은 또한 습관입니다. "사람의 타고난 성품이야 서로 비슷하지만, 습관이 차이를 만든다.〔性相近也 習相遠也〕"(「양화 2」) 습관, 즉 반복이 어떤 사람은 군자가 되고 어떤 사람은 소인이 되는 차이를 낳는다는 뜻입니다.

그래서 반복을 무시하면 안 됩니다. 소설가 김연수의 산문집 『소설가의 일』에 이런 문장이 있어요. "매일 쓴다. 그리고 어느 순간 작가가 된다. 이 문장 사이에 신인新人, 즉 새로운 사람의 비밀이 있다." 이 문장을 『논어』의 맥락에서 풀어 보죠. '어느 순간'까지, 즉 기쁨의 단계까지는 깊은 못이 있다는 말입니다. 또 기쁨에 이르는 비밀은 '매일 쓴다', 즉 '반복'이라는 것이지요. 반복의 위대함을 믿고 실천하는지의 여부에 따라 '기쁨'과 '신인'에 닿을 수 있어요. 평범한 말처럼 들리나요? 훌륭한 말씀은 듣기에는 아주 쉬워요. 그렇지만 그 말씀을 행동으로 옮기기는 정말 어렵죠.

연습의 의미를 잘 보여 주는 일화가 있습니다. 세기의 첼로 연주자로 불린 카잘스가 말하는 '연습'이 공자가 말하는 '습(習)'에 가까워요. 어떤 기자가 카잘스에게 물었어요. "선생님께서는 이미 아무도 따라잡을 수 없는 첼로의 대가십니다. 게다가 연세가 여든에 가까워요. 그런데 왜 매일 그렇게 연습을 하시나요?" 카잘스의 대답이 멋집니다. "매일매일 연습하다 보면 어제보다 오늘 실력이 나아지는 걸 느끼니까요."

결국 '내 것'을 만드는 즐거움 때문에 스스로 그만둘 수 없게 되는 것이 즐거움(樂)의 경지입니다. 문제는 자발성입니다. 누가 대신해 줄 수가 없어요. 어찌 보면 공자의 사상은 냉정합니다. 자신이 그런 경지를 제자들에게 보여 줄 뿐, 이래라저래라 딱 부러지게 말하지 않아요.

그럼 왜 우리는 배우는 게 즐겁지 않을까요? 그 답은 이런 문장에 있습니다. "남들이 나를 알아주지 않아도 서운해하지 않는다면 이 또한 군자답지 않겠는가?" 냉정히 돌아보죠. 인간은 남에게 인정받고 싶은 욕구가 있어요. 우리가 만일 뛰어난 성과를 이루었는데, 아무도 칭찬해 주지 않는다고 상상해 보세요. 열심히 할까요? 공부가 우리에게 고통인 까닭은 내 배움을 남이 인정해 주지 않을까 봐 걱정하는 조바심에 있습니다. 그런데 공자는 자신이 즐겁기

때문에 배운다고 했어요. 외부에서 오는 보상과 관계없이 나 자신
이 즐거워야 배움을 이어 갈 힘이 생기는 겁니다.

천재가 아니다

선생님께서 말씀하셨다. "나는 나면서부터 도를 아는 사람이 아니
야. 옛것을 좋아해서 부지런히 공부하는 사람일 뿐이지."[19] 「술이 19」

공자는 생전에 모르는 게 없는 인물로 정평이 나 있었습니다. 제
자들은 그게 참 대단해 보였어요. 자신들도 나름대로 열심히 공부
하는데 도저히 따라갈 수가 없으니까요. 그런 제자들의 사기를 북
돋고 싶었는지, 공자가 말합니다. "너희들, 오해하지 말아라. 나는
천재가 아니다. 그저 좋아하는 옛 문헌을 부지런히 파고들었을 뿐
이야!" 공부 비법을 알고 싶었던 제자들의 표정이 좋진 않았을 것
같습니다.

공자(선생님)께서 말씀하셨다. "태어나면서 도를 아는 사람이 최상
급이고, 배워서 아는 사람이 그다음이고, 곤란을 겪고 나서 배우는
사람이 그다음이다. 그러니 곤란을 겪고 나서도 배우지 않는 사람
은 최하급이 된다."[20] 「계씨 9」

천재형 인간이 있긴 합니다. 그러나 공자도 자신은 노력해서 배웠다고 하네요. 뭘 몰라서 어려움을 겪은 적이 있나요? 그런 곤란을 겪고도 배우려고 하지 않는 사람은 최하급이 된다고 했어요.

선생님께서 말씀하셨다. "내 일찍이 하루 내내 먹지 않고 밤새도록 자지 않고 생각해 보았는데, 유익한 게 없었다. 배우는 것만 못했다."21 「위령공 30」

공자도 이런 실험을 했어요. 엉뚱한 면이 인간적으로 보이기도 하는데, 그 끝에 깨달은 것은 '배우는 게 최고'라는 점입니다. 재여가 낮잠을 자고 공자에게 심하게 야단맞은 것도 이해가 되네요. 그래도 공자 같은 분이 공부하면서 이런저런 방법을 많이 써 본 것 같아 조금이나마 위로가 됩니다. 저는 '애쓴다'는 말을 좋아해요. 애쓰고 나면, 즉 몸과 마음을 다해 힘쓰고 나면 성공하든 실패하든 제게 남는 게 있더라고요. 다음에는 어떻게 하겠다는 마음이라도 생기잖아요.

배움은 근본부터 차근히

선생님께서 말씀하셨다. "나를 알아주는 이가 없구나!" 자공이 말했다. "어째서 선생님을 알아주는 이가 없다 하십니까?" 선생님께서 말씀하셨다. "하늘을 원망하지 않고 사람을 탓하지 않으면서 아래로 사람이 할 일을 배워 위로 하늘의 이치에 통하니, 나를 알아주는 이는 하늘일 것이다!"[22] 「헌문 37」

조건을 탓하기만 하면 발전이 없습니다. 탓해 봐야 소용없어요. 가족을 바꿀 수 있나요? 나이를 바꿀 수 있나요? 외모를 바꿀 수 있나요? 이럴 때는 지극히 현실주의자가 되어야 합니다. 현실을 직시하고 기초를 다져 가는 겁니다. 우리는 흔히 어떤 사람이 이룬 현재의 명성과 지위를 부러워합니다. 그러나 그 사람이 거기에 도달하기까지 치렀을 피눈물 나는 노력은 눈여겨보지 않습니다.

공자는 배움에도 순서가 있다고 했습니다. 하학下學 뒤에 상달上達해야 한다고 했어요. 계단을 밟아 올라가듯 아래에서 위로, 쉬운 것에서 어려운 것으로 가는 배움이지요. 그래서 크게 볼 때 하학은 인간의 도리를 배우는 것이고, 상달은 세상살이의 이치를 깨닫는 것입니다.

선생님께서 말씀하셨다. "젊은이들이 집에 들어오면 부모에게 효도하고 집 밖에 나가면 어른께 공경해야 한다. 행실은 삼가고 말을 미덥게 해야 하며, 사람들을 널리 사랑하되 특히 어진 이와 가깝게 지내야 한다. 그렇게 행동하고서도 남은 힘이 있다면 그것으로 옛 글을 배워야 한다."[23] 「학이 6」

그럼 인간의 도리부터 알아보지요. 집에 들어오면 부모에게 효도하고 집 밖에 나가면 어른께 공경하라고 합니다. 지나친 공경으로 굽실거리라는 말이 아닙니다. 부드럽게 대하라는 뜻으로 볼 수 있어요. 다른 사람과 맺는 관계에 대한 지침을 제시하면서 그렇게 하고도 남은 힘이 있을 때 글공부를 하라네요. 우리는 글공부 다음에 인간의 도리를 챙기려고 하지요. 공자 때도 이런 풍조가 있었기 때문에, 인간의 도리부터 공부하라는 말이 나오지 않았을까요?

선생님께서 말씀하셨다. "안다는 것은 좋아하는 것만 못하고, 좋아하는 것은 즐기는 것만 못하다."[24] 「옹야 18」

목적어로 무엇을 넣어도 맞는 말씀입니다. 정말 공부든 뭐든 즐거워서 하는 사람은 당해 낼 수가 없어요. 그런데 우리는 곧바로 즐기는 경지에 가고 싶어 하지요. 초고속 엘리베이터를 찾으려고 안달하느라 그리로 가는 계단은 보질 못해요. 문제는 여기에 있습니다.

배움의 자세와 목적

선생님께서 말씀하셨다. "학문은 따라가지 못할 듯이 해야 하고,
얻은 것을 잃을까 두려워하듯이 해야 한다."[25] 「태백 17」

특정한 제자에게 한 말이 아니니까 제자들에게 두루 하신 말씀인
듯합니다. 배움이 저만치 있고 내가 이쪽에 가만히 있으면 배움은
내게 다가오지 않아요. 내가 다가가야 합니다. 그래도 배움에 닿기
는 어렵습니다. 그래서 배움에는 끝이 없다는 말이 있지요. 이렇게
애써서 배우고 익힌 것을 잃어버리면 어떻겠어요? 상상만 해도 끔
찍하지요. 그런 일이 없도록 단속할 수밖에 없어요. 학문을 귀한 보
석처럼 여기는 태도가 절묘하게 드러나네요.

선생님께서 말씀하셨다. "나는 덕을 쌓기 좋아하는 것을 아름다운
여인 좋아하듯 하는 사람을 보지 못했다."[26] 「자한 17」

공자에게 공부란 위기지학爲己之學, 즉 자신의 진보를 위한 것이
었습니다. 진보란 덕을 쌓아 가는 일이지요. 멋지고 매력 넘치는 연
예인에게 '팬심'을 발휘하듯 공부하라는 말씀이네요.

이런 공자의 뜻을 이어받아 자하도 비슷한 말을 했습니다. 자하
는 공자 학교에서 문학 방면에 뛰어난 제자였죠. 그가 뛰어났다는

문학은 우리가 아는 문학이 아니라 옛 문헌을 가리켜요. 그래선지 그가 쓴 표현이 남다르네요.

> 자하가 말했다. "여자를 좋아하는 마음으로 어진 이를 존경하고(賢賢易色), 부모를 섬김은 자기 힘을 다해서 하며, 임금을 섬김은 자기 목숨을 바쳐서 하고, 벗과의 사귐은 말에 신의가 있어야 한다. 이런 사람이라면, 비록 남들이 그 사람을 두고 배우지 않았다 해도 나는 반드시 그를 배운 사람이라고 평할 것이다."[27]「학이 7」

이 대목의 원문에서 '현현역색賢賢易色'이라는 표현이 눈에 띄는데요, 요즘 식으로 바꾸면 인자仁者를 존경하고 본받기를 '아이돌 그룹' 좋아하듯 하라는 말입니다. 그 뒷부분에는 근본을 중시하라는 공자의 가르침을 덧붙여 설명했습니다.

> 선생님께서 제나라에 있으면서 순임금의 음악인 소를 들었는데, 심취한 나머지 석 달 동안 고기 맛을 알지 못했다. "아! 순임금의 음악이 이렇게 좋은 줄은 몰랐다."[28]「술이 13」

공자에게 공부 비법이 있긴 했네요. 13년 동안 유랑하던 중에 제나라에서 순임금의 음악인 '소韶'를 들었습니다. 그리고 봉황이 듣고 춤을 췄다는 이 음악에 깊이 감동한 나머지 세 달 동안 고기를 먹어도 그 맛을 몰랐다네요. 공자의 공부 비법은 즐거운 몰입이었습니다.

다음은 배움의 목적을 두고 공자가 옛사람과 당시 사람들을 비교한 말입니다.

> 선생님께서 말씀하셨다. "옛날에 배우는 사람들은 자기 인격을 수양하려고 공부했는데, 요즘 배우는 사람들은 남에게 알려지려고 공부한다."[29] 「헌문 25」

나를 위한 학문과 남에게 보이기 위한 학문은 각각 위기지학爲己之學과 위인지학爲人之學이라 합니다. 당연히 위기지학은 진짜 공부인 반면에 위인지학은 남에게 뽐내려고 하는 사이비似而非, 즉 가짜 공부죠.

이 구절을 두고 주희는 『논어집주』에 정이의 말을 인용했습니다. "옛날에 배우는 사람들은 자신을 위한 학문을 해 마침내 남까지 완성하는 데 이르렀고, 지금 배우는 사람들은 남에게 보이기 위한 학문을 해 결국 자신을 망치는 데 이르고 만다."

안회와 염유의 차이: 그침과 나아감

선생님께서 안연(안회)에 대해 말씀하셨다. "(그의 죽음이) 정말 애석하구나! 나는 그가 전진하는 것만 보았지, 중지하는 것은 보지 못했다."[30] 「자한 20」

염구(염유)가 말했다. "선생님의 도를 좋아하지 않는 것은 아닙니다만, 저는 힘이 부족해서 행하지 못합니다." 선생님께서 말씀하셨다. "힘이 부족한 자는 가다가 중도에서 그만두는데〔中道而廢〕, 지금 너는 미리 한계를 정해 놓고 있구나!"[31] 「옹야 10」

공자가 아낀 안회는 어려운 형편 속에서도 배우기를 게을리하지 않았는데, 염유는 맹자가 말한 '자포자기自暴自棄'와 비슷한 상태입니다. 그러니 공자가 정수리에 침을 놓듯 따끔하게 충고합니다.

그런데 이 대목의 원문에서 '중도이폐中道而廢'를 정약용은 독특하게 해석했습니다. 기존 설명은 '폐'를 '그만두다', '멈추다'로 해석합니다. 그럼 '가던 길이나 하던 일을 중간에 멈춘다'는 뜻이라서 '폐' 자는 부정적인 느낌이 강했어요. 그런데 정약용은 『논어고금주』에서 "'중도이폐'란 기력이 다해 몸이 쓰러져 죽음을 말한다." 하고 풀었습니다. 그리고 이런 말을 덧붙입니다. "이 말은 죽음에 이르도록 그치지 않는다는 지극한 표현이다." 이렇게 보면, 공자가 한 말의 뜻이 달라집니다.

"힘이 부족한 자는 길을 가다 가다 기력이 다하면 쓰러져 죽는다.
그런데 지금 너는 아예 못 한다고 선을 긋고 있구나."

기존과 전혀 다른 해석입니다. 힘보다는 의지가 부족할 때가 많죠. 살다 보면 일을 포기하고 싶어질 때가 많은데, 목표 자체에 집착하기 때문입니다. 일단 시작하면 과정 자체를 즐기고 물러서지 않는 것이 중요합니다. 안회의 자세가 그랬습니다.

선생님께서 말씀하셨다. "(학문하는 것은) 산을 쌓는 것과 같다. 한 삼태기의 흙이 부족해서 완성하지 못하고 그만두어도 내가 멈춘 것이다. 평평한 땅에 산을 만드는 것과 같다. 처음으로 흙 한 삼태기를 들이부어 나아감도 내가 나아가는 것이다."[32] 「자한 18」

흙을 한 삼태기만 갖다 부으면 산이 됩니다. 그런데 우리는 대부분 거기서 그치고 맙니다. 뒷심이 부족합니다. 오랫동안 애쓰고 마무리를 못해서 완성을 못 봤으니 퇴보한 것과 마찬가지입니다. 내가 초래한 일이죠. 한편 평지에 산을 쌓기 위해 처음으로 흙 한 삼태기를 부었습니다. 이건 진보입니다. 퇴보도 진보도 다른 사람이 아니라 내가 한 일입니다. 완성과 결과가 중요한 것이 아니라, 시작과 과정이 중요하다는 말입니다.

저는 공자의 이 말씀에서 부족한 뒷심보다는 한 발 내딛는 의지의 중요성을 읽습니다. 목표에 가깝기는 마지막 흙 한 삼태기를 안부은 쪽이에요. 그것만 부으면 목표를 이루니까요. 평지에 산을 만드는 쪽은 막 시작했을 뿐이에요. 목표에서 한참 떨어져 있지요. 그런데 중요한 것은 목표와 얼마나 가까운지가 아닙니다. 나아가려는 태도죠. 지금 내가 한 발 디뎌 앞으로 나아가는 것, 바로 이것이 진정한 진보입니다. 지난 성취는 잊어야 합니다. 진보와 보수도 고정된 것이 아닙니다. 진보주의자가 지난 성과를 내세우며 움켜쥐고 있으면 곧장 수구주의자가 되고 말죠.

기쁘고 즐거워서 목표의 성취와 별개로 그것을 한다는 사실 자체가 삶의 이유가 되는 일, 과정 자체를 즐길 수 있는 일을 찾아야 합니다. 그래야 삶이 보람되고 행복합니다. 그러나 자신이 찾아야 합니다. 아무도 대신 찾아 주지 않아요.

배움과 사색

선생님께서 말씀하셨다. "배우기만 하고 사색하지 않으면 터득하는 것이 없고, 사색만 하고 배우지 않으면 위태롭다."[33] 「위정 15」

공자의 사상에서 중용은 대단히 중요합니다. 어떤 것에 치우치면 안 된다는 말이지요. 앞의 인용문은 배움〔學〕과 사색〔思〕의 균형을 강조하고 있습니다.

이 대목에서 서구의 경험론과 합리론이 떠오르네요. 영국의 로크와 홉스와 벤담 등은 경험이 앎을 획득하는 원천이라며 경험주의 철학을 내세웠습니다. 이들이 말하는 경험과 앞에서 말한 배움이 비슷하지요. 반면, 프랑스의 데카르트나 독일의 라이프니츠는 이성이야말로 확실한 지식 획득의 원천이라고 보고 합리주의를 내세웠습니다. 합리주의에서 말하는 이성은 앞에서 말한 사색과 닮았네요. 서양의 근대 철학을 종합했다고 평가받는 독일 철학자 칸트는 경험론과 합리론을 종합해 이런 말을 남겼어요. "개념 없는 직관은 맹목이고, 직관 없는 개념은 공허하다." 개념은 경험이자 배움이고, 직관은 이성이자 사색이라고 할 수 있습니다. 지역과 시대가 다르지만 공자와 칸트의 주장이 놀랍도록 닮았지요. 역시 진리는 통하나 봅니다.

군자와 소인

『논어』의 주제 중 하나는 '진정한 삶의 주체가 되려는 의지'라고 할 수 있습니다. 군자가 바로 그 주체의 이름이지요. 군자라는 말이 『논어』에 100번도 넘게 나옵니다. 이렇게 많이 나오는 것만 봐도 군자가 공자 학교의 주된 관심사였음을 짐작할 수 있어요. 공자가 평소 많이 강조했고, 제자들도 이에 대해 자주 물었죠. 또 『논어』에 많이 나오는 개념어가 '인仁'인데, 앞서 「여덟 번째 이야기」의 '인은 군자가 사는 집'이란 절에서 군자와 인의 관계를 언급했습니다. 간단히 복습해 보자면, 군자가 추구하는 것이 인이고, 인을 추구해야 군자가 됩니다. 따라서 군자와 인의 개념은 따로 떼어 놓을 수 없는 것이죠.

앞에서도 말했듯이 군자는 원래 임금의 아들을 뜻하다가 지배계급에 속하는 사람을 일반적으로 가리키는 말이 되었고, 소인은 원래 육체노동으로 살아가는 피지배계급을 가리키는 말이었습니다. 그러다가 춘추 시대 말기에 군자는 도덕과 인격을 갖춘 사람을 뜻하게 됩니다. 공자가 군자와 소인의 원래 의미를 새롭게 해석하는 데 크게 이바지해, 신분을 나타내는 말에서 인격을 나타내는 말로 바꿔 놓았죠. 이런 변화의 의미가 뭘까요? 신분이 낮은 사람이라도 인격이 높은 사람, 즉 군자가 될 수 있으며 신분이 높은 사람이라도 인격이 낮은 사람, 즉 소인이 될 수 있다는 논리가 성립합니다. 지금은 이런 논리가 당연하게 여겨지지만, 2500년 전에 어땠을지 생각해 보세요. 얼마나 파격적입니까? 공자는 기존 질서만 옹호하는 수구주의자가 아니었습니다.

군자를 '좋은 사람'으로 옮기고 싶다고 앞서 말했지요. 군자의 반대편에 있는 소인은 인격이 낮은 졸렬한 사람, 자기 몸과 이익에만 집착하는 사람을 뜻합니다. 군자와 소인은 어떤 이익을 중시하는가에 따라 갈라집니다. 군자는 공적인 이익[公益]을 중시하고 소인은 개인의 이익[私益]을 중시하거든요. 군자와 소인은 『논어』 전체에서 계속 대비됩니다.

군자는 가난해야 한다?

공사公私에 대한 태도는 부귀에 대한 관점에서 뚜렷하게 드러납니다. 군자라고 하면 뭐가 떠오르나요? 십중팔구는 도덕군자지요. 학문과 도덕이 높다는 뜻인데, 비웃음이 섞인 말로 쓰여요. 저만 잘난 체하면서 궁상떤다는 느낌이 있어서 가난도 떠오릅니다. 공자 자신이 가난해도 떳떳한 즐거움을 누리겠다고 말하니까요.

> 선생님께서 말씀하셨다. "거친 밥을 먹고 물을 마시며 팔베개를 하고 누워 지내는 생활 속에도 즐거움이 있으니, 의롭지 않게 얻은 부귀는 나에게 뜬구름과 같다."[34 「술이 15」]

거친 밥은 변변한 반찬이 없는 식사를 가리킵니다. 요즘 건강을 위해 일부러 선택하는 식단이 아니에요. 그래도 그걸 고마워하며 먹고 팔을 베고 누워 즐거워합니다. 의롭지 않은 부귀는 하늘의 구름처럼 있다가도 사라지는 허망한 것이라면서요.

> 선생님께서 말씀하셨다. "군자가 되려는 사람은, 배불리 먹으려고 하지 않으며 편안히 살려고 하지 않는다."[35 「학이 14」]

공자가 우리에게 부자가 되려고 하지 말라는 것 같습니다. 이렇게 해석한다면, 부분적으로는 맞지만 초점이 어긋났네요. 공자 말의 핵심은, 음식과 집을 포함해 부귀가 군자에게는 곁가지일 뿐이라는 점입니다. 본질이 아닌 겁니다. 따라서 군자란 외부적인 것, 비본질적인 것에 마음을 두지 말라고 강조했을 뿐이지 일부러 가난하게 살아야 한다는 말은 아니에요. 러시아 영화감독 타르코프스키가 한 말, "모든 비본질적인 것은 결국 부패한다."가 이와 비슷한 뜻을 담고 있다고 생각합니다. 본질적이지 않은 것은 언젠가 썩기 마련입니다. 그러니 허망하죠. 내 노력으로 이루지 않은 것, 내 노력으로 이룰 수 없는 허망한 것에 정신을 팔지 않겠다는 '결의'가 보입니다.

군자는 자율적인 인간입니다. 자율은 타율의 반대입니다. 타율은 기준이 자기 외부에 있고, 자율은 기준이 자기 내면에 있어요. 공자의 말은, 자신의 근거를 자기 내부인 덕德에서 찾고 외부적인 부귀에서는 찾지 않겠다는 겁니다. 스마트폰을 예로 들자면, 원래 기능은 통화인데 거기에서 뻗어 나간 부가 기능이 워낙 많지요. 요즘은 스마트폰이 자기표현 수단으로 쓰이면서 분신 같은 존재가 됐어요. 그러다 보니 청소년들뿐만 아니라 성인들도 스마트폰이 없으면 불안해하는 경우가 많습니다. 외부적인 것에 집착하면 자신도 모르는 새 그것에 얽매이게 되고, 자율적인 인간이 되기 힘들어져요. 만일 공자가 다시 살아나 스마트폰에 중독된 우리를 본다면, 한마디 할 듯싶어요. "군자는 스마트폰에서 즐거움을 구하지 않는다."

즐거운 사람과 걱정에 찌든 사람

    자율적인 사람과 타율적인 사람은 표정에서부터 차이가 납니다. 군자는 늘 편안하고 여유 있는 표정을 지어요. 군자라고 해서 걱정할 일이 왜 없겠어요? 다만 쓸데없는 걱정으로 자기 마음을 괴롭히지 않는 겁니다. 하늘이 무너질까 봐 걱정한 기나라 사람의 근심을 '기우杞憂'라고 하죠. 우리 걱정 중 대부분은 쓸데없는 걱정이라는 연구 결과까지 있어요.

> 선생님께서 말씀하셨다. "군자는 마음이 평탄하며 여유가 있고, 소인은 항상 걱정에 싸여 있다."[36]「술이 36」

    군자는 늘 얼굴에 미소를 띠고, 하는 일에 여유가 있습니다. 반면, 소인은 항상 걱정만 앞서요. 요즘 많이 듣는 말 중에 '결정 장애'가 있어요. 무엇을 할지 판단이 서지 않아 허둥대고 미적대는 것인데, 지레 걱정이 많기 때문이 아닌가 싶어요.

    『공자가어』에도 이와 비슷한 이야기가 있습니다. 자로가 공자에게 "군자에게도 근심이 있습니까?" 하고 묻자 공자가 답합니다.

> "없다. 군자는 큰 도를 수행하기 때문에 그것이 완성되지 않았을 때는 수행하는 과정의 즐거움을 만끽하고, 큰 도에 도달한 뒤에는

수행의 결과를 즐긴다. 그러므로 군자는 평생 즐거움을 누리며 단 하루도 근심할 날이 없다. 하지만 소인은 그렇지 않다. 자신이 가지려고 하는 물건을 얻지 못했을 때는 그것을 손에 넣지 못해서 괴로움에 시달리고, 막상 자신의 목적을 이룬 뒤에는 그것을 잃을까 봐 걱정한다. 그러므로 소인은 평생 근심하며 단 하루도 즐거움을 누릴 수 없다."

"단 하루도 즐거움을 누릴 수 없다." 우리의 모습이 아닐까요? 왜 그럴까요? 지향점이 다르기 때문입니다. 군자는 '과정 중심'으로 사고하고 행동하는 반면, 소인은 '목적 중심'으로 사고하고 행동하기 때문입니다. 과정을 충실히 밟아 가면 목적에 도달합니다. 그러나 목적에 집착한 나머지 과정을 소홀히 하면 목적을 이룰 수도 없을뿐더러 목적지까지 가는 과정 자체가 고통과 근심이 됩니다.

군자는 근본에 힘쓴다

유자(유약)가 말했다. "군자는 근본에 힘쓰니, 근본이 확고히 서면 방법은 절로 생겨난다."[37] 「학이 2」

선생님께서 말씀하셨다. "군자는 덕을 마음에 두고 소인은 안일만을 생각하며, 군자는 법도를 지키려 하고 소인은 이익만을 생각한다."38 「이인 11」

선생님께서 말씀하셨다. "군자는 의리에 밝고 소인은 이익에 밝다."39 「이인 16」

군자는 근본과 말단을 잘 분간합니다. 그러면 방법이야 저절로 보이죠. 반면에, 근본을 말단으로 착각하고 지엽을 뿌리로 혼동하면 허둥댑니다. 일을 해도 성과가 없어요. 그래서일까요? 소인은 이익에만 관심이 있지요. 근본이 바로 서지 않으니 성과를 못 내고, 그러다 보니 눈앞의 이익에 매달리는 겁니다. 이익이 꼭 돈을 말하는 것은 아닙니다. 자신이 수고로울까 봐 남에게 일을 미루는 태도, 절대로 손해 보지 않겠다는 태도도 이익에 밝은 겁니다. 자신은 사리에 밝다고 자부하겠지만, 공자의 눈으로 보면 소인이죠. 군자는 마땅히 해야 할 일이라면 자신에게 손해가 되더라도 합니다.

군자와 소인의 사귐

선생님께서 말씀하셨다. "군자는 두루 어울리되 패거리 짓지 않고, 소인은 패거리 짓되 두루 어울리지 않는다."40 「위정 14」

군자는 남과 어울리지 못해 안달하는 사람이 아닙니다. 혼자 있을 때 불안한 사람이 아닙니다. 그러나 소인은 무리에 끼지 못하면 불안합니다. 자기편이 없으면 홀로 설 수 없는 의존적인 사람입니다. 저는 혼자 있을 때 일을 하든 놀든 자신에게 필요한 행동을 하는 사람이 군자라고 생각합니다. 공자도 혼자 있을 때 표정이 온화했습니다.

> 선생님께서는 집에서 한가로이 계실 때 그 모습이 태연자약하셨고, 얼굴빛에 생기와 부드러움이 넘쳤다.[41] 「술이 4」

『논어』를 읽을 때 주의 깊게 살펴봐야 할 것은, 공자의 말과 행동입니다. 그의 말과 행동을 견줘 보면, 그가 말만 앞세우지 않았다는 것을 알 수 있습니다. 그러니까 제자들이 그를 존경하고 사모하고 따른 겁니다. 사실 돌아가신 스승을 기려 책을 펴내는 것이 억지로 할 수는 있는 일은 아니잖아요.

누구나 인정하듯이 인간은 '사회적 동물'입니다. 부인할 수 없죠. 다만 프랑스의 철학자 사르트르는 '타인이 지옥'이라고 말했습니다. 자신을 괴롭히는 주체가 나일 때도 있지만 대개는 남이잖아요. 남들 때문에 속상하고 힘들어요. 무리에 잘 끼지 못하면, 사회성이 부족하다는 타박을 받습니다. 이럴 때 공자의 말이 의미심장합니다. 여러 사람과 두루 사귀고 어울려라, 그렇지만 패거리 짓거나 학연·지연·혈연 등으로 뽐내거나 주눅 들지 말라고 당부합니다. 그런 것들은 모두 본질적인 것이 아니기 때문입니다.

> 선생님께서 말씀하셨다. "군자는 남들과 잘 화합하되 그들과 한통속이 되지 않고, 소인은 남들과 한통속이 되고도 그들과 화합하지 못한다."[42] 「자로 23」

남들과 잘 화합하되 그들과 한통속이 되지 않는다는 '화이부동和而不同'은 '남들과 화합하되 다름을 추구하라'는 뜻입니다. 앞서 인용한 "두루 어울리되 패거리 짓지 않는다.(周而不比)"와 비슷하지요. 군자는 남들과 조화를 추구하지만 한통속이 되지는 않습니다. 그러나 소인은 겉보기에 원만한 듯해도 실은 화합하지 못합니다. 이러저리 떠다니는 부평초, 즉 개구리밥과 같다고 할까요? 우리가 나아가야 할 방향은 굳이 말할 필요도 없겠지요. 그럼 남들과 어울리는 태도 면에서 소인과 대비되는 공자의 모습을 좀 더 구체적인 상황으로 살펴봅시다.

> 공자(선생님)께서 마을에 계실 때는 미덥고 거짓 없는 모습을 보이며 말을 잘 못하는 사람 같으셨다. 그러나 종묘나 조정에 계실 때는 말씀을 분명하고 유창하게 하되 삼가셨다.[43] 「향당 1」

마을 사람들과 화합하며 잘 지내고, 마을 어른들이 계시니까 말을 조심합니다. 그런데 공적인 자리인 조정에서는 태도가 조금 달라집니다. 조심하는 모습은 한결같지만 의견을 분명하고 유창하게 말해요. 때와 장소에 어울리게 달라지기도 하는 유연한 몸가짐을 보이며 자기 자신을 잃어버리지 않은 공자가 멋지네요.

열한 번째 이야기

마음 한가운데 나를 세우라

진실함

하루하루 살다 보면 자존감을 잃을 때가 많습니다. 그러나 세상에서 가장 귀한 사람은 '나'입니다. 공자 사상의 핵심은 '나'로부터 시작합니다. 내 안의 '나'를 정직하게 만나 허물을 씻어 내는 것, 그것을 '수신修身'이라고 합니다. 참고로, 수 자에 있는 삼彡은 먼지나 때를 쓸어 닦아 낸다는 의미가 있어요. 그러니까 수신은 인격을 수양한다는 뜻이 되죠.

수신의 요점은 뭘까요? 바로 진실함〔忠〕입니다. 우리는 충忠 자에서 국가에 대한 '충성'을 떠올립니다. '국기에 대한 맹세', 알죠?

"자유롭고 정의로운 대한민국의 무궁한 영광을 위하여 충성을 다할 것을 굳게 다짐합니다." 국기에 대한 맹세니까, 국가에 대한 맹세죠. 여기에 '충성'이 나옵니다. 그래서 충성이라고 하면 국가를 떠올리고, 은연중에 자발성보다는 맹목적 강요를 떠올립니다.

공자가 말하는 충은 나 자신의 진실함을 뜻해요. 내면의 정직입니다. 공자가 충을 여러 번 강조했는데, 특히 신의〔信〕과 함께 '마음의 주인으로 삼으라〔主忠信〕'고 했습니다. 이에 대해서는 주희의 제자 진순陳淳이 쓴 글을 참고할 만합니다.

> 공자는 '충신忠信을 주인으로 삼으라'고 말했다. 주인은 손님과 서로 반대다. 손님은 외부인으로 드나듦이 일정하지 않지만, 주인은 내 집의 주인으로 항상 집 안에 머물기 때문이다. '충신을 주인으로 삼으라'는 것은 충신을 내 마음의 주인으로 삼는다는 것이니, 이는 마음이 항상 충신을 원해 충신이 마음속에 있지 않을 때가 없다는 뜻이다. 마음의 주인이 충신이면 그 속에서 많은 도리가 실재 속에 있게 되지만, 만일 충신이 없으면 모든 도리에 알맹이가 없게 된다. 주인이라는 글자는 매우 큰 힘이 있다.

성리학 용어 해설서인 『북계자의北溪字義』는, 공자의 '주충신主忠信'을 내가 참다운 자신의 주인이 되려면 마음속에 진실함과 미더움을 확고히 보존해야 한다고 풀이하고 있습니다. 그러지 않으면 나는 내 삶의 주인이 아니라 손님, 즉 주체가 아니라 객체가 된다는 거죠. 효성스러움(孝)과 공손함(恭) 등 내가 실천하는 많은 도리들, 더 나아가서는 인의 실천 덕목인 배려(恕)도 내 마음에 진실함이 없다면 허깨비라는 겁니다.

앞에서도 말했지만 충이란 글자는 마음의 한가운데에 치우침 없이 중심을 잡고 있음을 나타냅니다. 치우침은 왜 생길까요? 내 욕심 때문입니다. 그래서 '극기'가 필요해요. '극기복례'를 떠올려 보세요.

> 선생님께서 말씀하셨다. "진실함과 신의를 마음의 중심에 두고, 자기만 못한 자를 벗으로 삼지 말며, 허물이 있으면 고치기를 꺼리지 마라."[44] 「학이 8」

벗이라는 타인을 사귀는 것보다 내 마음을 진실하게 하는 것이 더 중요합니다. 진실한 마음이 없으면 진정한 벗을 만날 수 없어요. 공자는 늘 바깥보다는 안을, 가지보다는 뿌리를, 위보다는 아래를 중시했습니다. 근본은 다른 어느 누구도 아닌 바로 나 자신의 '마음'입니다.

> 선생님께서 말씀하셨다. "열 집이 모여 사는 마을에도 반드시 나만큼 진실하고 미더운 사람이야 있을 것이다. 그러나 나만큼 배우기

를 좋아하는 사람은 없을 것이다."[45] 「공야장 27」

　이 구절은 공자가 자신의 호학을 자부한 대목으로 많이 인용됩니
다. 그렇다면 호학을 그토록 강조한 공자는 제자들에게 무엇을 가
르쳤을까요?

　선생님께서는 네 가지를 가르치셨는데, 학문[文]과 행실[行]과 진
　실함[忠]과 신의[信]다.[46] 「술이 24」

　공자가 학교에서 가르친 것 중에도 충忠과 신信이 있습니다. 그만
큼 충과 신을 중시했어요. 문文과 행行은 겉으로 드러나고, 충과 신
은 마음의 바탕과 관련된 것이지요.

　자장이 내면의 덕을 쌓고 의혹을 분별하는 방법을 물었다. 선생님
　께서 말씀하셨다. "진실함과 신의를 주인으로 삼고 올바름을 실천
　하는 것이 덕을 쌓는 길이다. 사랑하면 그가 살기를 바라고 미워하
　면 그가 죽기를 바라는데, 그가 살기를 바랐다가 다시 죽기를 바라
　는 것이 미혹이다."[47] 「안연 10」

　덕을 쌓는 일은 거창하지 않습니다. 바로 마음속에 진실함과 신
의를 주인으로 삼아[主忠信], 이 마음을 마땅히 행동으로 옮기는 것

〔徙義〕입니다. '근본이 확고히 서면 방법은 절로 생겨나기〔本立而道 生〕'(「학이 2」) 마련이니까요.

증삼은 공자의 도, 즉 인도仁道를 '충서忠恕'라고 해석했습니다. 마음이 마음에만 머문다면 의미가 없어요. 마음은 행동으로 드러나 야 의미가 있죠.

증자(증삼)가 말했다. "나는 날마다 세 가지 기준으로 나 자신을 성 찰한다. 남을 위해 일을 꾀할 때 진심(최선)을 다했는가? 벗과 사귈 때 말해 놓고 실천하지 않은 것이 있는가? 스승에게 배운 것을 내 몸에 익히지 않은 것이 있는가?"[48] 「학이 4」

자공이 벗을 사귀는 방법에 대해 물으니, 선생님께서 말씀하셨다. "진심으로 충고하며 잘 이끌어 주다가, 벗이 들어주지 않으면 스스 로 그만두어 욕을 당하는 일이 없도록 해야 한다."[49] 「안연 23」

진실함〔忠〕은 기본적으로 남을 대할 때 자신의 태도로 드러납니 다. 정이는 '자신의 최선을 다하는 것〔盡己〕'이 충이라고 했습니다. 내 온 마음을 다해 욕심 없이 남을 위하라! 이게 진실함입니다. 남 을 위할 때 조금이라도 내 욕심이 끼어들면 진실하지 않은 거죠.

노나라 임금 정공定公이 물었다. "임금이 신하를 부리고 신하가 임금을 섬기는 데는 어떻게 해야 합니까?" 선생님께서 대답하셨다.
"임금은 예의를 갖춰 신하를 부려야 하고, 신하는 진실한 마음으로
임금을 섬겨야 합니다."⁵⁰ 「팔일 19」

'임금을 섬길 때 진심을 다해야 한다〔事君以忠〕'는 말은 어디서 많
이 들어 봤죠? 신라 때 화랑이 지켜야 할 '세속오계世俗五戒' 중 하나
였어요. 신하가 임금에게 마음을 다하는 것을 흔히 충이라고 합니
다만, 앞서 본 것처럼 진실함은 특정 대상에게만 드러내는 것이 아
닙니다. 부모에게도, 벗에게도 충을 드러내야 합니다. 임금은 충을
드러내는 대상 중 하나일 뿐입니다. 물론 부모에게 드러내는 충의
태도는 특별히 효孝라는 이름으로 불립니다.

> 자장이 정치에 대해 물으니, 선생님께서 말씀하셨다. "정치를 마음
> 에 두고 게을리하지 말고, 정치를 할 때는 진실한 마음으로 해야 한
> 다."⁵¹ 「안연 14」

진실함은 개인적인 관계에만 중요한 것이 아닙니다. 관리가 정치
를 할 때도 갖춰야 할 마음가짐입니다. 공자는 인간의 모든 행동이
진실함을 바탕에 둬야 한다고 생각했습니다.

> 사람은 잠시라도 도道를 떠날 수 없다. 잠시라도 떠날 수 있다면 그

건 도가 아니다. 그래서 군자는 남이 보지 않는 곳에 있어도 경계하고 삼가며, 남이 듣지 못하는 곳에 있어도 두려워하고 조심한다. 안 보이는 곳보다 더 잘 드러나는 곳이 없고, 작은 일보다 더 잘 눈에 띄는 것이 없다. 그래서 군자는 혼자 있을 때 삼가는 법이다.

진실한 사람은 남을 속이지 않죠. 남을 속이지 않기 위해서는 우선 나 자신을 속이지 말아야 합니다. 그래서 유학에서 '신독愼獨', 즉 혼자 있을 때 삼감을 중시합니다. 앞에 인용한 대목은 공자의 손자인 자사子思가 지었다는 『중용中庸』에 나옵니다.

신의

진실함[忠]은 마음에 있고, 마음은 말과 행동을 통해 드러납니다. 그래서 신의[信]가 진실함[忠]과 밀접한 관련이 있어요. 왜 그럴까요? 신信이란 글자를 한번 볼까요? 사람[人]과 말[言]로 이루어져 있죠. 당연히 이 글자는 진실과 약속이라는 뜻으로 쓰입니다. 편지를 예전에는 '서신書信'이라고 했지요. 그러고 보면 '신'은 '사람들 사이의 언어적 약속'이란 의미가 강합니다. 말은 행동을 전제로 하기 때문에, 신이란 글자를 '사람들 사이의 언어적 약속과 그 이행' 정도로 정의할 수 있어요. 그러므로 신의 있는 사람이란 자신이 뱉어 놓은 말을 잘 실천하는 사람입니다.

　　선생님께서 말씀하셨다. "사람으로서 신의가 없다면, 그가 사람으로 행세할 수 있을지 모르겠다. 큰 수레에 끌채가 없고 작은 수레에 끌채가 없다면, 그 수레가 무엇으로 길을 가겠는가?"[52] 「위정 22」

　'신信'의 뜻을 좀 더 명확히 알 수 있는 비유입니다. 예전에는 수레(車)를 말(馬)이나 소(牛)에다 매고 짐을 운반했어요. 그래서 큰 수레나 작은 수레나 모두 말과 연결하는 장치가 필요했는데, 이를 끌채라고 했습니다. 끌채가 있어야 말과 수레가 운반 수단으로서 제 구실을 할 수 있죠. 그럼 사람은 무엇으로 사람 구실을 하며 살아갈 수 있을까요? 공자는 그것이 신의(信)라고 봤습니다. 나와 다른 사람의 관계를 맺어 주는 게 신의이고, 결국 이 신의를 통해 내가 성립합니다. 왜냐하면 남과 관계를 맺어야 내가 마침내 사람 구실을 할 수 있으니까요. 국어 시간에 배운 고려가요 「정석가鄭石歌」의 후렴구를 기억하나요? "구슬이 바위에 떨어진들/구슬이 바위에 떨어진들/끈이야 끊어지겠습니까?/천년을 외로이 떨어져 살아간들/천년을 외로이 떨어져 살아간들/믿음이야 끊어지겠습니까?" 인간관계의 밑바탕이 '믿음'이라는 것을 다시 확인할 수 있지요.

　　선생님께서 말씀하셨다. "듣기 좋게만 말하고 얼굴 표정을 잘 꾸미는 사람 중에는 인자라 할 만한 이가 드물다."[53] 「학이 3」

표리부동表裏不同이라는 말이 있습니다. 겉과 속이 다른 거죠. 말과 행동은 겉으로 드러난 것이고, 그 속에는 마음이 있어요. 안에 있으면 밖으로 드러나고, 밖을 보면 안을 짐작할 수 있죠. 그러나 어떤 사람이 속마음을 숨긴 채 환하게 웃으며 입속의 혀처럼 착착 감기는 말로 나를 대한다면, 그 말에 넘어가지 않을 수 있을까요? 그런 사람을 만나 냉정한 이성을 발휘하기란 정말 어려운 법이죠. 그럼에도 내 눈에 보이는 표정과 내 귀에 들리는 말투가 전부가 아닐 수도 있음을 기억해야 합니다. 정말 좋은 사람일 수도 있지만, 사기꾼의 징표가 바로 '교언영색巧言令色'이니까요. 소중한 것은 눈에 보이지 않을 수도 있습니다.

말과 행동의 순서

공자는 단계와 과정을 중시했습니다. 그래서 제자들이 중요한 것과 덜 중요한 것을 잘 알고 분간하기를 바랐습니다. 우리는 일상생활에서 중요한 일과 중요하지 않은 일을 잘 구분하지 못해서 바쁜 경우가 많습니다.

자공이 군자에 대해 묻자, 선생님께서 말씀하셨다. "먼저 자신이 말할 바를 실천하고 그런 뒤에 말이 따라야 한다."[54] 「위정 13」

자공은 언변이 뛰어난 제자였다고 앞서 말했지요. 그러니 공자의 이 말씀은 자공의 말솜씨를 꼬집어 말보다 행동을 우선시하라는 당부로 들립니다.

어떤 사람이 말하기를 "옹雍(중궁)은 인자라 할 만한데 말재주가 없다." 하니, 선생님께서 말씀하셨다. "말재주를 어디에 쓰겠느냐? 말재주가 있는 사람은 언변으로 사람을 상대하다 자주 사람들에게 미움을 사니, 중궁이 인자라 할 만한지는 잘 모르겠다만 말재주를 어디에 쓰겠느냐?"[55] 「공야장 4」

중궁은 말주변이 없었던 모양입니다. "그 사람, 참 어질기는 한데 통 말솜씨가 없어!" 사람들이 그를 두고 이렇게 평가했겠지요. 하지만 공자의 답은 단호합니다. 말을 잘하는 사람치고 실천이 부족하지 않은 사람이 드물고, 말재주만 믿고 나불거리면 남에게 미움을 사기 쉽다고 합니다. 중궁이 인자라 할 만한지 모르겠다는 말은, 그를 인자라고 하기에는 아직 한참 못 미친다는 말을 에두른 것이겠지요. 그러나 '말재주를 어디에 쓰겠느냐'는 말을 두 번이나 하며 강조한 것을 보면, 공자가 말 잘하는 사람을 별로 신뢰하지 않았음을 알 수 있습니다.

공자에게 자주 꾸지람을 들은 제자 중에는 자로도 있습니다. 한 번은 자로가 자고를 비읍費邑의 수령으로 삼았는데, 그것은 노나라 의 권력자 계씨의 하수인이 된다는 뜻이라서 공자가 몹시 안타까워 했습니다.

> 자로가 자고를 비읍의 수령으로 삼자, 선생님께서 말씀하셨다. "남 의 자식을 망치는구나!" 자로가 말했다. "백성이 있고 지킬 사직社 稷이 있습니다. 어찌 꼭 글을 읽어야만 배우는 것이겠습니까?" 선 생님께서 말씀하셨다. "이래서 내가 말 잘하는 사람을 미워하는 것 이다."56 「선진 24」

남의 자식을 망친다고 스승에게 꾸지람을 듣고도 제 할 말을 하 니, 자로는 호락호락한 사람이 아니네요. 백성이 있고 사직이 있으 니 벼슬하면서 정치를 배울 수 있다, 정치를 실제로 하면서 정치를 잘 배울 수 있다, 꼭 글공부를 하고 난 뒤에야 벼슬길에 나가야 하 는가? 자로가 이렇게 반문합니다. 일단 취직하고 나서 실제로 일을 하다 보면 자신의 부족함을 알아 가며 열심히 공부할 것이라는 생 각이지요. 그러나 공자의 생각은 달랐습니다. 학문이 무르익고 나 서야 정치에 나아가야 한다는 것이지요. 그런데 정치도 배움의 연 장이라는 자로의 말이 영 잘못된 건 아니라서 천하의 공자도 반박하기가 어려웠나 봅니다. "이래서 내가 말 잘하는 사람을 미워하는 것이다."

공자는 안회가 나라를 다스리는 방법을 물었을 때도 비슷한 말을 했습니다. "정나라의 음악을 금하고 말 잘하는 사람을 멀리해라. 정나라 음악은 음탕하고 말 잘하는 사람은 위태롭기 때문이다!〔放鄭聲 遠佞人 鄭聲淫 佞人殆〕"(「위령공 10」) 나라를 경영할 때 말만 앞세우는 신하는 아첨을 잘해 임금의 눈과 귀를 가리고 현실성 없는 장밋빛 청사진만 제시할 게 뻔하기에 임금이 백성들의 신뢰를 잃게 된다는 겁니다.

> 선생님께서 말씀하셨다. "상대해 말할 만한데 말하지 않으면 사람을 잃는 것이고, 상대해 말할 만하지 않은데 말을 한다면 말을 잃는 것이다. 지혜로운 사람은 사람을 잃지 않고 말도 잃지 않는다."[57]
> **「위령공 7」**

침묵이 언제나 금은 아니지요. 인품이 훌륭하고 배울 점이 많은 사람을 만나서 그와 사귀며 자신을 향상할 기회가 왔는데도 입을 다물고 있으면, 훌륭한 사람을 잃어버린 거죠. 반면에, 시시한 사람을 만나서 하나 마나 한 소리나 하고 앉아 있으면 말만 낭비하는 꼴이죠.

선생님께서 공숙문자公叔文子의 인품에 대해 공명가公明賈에게 물으셨다. "정말로 공 선생(공숙문자)은 말씀도 않고 웃지도 않고 재물을 받지도 않습니까?" 공명가가 대답했다. "말을 전한 사람이 잘못 알려드렸군요. 선생님은 말할 때가 되어야 말하기 때문에 사람들이 그분의 말씀을 싫어하지 않고, 즐거워야 웃기 때문에 사람들이 그분의 웃음을 싫어하지 않고, 합당함〔義〕을 살펴서 재물을 취하기 때문에 사람들이 그분이 받는 것을 싫어하지 않습니다." 공자께서 말씀하셨다. "그런가요? 어떻게 그런 수준까지 이를 수 있습니까?"58 「헌문 14」

공자는 미심쩍어하며 놀라워했습니다. 공명가가 전한 공숙문자의 말과 행동은 공자의 생각과 다르지 않습니다. 바로 '때'를 아는 게 중요합니다. 말할 때와 침묵할 때를 구별하는 것 말이죠.

곧음, 솔직함에 대하여

곧다(直)고 하면 뭐가 떠오르나요? 어릴 때부터 우리는 정직하게 살아야 한다는 말을 참 많이 듣고 자랐잖아요? 그래도 사소한 거짓말까지 안 하고 살기는 어려워요. 또 사회생활을 하면서 이 곧음을 강조하면 자칫 융통성 없는 인간으로 인식되어 남들에게 따돌림당하기 쉽죠.

미묘한 어감의 차이지만, 여기서 말하는 곧음은 '솔직함'에 가까워요. 실지로 정직은 솔직한 거죠. '자기감정에 솔직한' 것이 곧은 겁니다. 공자는 이 솔직함을 강조했어요.

선생님께서 말씀하셨다. "말을 잘 둘러대고 가식적인 얼굴로 비위나 맞추며 지나치게 공손한 것을 좌구명左丘明이 부끄럽게 여겼는데, 나도 그걸 부끄럽게 여긴다. 원망을 숨기고 그 사람과 벗하는 것을 좌구명이 부끄럽게 여겼는데, 나도 그걸 부끄럽게 여긴다."59

「공야장 24」

좌구명은 노나라의 현자입니다. 공자가 부끄럽게 여긴 것 중에 '원망을 숨기고 그 사람과 벗하는 것'도 들어 있군요. 살다 보면 꼴도 보기 싫은 사람과 어쩔 수 없이 어울리기도 하죠. 또 싫은 소리를 하지 않고 두루두루 잘 지내는 것이 포용력 있는 사람으로 이해되기도 하죠. 공자는 원망을 마음속에 꼭꼭 쟁여 둔 채로 그 사람과 사귀지 말라고 했어요. 그런 마음이면 관계를 아예 끊어야 한다는 게 공자가 말한 솔직함입니다.

섭공葉公이 공자에게 말했다. "우리 고을에 정직하게 행동한 자가 있는데, 아버지가 양을 훔치자 아버지를 고발했습니다." 공자께서 말씀하셨다. "우리 고을의 정직한 자는 이와 달라서 아버지는 자식을 위해 숨겨 주고 자식은 아버지를 위해 숨겨 주니, 정직은 그 속에 있다."60 「자로 18」

섭공이 자랑스레 말해요. "아버지가 양을 훔친 사실을 고발할 정도로 정직한 사람이 있어요. 대단하죠?" 여기서 '훔치다'에 해당하는 한자 '양攘'은 닭이나 개를 직접 훔치는 게 아니라, 닭이나 개가 자기 발로 집에 들어왔을 때 주인에게 돌려주지 않고 갖는 것을 가리킵니다. 공자가 이런 상황에 대해 뜻밖의 의견을 냅니다. "그런 경우라면 아버지가 자식을 숨기고, 자식이 아버지를 숨겨야지. 숨겨 주는 가운데 곧음이 있다네."

공자가 보기에 '곧음'은 상황에 맞게 적용해야 합니다. 곧음이란 잣대를 아무렇게나 휘두르면 반드시 잃게 되는 것이 있는데, 하물며 부모 자식 관계에서 고지식하게 이 잣대를 들이대면 천륜을 저버리게 된다는 말입니다. 원칙이 중요하지만, 그것만 맹신하면 자칫 선무당이 사람 잡는 일이 생깁니다. 근래 영국에서 일어난 일인데, 병원 예약 시간보다 4분 늦었다는 이유로 진료를 거부당하고 집으로 돌려보내진 아이가 목숨을 잃었다고 합니다. 병원 직원은 대기 환자가 있어서 원칙대로 했다네요. 그 사람은 원칙이 무엇을 위한 것인지를 잘 새겨 보지 않았습니다. 상황을 고려하지 않은 원칙은 때로 이렇게 무서운 결과를 낳기도 합니다.

『맹자』에도 이와 비슷한 경우가 나와요.

도응桃應이 물었다. "순임금이 천자고 고요皐陶가 옥관일 경우 순임금의 아버지인 고수瞽瞍가 사람을 죽였다면 어떻게 해야 합니까?" 맹자가 말했다. "법대로 할 뿐이다." 도응이 말했다. "그럼 순임금이 그리 못하게 하지 않을까요?" 맹자가 말했다. "순임금이 어찌 막을 수 있겠는가? 법은 대대로 전해 오는 바가 있으니, 고요는 살인자를 체포할 임무가 있다." 도응이 말했다. "그렇다면 순임금은 어떻게 행동할까요?" 맹자가 말했다. "순임금은 천하 버리기를 헌신짝 버리는 것같이 여겼으니, 아버지를 업고 몰래 도망가 바닷가에 살면서 평생 기뻐하며 천하를 잊었을 것이다."

자기 집에 들어온 양을 훔쳐 먹은 정도가 아니라, 아예 사람을 죽인 경우는 어떻게 할까요? 섭공이 말한 정직한 사람이라면 당연히 관가에 고발했겠죠. 그게 그 사람의 곧음이니까요. 그러나 순임금은 다릅니다. "순임금이라면 임금 자리를 헌신짝처럼 버리고 아버지를 등에 업은 채 바닷가로 가 숨어 살면서 생을 마칠 때까지 기뻐했을 것이다." 맹자의 추측입니다. 이것이 순임금으로서는 최선의 방법이라고 합니다. 임금 자리를 버리고 아버지와 도망가는 게 효도라네요. 여러분 같으면 이런 상황에서 어떻게 하겠습니까?

없으면 없다고 하라

'곧음'에 대한 예를 하나 더 들지요. 미생고微生高라는 사람에 대한 비판입니다. 미생고가 사람들에게 곧은 사람이란 평판을 듣고 있었나 봐요.

선생님께서 말씀하셨다. "누가 미생고를 정직하다고 하는가? 어떤 사람이 식초를 얻으러 갔을 때 이웃집에서 빌려다 주는 사람인데."61 「공야장 23」

어떤 사람이 미생고에게 식초를 얻으러 왔는데 마침 미생고의 집에는 식초가 없네요. 그래서 그가 이웃집에서 빌려다 주었다는군요. 뭐, 그럴 수 있죠. 그런데 공자는 이것을 다르게 봤어요. 자신에게 없으면 없다고 하는 게 곧음이라는 겁니다. "내가 마침 식초가 없으니 빌려줄 수 없네. 그러니 이웃 아무개 집에 가 보게. 혹시 그 집에는 식초가 있을지 모르니까." 미생고는 이렇게 하지 않았어요. 이웃집에 가서 식초를 빌려다가 마치 자기 것인 양 빌려주었습니다. 그럼 미생고에게 식초를 빌리러 온 사람은 그 식초가 미생고의 것인 줄 알고 미생고에게 신세 졌다고 생각하겠죠. 그래서 문제라는 겁니다.

선생님께서 말씀하셨다. "사람이 살아가는 이치는 정직이다. 정직하지 않은데도 살아 있는 건 요행으로 화를 면한 것일 뿐이다."62 「옹야 17」

'정직'하게 살아야 한다는 말이죠. 이건 우리가 흔히 아는 '공자님'다운 말씀이네요.

선생님께서 말씀하셨다. "유(자로)야, 네게 안다는 것에 대해 가르쳐 줄까? 네가 아는 것을 안다고 하고 네가 모르는 것은 모른다고 하는 것, 그것이 진짜 아는 것이다."[63]「위정 17」

지식을 대하는 태도도 삶의 자세와 다르지 않습니다. 우리는 보통 모르는 것을 알게 되면 지식을 습득했다고 여깁니다. 그러나 공자는 말합니다. "아는 것과 모르는 것을 날카롭게 구분할 수 있는 것이 바로 앎이다." 곰곰이 생각해 보면 중요한 말입니다. 대충대충 알면 남는 것이 없죠. 단순히 지식만의 문제는 아닙니다. 내적 진실성에 관한 문제예요. 실제로는 모르면서 남 보기가 민망해서 안다고 말해 버리는 순간, 나는 나를 속인 겁니다. 확실히 아는 것과 흐리멍덩하게 아는 것을 구분해 내야 진짜 아는 것이고, 이는 자신에게 솔직해야 가능한 일입니다. 남을 의식하지 않아야 가능한 일입니다.

공자는 "없으면서 있는 체하고, 비어 있으면서 차 있는 체하고, 곤궁하면서 가진 체하는 자는 항심恒心을 지니기가 어렵다.〔亡而爲有 虛而爲盈 約而爲泰 難乎有恒矣〕"(「술이 25」)하기도 했습니다. 그리고 이런 사람들은 '사이비', 즉 '향원鄕愿'(「양화 13」)이라며 미워했습니다. 향원은 겉으로는 덕이 있는 듯이 보이지만 실제로는 그렇지 않은 위선자를 가리킵니다.

원망하는 감정에 솔직하라

나에게 해를 끼친 사람을 어떡하면 좋을까요? '용서'하면 될까요?

어떤 사람이 말했다. "은덕으로 원한을 갚으면 어떻습니까?" 선생님께서 말씀하셨다. "그럼 은덕은 무엇으로 갚는단 말이냐? 공정한 방법으로 원한을 갚고 은덕으로 은덕을 갚아야 한다."[64] 「헌문 36」

원수를 사랑하라! 그러나 공자는 이 말에 동의하지 않을 겁니다. 원수는 미워해야죠. 다만 원한은 맺힌 만큼만 갚아야지, 그 이상으로 갚아서는 안 된다고 합니다. 공자가 말하는 '곧음'은 정직한 거죠. 참 인간적인 말입니다. 한편으론 실행하기 어려운 말이기도 해요.

어떤 사람이 정말 '나쁜 사람'이라도 그 행동은 마땅히 공정하게 처리되어야 합니다. 가중처벌하면 안 되고, 특별히 관대해도 안 됩니다. 나에게 은덕을 베푼 사람과 나에게 나쁜 짓을 한 사람은 분명히 다르게 대해야 한다는 것이 공자의 생각입니다. 무조건 모든 사람을 사랑하라는 건 공자가 말하는 솔직함이 아니에요.

선생님께서 말씀하셨다. "원망을 숨기고 그 사람과 벗하는 것을 좌

구명이 부끄럽게 여겼는데, 나도 그걸 부끄럽게 여긴다."[65]「공야장 24」

앞에서 한 번 본 대목인데, 친구 사이에 원망을 숨긴 채 관계를 유지하지는 말라고 해요. 원한을 감당할 수 없거든 단호하게 인연을 끊으라는 말로 읽히네요. 관계를 원만히 유지하는 것이 나쁘지는 않겠지만, 속마음을 숨긴 채 겉으로 친구인 척 지낸다면 자신을 속이는 겁니다. 친구할 사람이 없으면 차라리 없는 대로 있어도 돼요. 공자는 이런 말도 했으니까요. "덕이 있는 사람은 외롭지 않다. 반드시 이웃이 생긴다.〔德不孤 必有隣〕"(「이인 25」)

허물과 살핌

공자의 말은 평범합니다. 누구나 할 수 있는 말입니다. 그러나 평범한 말 속에 담긴 진리를 실천하기는 참으로 어렵지요. 공자가 평범함을 넘어 비범함에 이른 비결은 평범한 진리를 일상 생활 속에서 꾸준히 실천했기 때문이라고 생각합니다.

선생님께서 말씀하셨다. "허물이 있으면 당장 고쳐라."[66 「학이 8」]

『논어』에 이런 말이 많아요. 우리가 일상에서 흔하게 듣는 말들이지요. 공자에게만 들을 수 있는 말이 아니에요. 그래서 공자의 언어는 일상의 언어고, 상식의 언어입니다. 그런데 우리가 평상심이 아닐 때는 어떤 말이든 곧이곧대로 들리지 않아요. 뭔가에 평상심을 잃으면 별난 방법을 찾고 지름길을 원해요. 그런데 『논어』에는 그런 게 없어요. 그래서 『논어』 읽기는 심오한 깨달음을 발견하는 일이 아니라 평범한 상식을 발견하는 일입니다. 상식은 물과 같아서 탄산수처럼 톡 쏘는 맛은 없어요. 그 대신 질리는 법도 없고 몸에 좋지요.

> 선생님께서 말씀하셨다. "잘못을 저지르고도 고치지 않는 것, 이걸 진짜 잘못이라고 한다."67 「위령공 29」

공자는 '말의 달인'이기도 했습니다. 말재주를 낮춰 보았지만 정작 본인은 말을 잘했어요. 사실 말재주가 좋았다기보다는 오랜 경험과 사색의 덕이죠. 앞의 인용문처럼 절묘한 표현은 아무나 할 수 없어요.

평생 잘못을 저지르지 않고 살 수 있을까요? 그럴 수 있는 사람은 없으니, 잘못을 저지르는 것 자체가 큰 허물은 아닙니다. 잘못은 고치면 없어집니다. 또 잘못을 저질렀다가도 고치는 과정에서 더 성숙해질 수도 있겠죠. 하지만 잘못을 저지르고 남들이 그 잘못에 대해 일러 주었는데도 고치지 않는다면, 그건 진짜 잘못입니다. 이런 잘못이 쌓이면 급기야 돌이킬 수 없는 악惡이 됩니다.

증자(증삼)가 말했다. "나는 날마다 세 가지 기준으로 나 자신을 성찰한다. 남을 위해 일을 꾀할 때 진심을 다했는가? 벗과 사귈 때 말해 놓고 실천하지 않은 것이 있는가? 스승에게 배운 것을 내 몸에 익히지 않은 것이 있는가?"[68] 「학이 4」

증삼은 공자보다 무려 마흔여섯 살이나 아래였어요. 『논어』와 『맹자』에 증삼과 그의 아버지 증석曾晳의 이름이 나오는데, 증석도 공자의 제자였지요. 안로와 안회처럼 아버지와 아들이 한 스승 밑에서 공부했다는 것이 참 대단합니다. 증삼은 날마다 자신을 돌아보며 스스로 나아지려고 노력한 덕분에 나중에 유가의 도통을 잇는 훌륭한 사람이 되었죠.

저는 이 대목에서 아주 어릴 때 읽은 프랭클린의 자서전이 떠오르네요. 인쇄소에서 식자공으로 일하던 그가 미국 건국의 기틀을 다진 위인으로 성장한 비결이 바로 증삼과 같은 성찰에 있었어요. 프랭클린은 하루하루를 계획하고 돌아봤다는데, 이런 행동은 배울 만하다고 생각합니다. 작심삼일作心三日에 그쳐도 아예 안 해 본 것보다는 나을 테니까요.

남에게 배우고 허물은 고치라

선생님께서 말씀하셨다. "어진 사람을 보면 그와 같게 되기를 생각하고, 어질지 못한 사람을 보면 안으로 자신을 반성해야 한다."[69]
「이인 17」

앞에서 군자는 남과 한통속이 되지 않는다고 했습니다. 자기 주견을 굳게 세우고 지켜야 그럴 수 있는데, 가만히 혼자 있는다고 해서 주견이 생기지는 않습니다. 남을 잘 관찰하고 배울 점이 있으면 배워야 주견이 똑바로 섭니다. 그래서 공자는 남을 아는 것[知人]이 중요하다고 힘주어 말합니다. 남을 잘 아는 방법도 『논어』의 중요한 주제 중 하나입니다.

공자는 '허물이 있으면 고치기를 꺼리지 말라'고 했죠. 잘못은 고치면 잘못이 아니죠. 고치지 않는 게 잘못이라는 겁니다.

선생님께서 말씀하셨다. "(……) 나는 자기 잘못을 발견하고 자송自訟하는 자를 보지 못했다."[70] 「공야장 26」

자송이 국어사전에는 자책한다는 뜻으로 나오는데요. 자송이라는 한자의 의미를 따져 보면 자기 자신을 고소한다는 뜻입니다. 자기 잘못을 '내면의 법정'에 세우는 겁니다. 사람은 정말 어처구니없는 잘못을 저지르기도 하지요. 내 마음은 그 잘못을 저지른 죄인입니다. 또한 나는 그 잘못을 누구보다 잘 아는 재판관이기도 합니다. 악행을 저질렀다면 다른 사람도 알겠지만, 사소한 잘못은 결국 자신만 알죠. 그래서 자신을 마음의 법정에 세울 수 있는 용기, 그게 중요하다는 말입니다.

과유불급 또는 중용

'과유불급'의 뜻이 국어사전에는 제대로 밝혀져 있지만 왠지 '지나침은 미치지 못함만 못하다'로 잘못 쓰이는 경우가 종종 있어요. 정확한 뜻은 '지나침은 미치지 못함과 같다'입니다. 이 말씀만큼 공자의 사상이나 행동을 명확하게 정리해 주는 표현도 드물어요. 그의 사상은 한마디로 중용中庸입니다.

중中은 가운데입니다. 어디가 가운데일까요? 사람은 살아가면서 늘 어떤 '상황'에 부딪힙니다. 그 상황은 늘 다를 수밖에 없잖아요. 그래서 '가운데'는 고정된 것이 아닙니다. 안방의 가운데와 거실의 가운데는 다르잖아요. 용庸은 변함없는 상태를 유지한다는 뜻입니다. 따라서 마치 저울의 추가 왔다 갔다 하면서 무게를 달듯이,

상황에 따라 알맞게 대처하는 것이 중용입니다. 알맞게 대처한다는 말은 지나치거나 모자라지 않고 한쪽으로 치우치지도 않는 상태나 정도를 지킨다는 뜻이지요.

선생님께서 말씀하셨다. "중용의 덕은 참으로 지극하구나! 그러나 이 덕을 오랫동안 지키는 이는 드물다."[71] 「옹야 27」

『논어』에서 중용을 말한 대목은 여기뿐입니다. 유학에서『중용』은 사서四書 중 하나로 존중받으며 중용 사상을 잘 표현하지요. 공자는 중용이라는 덕이 성취하기 어렵고, 오래도록 지속하기는 더 어렵다고 말하고 있습니다. 밥 먹는 일에 비유하자면, 천하에 쉬운 일이 밥 먹는 일입니다. 거의 본능이니까요. 그런데 배탈이나 설사나 열이 나지 않는 몸 상태를 오랫동안 유지하기는 참 힘들지요. 그래서 어떤 분은 우스갯소리로 중용이 '똥을 잘 누는 것'이라고 하더군요. 매일매일 좋은 똥을 눈다는 것은 매일매일 중용이라는 원칙에 맞게 잘 살았다는 뜻이니까요. 제법 훌륭한 비유입니다.

자공이 물었다. "자장과 자하 중에 누가 더 능력이 뛰어납니까?" 선생님께서 말씀하셨다. "자장은 지나치고 자하는 미치지 못한다." 자공이 말했다. "그럼 자장이 더 낫다는 말씀입니까?" 선생님께서 말씀하셨다. "지나친 것은 미치지 못하는 것과 같다."[72] 「선진 15」

중용이라는 말에 심오한 뜻이 있습니다만, 제가 볼 때는 중용과 과유불급은 다르지 않습니다. 자공은 예전부터 방인方人, 즉 사람 비교하기를 좋아했습니다. 그런 자공이 자장과 자하 중 누가 더 나은지를 물었을 때, 공자가 '자장은 지나치고 자하는 미치지 못한다'고 했어요. 그러니 자공은 자장이 낫다는 말로 받아들였겠지요. 우리도 그랬을 겁니다. 잔칫상을 차릴 때 흔히 남는 건 괜찮아도 모자라면 안 된다고 하잖아요. 보통 지나친 것이 모자란 것보다 낫다고 생각하거든요. 하지만 공자의 대답은 다릅니다. "자공아! 너는 지나친 것이 모자라는 것보다 낫다고 생각하지? 하지만 지나친 것은 모자란 것과 같다. 중용에 이르지 못했기 때문이다."

선생님께서 말씀하셨다. "『시경』「관저關雎」 편의 시는 즐거워도 음란하지 않고 슬퍼도 몸을 상하는 데 이르지 않는다."[73] 「팔일 20」

앞서 실천의 지나침과 모자람을 말했다면, 여기서는 감정의 지나침과 모자람을 말합니다. 감정도 조절해야 해요. 기쁨도 넘치면 음란한 쪽으로 가게 되니까 지나치면 안 되고, 슬픔도 지나치면 안 됩니다. 상가에 간 조문객이 상주보다 더 슬퍼하면 민망한 일이잖아요. 슬퍼도 몸이 상해서는 안 된다고 하네요. 그런데 감정 조절이 마음대로 되나요? 공자도 안회의 죽음에 아주 슬퍼했잖아요.

선생님께서는 네 가지가 전혀 없으셨다. 사사로운 생각과 꼭 이루어야 한다는 것과 집착과 사사로운 자아다.⁷⁴ 「자한 4」

제자들은 공자에게 네 가지가 전혀 없었다고 기억합니다. 자기 자신을 내세우거나 고집을 부리지 않았다는 것은 공자가 중도, 즉 알맞은 정도를 강조했다는 말입니다. 고집과 아집이 없기는 아주 어렵죠. 고집을 소신으로, 아집을 집념으로 잘못 아는 경우가 많으니까요.

한번은 공자가 제자 자화子華를 제나라로 심부름을 보냅니다. 그런데 인심 좋은 염유가 집에 남아 계신 친구의 어머니를 위해 양식을 보내자고 합니다.

선생님께서 말씀하셨다. "1부(6말 4되)를 주어라." 염유가 더 청하니, 선생님께서 말씀하셨다. "1유(16말)를 주어라." 그런데 염구가 곡식 5병(80섬)을 주었다. 선생님께서 말씀하셨다. "자화가 제나라에 갈 때 보니, 살진 말을 타고 가벼운 갖옷을 입고 있었다. 내가 들으니, '군자는 궁핍한 사람을 도와주고 부유한 이에겐 보태 주지 않는다' 했다."⁷⁵ 「옹야 3」

공자가 일정량을 보내라고 했는데, 염유가 이를 어기고 더 줍니다. 그러자 공자가 말합니다. "자화의 집은 부유한 편이다. 그러니 내가 그만큼만 주라고 했다. 군자는 궁핍한 사람을 도와주고 부자에게는 보태 주지 않는 법이다." 지나치면 안 되죠.

> 원사原思가 선생님의 가신이 되었기에 선생님께서 그에게 곡식 900(단위 미상)을 주셨는데, 그가 사양했다. 선생님께서 말씀하셨다. "사양하지 마라! 그것을 네 이웃이나 동네 사람들에게 주면 되지 않겠느냐?"76 「옹야 3」

이번에는 다릅니다. 공자가 원사를 가신으로 삼아서 일정한 곡식을 주려고 했습니다. 월급이죠. 그런데 원사가 사양하니까 이렇게 말합니다. "사양하지 마라. 네 집이 가난한 것을 내가 진작 알고 있었다. 또 너보다 더 궁핍한 이가 있거든 보태 주면 되지 않느냐?" 가난한 자의 모자람은 채워 줘야죠. 그 사람의 상황, 즉 가난함과 부유함에 맞춰 주는 것이 중용이고 과유불급의 정신입니다. 또 평등이고요.

중용을 이룬 공자의 일상

> 선생님께서는 집에서 한가로이 계실 때 그 모습이 태연자약하셨고, 얼굴빛에 생기와 부드러움이 넘쳤다.77 「술이 4」

저는 공자의 이 모습이 참 좋습니다. 자기 일에 게으르지 않으면서 평소에 온화하고 평온한 사람은, 어느 정도 군자의 경지에 이른 사람입니다. 우리 중에는 이런 사람이 많지 않아요. 우리는 늘 바쁘죠. 할 일이 있을 때도 바쁘고, 할 일이 없을 때도 바쁩니다. 생활의 균형을 못 맞추기 때문이에요. 맺고 끊는 게 분명하지 않으면 늘 바쁘기만 합니다.

> 선생님께서는 온화하면서도 엄숙하시고, 위엄이 있으면서도 사납지 않으시고, 공손하면서도 자연스러우셨다.[78] 「술이 37」

보통 사람들은 한 가지 모습만 보입니다. 온화하기만 하거나 엄숙하기만 하죠. 그러나 공자는 이 둘 사이에서 균형을 맞춥니다. 온화하면서도 엄숙하다면 상황에 맞게 조절한다는 뜻이죠. 또 위엄이 있는 사람은 사납기 쉽고, 사나운 사람한테 위엄을 느끼기는 어렵습니다. 공손하기만 한 사람은 자칫 비굴하고 안절부절못하는 모습을 보이기 쉬운데, 공손하면서도 자연스러웠다면 상대에게 알맞은 예를 지켰기 때문일 겁니다. '멘붕', '대략 난감', '어이 상실' 같은 말을 수시로 쓰면서 사는 요즘 우리는 마음의 균형을 잘 잡지 못하고 있나 봐요. 공자는 역시 평범하지 않네요.

지금, 여기

중용의 정신은 '지금과 여기'를 강조합니다. 왜냐하면 중용은 현실을 벗어나서 행하는 것이 아니라, 오직 일상 속에서 실천하는 것이기 때문입니다.

아무도 '하루하루'의 힘을 이길 수 없다

아침과 저녁을 지나면 하루입니다. 이 하루가 모여 한 달이 되고 한 해가 되고 한평생이 됩니다. 공자는 그 사이에 길(道)이 있다고 보았습니다. 하루의 길이 있고, 한 달의 길이 있고, 한 해의 길이 있고, 한평생의 길이 있다는 거죠. 하루의 길은 한 달의 길과 이어져 있고 한 달의 길은 한 해의 길과 이어져 있으며 한 해의 길은 한평생의 길과 이어져 있습니다. 결국 아침과 저녁 사이에 존재하는 길이 포개지고 겹쳐져 한 사람의 평생의 길이 됩니다.

선생님께서 말씀하셨다. "아침에 도를 들으면 저녁에 죽어도 좋다."79 「이인 8」

공자의 이 말씀은 불가의 '돈오돈수頓悟頓修'와 비슷하게 들립니다. '돈오돈수'란 단박에 깨쳐서 더는 수행할 것이 없는 경지를 말합니다. 주희는 『논어집주』에서 '도를 지키며 살다가 편한 마음으로 죽음을 맞이한다(生順死安)'는 풀이를 달았습니다. 그러나 송나라보다 앞선 시대의 주석에는 '내 도가 세상 곳곳에 실천되고 있다는 말을 아침에 들으면 저녁에 죽어도 여한이 없겠다'는 탄식으로 풀었습니다.

그런데 저는 이 말씀을 '하루하루 충실히 살라'는 평범한 메시지로 읽고 싶습니다. 아침부터 저녁까지, 즉 하루 동안 온 마음을 다해 열심히 살라는 뜻으로요. '죽음(死)'은 단단히 마음먹은 것을 강조한 표현이고요. 온 마음을 다해 충실히 사는 하루하루가 쌓이면 엄청난 힘을 발휘합니다. 평범한 듯해도 세상에서 가장 실천하기 어려운 일이지요. 여러분은 오늘 하루를 정말 죽을 듯이 살았나요?

삶도 모르는데

공자의 생각은 '오늘'에 있지, '내일'에 있지 않았습니다.

> 계로(자로)가 귀신 섬기는 것에 대해 묻자 선생님께서 말씀하셨다.
> "미처 사람을 제대로 섬기지 못하면서 어찌 귀신을 섬길 수 있겠느
> 냐?" "감히 죽음에 대해 여쭙겠습니다." 하자 선생님께서 말씀하
> 셨다. "아직 삶을 제대로 모르면서, 어찌 죽음을 알겠느냐?"80 「선진
> 11」

어느 날 자로가 귀신을 어떻게 하면 잘 섬길 수 있는지 물었더니,
공자가 핀잔을 줍니다. "자로야, 살아 있는 사람이나 잘 섬길 생각
을 해라." 그리고 죽음에 대해 묻자, 삶을 먼저 점검하라고 합니다.
귀신을 섬기는 것이나 죽음이 중요하지 않다는 말이 아닙니다. 우
선순위의 문제죠. 죽은 이의 넋이나 죽음을 생각하기에 앞서 삶을
제대로 살아 내는 게 중요하지 않느냐는 말입니다. 한나라 학자 유
향劉向이 펴낸 『설원說苑』에 이와 비슷한 글이 있습니다.

> 자공이 공자에게 물었다. "사람이 죽고 난 뒤에도 주변의 일들을
> 알 수 있습니까, 알 수 없습니까?" 공자가 대답했다. "말할 수 없
> 다." 자공이 물었다. "왜 말씀하실 수 없습니까?" "만약 내가 사람

이 죽은 뒤에도 알 수 있다고 하면, 효성이 지극한 사람들은 장례를 너무 후하게 치러 산 사람들의 삶을 방해할 것이다. 만약 내가 죽은 사람은 알지 못한다고 하면, 어리석은 사람은 시신을 버리고 안장 조차 하지 않으려고 할 것이다. 그래서 말할 수 없다."

공자의 현명한 답이 돋보입니다. 『논어』에 실린 문답보다 훨씬 더 구체적이라 우리가 이해하기도 쉽네요.

선생님께서는 비현실적인 일, 무력을 쓰는 일, 도에 어그러진 일, 귀신[怪力亂神]에 관해서는 말씀하지 않으셨다.[81 「술이 20」]

공자는 일상을 넘어선 것에 대해서는 말하지 않았네요. 공자가 말하지 않았다는 '괴력난신怪力亂神'은 조선 시대 지식인들에게도 배격해야 할 대상이었습니다. 조선은 유학의 나라로서 공자를 받들 었으니까요. 그런데 삶을 중시하라는 공자의 가르침이 엉뚱한 결과 를 낳았습니다. 고려의 승려 일연一然이 지은, 우리 문화의 보물 창 고인 『삼국유사三國遺事』가 조선 시대 내내 천덕꾸러기 취급을 받은 겁니다. 『삼국유사』는 신화와 전설도 담은 역사책으로, 본문 첫 편 의 제목부터 신기하고 이상한 이야기를 담았다는 뜻에서 '기이紀異' 잖아요.

지금, 여기

『논어』는 전체적으로 짤막짤막한 말씀의 기록이라고 했지요. 그런데 비교적 긴 대목이 가끔 있습니다. 특히 자로와 함께한 13년 방랑 중에 공자와 세계관이 다른 은둔자를 만난 일이 여러 장에 걸쳐 기록되었습니다.

장저長沮와 걸익桀溺이라는 사람이 밭을 갈고 있었는데, 공자가 자로를 시켜 그들에게 강을 건널 나루터가 어디인지를 물었지요. 그들은 공자라면 나루터를 알고 있을 거라고 말하면서 자로에게 말합니다.

> 걸익이 말했다. "도도히 흐르는 강물처럼 천하가 다 휩쓸려 가는데, 이것을 누구와 함께 바꾼단 말이오? 그대는 자신을 알아주는 임금이 아니면 피하는 사람보다는 속세를 피하는 사람을 따르는 것이 낫지 않겠소?" 그러고는 흙으로 씨앗 덮는 일을 멈추지 않았다.[82] 「미자 6」

나루터가 어디 있냐고 묻는데, 이런 답을 하니 동문서답 같지요? 걸익이 한 말을 쉽게 풀어 보면 이렇습니다. "세상은 점점 기강이 무너지고 도가 땅에 떨어져 엉망이 되고 있는데, 이런 시대의 물줄기를 누가 바꿀 수 있단 말인가? 자신을 알아줄 군주를 찾느라 돌아다니는 공자를 따를 게 아니라, 우리처럼 세상을 아예 등지고 조용히 숨어 사는 길을 택하는 편이 낫지 않겠나?" 단순한 질문을 받고 공자의 삶을 꿰뚫어 보는 답을 한 사람들은 분명 숨어 사는 지식인일 겁니다.

> 자로가 돌아와서 아뢰니, 선생님께서 쓸쓸히 탄식하셨다. "새나 짐
> 승과 무리 지어 살 수는 없으니, 내가 이 세상 사람들과 함께 살지
> 않으면 누구와 살겠는가? 천하에 도가 있다면 내 굳이 바꾸려 하지
> 도 않을 것이다."[83] 「미자 6」

가뜩이나 힘든 방랑길에 따끔한 충고를 들었으니 공자의 마음이 얼마나 어지러웠을까요? 그래도 공자는 세상을 버리지 않습니다. "새나 짐승처럼 인간을 떠나 산속에서 은둔하는 저들과 나는 함께 살 수 없다. 세상이 엉망인 것을 난들 모르겠느냐? 그래도 이 세상에서 사람들과 부대끼며 세상을 조금씩 나아지게 해야지, 저만 편하겠다고 세상에서 숨어 버리는 것은 인간의 도리가 아니다. 천하에 도가 있다면 내가 굳이 방랑하면서 세상을 바꾸려고 애쓰지 않을 것이다." 더러운 세상을 버리는 건 언제든 할 수 있으니 어찌 보면 쉬운 일이 아닐까요? 더러운 세상에 발 딛고 버티면서 조금이라도 나은 세상을 만들려고 하는 것이 어렵지요.

훌륭한 인격을 갖추려면 어떻게 해야 할까요?

않으나 서나 오직 안ㄷ

김 샘

3부의 제목을 '공자의 가치 1'이라고 거창하게 달고, 부제를 '홀로'라고 정했어요. '홀로'라고 하면 외롭다거나 쓸쓸하다는 느낌을 받을 수 있겠지만, 공자에게 '홀로(나)'와 '함께(사회)'는 결코 분리되는 개념이 아닙니다. 그럼에도 우선순위를 따져 보자면 아무래도 '나', 즉 '홀로'에서 시작해야 되겠죠.

자기 인격을 갈고닦는 데서 출발한다는 말씀이지요? 선생님께서 본문에 여러 번 '수기修己'를 강조하셨잖아요.

윤후

김 샘

아! 그런 말에 벌써 익숙해졌네요. 하하! 훌륭합니다. 쉽게 말해, 이 부분은 공자가 수업 시간에 강조한 내용 중 주로 '나를 훌륭한 인격으로 만들려면 어떻게 해야 하나?'라는 문제를 다루고 있어요. 윤후와 윤서의 담임 선생님은 뭘 특별히 강조하시는지부터 얘기해 볼까요?

윤후

우리 선생님은 '시간을 지키라'고 자주 강조하세요. 수업 시작종이 울렸는데도 복도를 서성거리면 불호령이 떨어져요. 평소에는 안 무섭던 선생님께서 그때는 호랑이로 변하세요.

윤서

우리 선생님은 자나 깨나 '교복은 규정대로 입고 지각하지 말라'고 하세요. '학교생활의 기본을 충실히 지키라'는 말도 자주 하세요.

김 샘

선생님들께서 좋은 말씀을 해 주시네요. 자주 듣다 보면 말의 무게가 가볍게 느껴질 수 있지만, 그 말들이 그분들의 교육철학인 셈이에요. 그런 것처럼 공자도 수업 시간에 되풀이해서 강조하신 말씀이 있었죠. 스승 공자는 뭘 가장 강조했을까요?

윤후

그야 당연히 '사랑[仁]'이겠지요. 책에 자꾸 나오잖아요. 선생님들께서도 중요한 지식은 수업 시간에 여러 번 말씀하세요.

김 샘

맞아요. 『논어』에 가장 많이 등장하는 만큼 공자는 분명히 '인'을 강조했어요.

윤서

그런데 선생님께서 열심히 설명하셨어도 '인'이라는 말이 너무 어려워요. 뭔지 알 듯하다가도 돌아서면 또 모르겠어요.

김 샘

『논어』를 여러 번 읽은 저도 그래요. 그래서 '사랑'으로도 옮기고, '사람됨'으로도 옮겼죠. '내가 사람답게 살아가려면 어떤 마음가짐과 태도를 갖춰야 하는가?'도 '인'이고, '내가 남과 더불어 살면서 그들에게 취할 최선의 태도가 무엇인가?'도 '인'이에요. 제가 보기에는 공자가 이런 걸 다 '인'이라는 말로 표현했어요.

윤후

그럼 '인'은 범위가 굉장히 넓겠네요. 진심을 다하라는 충忠, 남에게 미덥게 행동하라는 신信, 부모를 대하는 태도인 효孝, 형제를 대하는 태도인 공손함[弟]도 다 '인'이라고 할 수 있나요?

김 샘

저는 그렇게 이해했어요. 인은 사람이 사람다워지는 데 필요한 내면의 마음가짐과 외면의 태도를 다 담은 말이라고 생각해요.

공자의 이상형, 군자

윤서

저는 군자라는 말이 알쏭달쏭해요. 공자가 군자한테 꼭 필요한 요소가 '인'이라고 하고, '군자는 밥 한 끼 먹는 동안에도 인을 떠나지 않아야 한다'(「이인 5」)고 까지 말한 걸 봤어요. 그래도 뜻이 확 와닿지는 않아요.

김 샘

군자는 자기가 마주한 상황에서 지켜야 할 태도와 타인과의 만남 속에서 최선의 행동을 찾아 실행하는 사람이 아닐까 싶어요. 자기 행동이 옳다고 100퍼센트 장담하는 사람이 있을까요? 그래서 성찰이 필요해요. 또 중요한 것이 배움[學]이에요. 자기 아집을 무너뜨리기 위해 배우는 거예요. 그런데 우리는 반대로 하죠. 배우면 배울수록 고집과 독선이 커지는 경향이 있어요. 공자가 말한 배움이 그런 경향을 조장하는 배움은 아닐 거예요. 공자가 배움을 강조한 것은 과유불급, 즉 중용의 태도를 취하기 위해서라고 생각해요.

윤서

선생님, 과유불급이나 중용이라고 하면 왠지 자기 생각을 분명하게 드러내지 않고 어정쩡하게 구는 것 같아요.

김 샘

그렇게 오해할 수도 있어요. 그럼 과유불급이나 중용이 목적은 아니라고 생각해 봐요. 과유불급과 중용은 자기 판단이 옳다고 섣불리 단정해 고집을 부리거나 하지 않고 신중하게 생각하고 판단한 후 행동하는 데 필요한 태도라고요. 어떤 결정을 내리기 전에 여러 상황을 꼼꼼히 따져 보라는 뜻으로요. 그렇게 결정한 것이라면 설익거나 한쪽으로 치우치지 않을 확률이 크지 않을까요? 자기 생각을 분명히 드러내지 않는 것과 두루 살핀 뒤에 자기 생각을 결정하는 건 확실히 다르죠.

선생님, 저는 공자님 생각 중에 위험해 보이는 게 있어요.

윤후

김 샘

아주 좋아요! 아무리 훌륭한 사람이라도 그 사람의 말을 무조건 믿는 건 바보짓이죠. 어떤 점인지 말해 봐요. 같이 토론해 봅시다.

윤후

공자가 군자랑 소인을 여러 번 가르잖아요. 그런데 '나'와 '우리'가 속한 집단이 스스로 '군자'라고 우기고 '상대방'이나 '상대방 집단'은 '소인'이라고 우기면 어떻게 되죠? 각자 자기만 군자라고 하는 상황에서 누가 결론을 내려 주나요? 싸움이 일어날 것 같은데요?

김 샘

날카로운 지적이네요. 학교에서 비슷한 상황이 있어요. 선생님께 고분고분하고 수업 시간에 집중해 성적이 높은 학생들을 '모범생'이라고 규정하는 순간, 다른 학생들은 '문제아'로 분류될 가능성이 크죠. 이런 점에서 공자 사상이 비판받을 수 있어요. 다만 긍정적인 면이 없지는 않아요. 우리가 좋은 사람이 되기 위해 끊임없이 노력하면서 조금씩 나아져야 한다는 점은 새겨들을 부분이라고 봐요. 자기 자신을 군자라고 우기기보다는 군자가 되려고 노력하는 게 중요한 거죠. 솔직히 우리가 소인처럼 행동할 때가 많잖아요. 하지만 그랬을 때 못난 행동을 인정하고 반성하면 군자 쪽으로 한 걸음 더 가까워지는 게 아닐까요? 그러니까 군자와 소인은 구분하기가 쉽지 않아요. 모범생과 문제아를 단순하게 나눌 수 없는 것처럼요.

제가 17년 인생을 돌아보면…….

윤서

김 샘

하하! 인생을 돌아보다니, 대~단해요.

암튼 사람은 각자 외모가 다른 것처럼 생각도, 관심 분야도 아주 다양하다고 느꼈어요. 그렇게 다양한 사람들을 군자와 소인이라는 기준으로 나누면 아주 위험하고 폭력적일 수 있다고 생각해요. 조선 시대

윤서

에 사농공상士農工商으로 신분을 가른 것도 결국 그 중 선비[士]만 군자가 될 수 있다는 생각이 바탕에 깔려 있지 않았나요?

김 샘

저도 그렇게 생각해요. 중요한 지적이네요. 그래서 『논어』를 읽을 때 주의해야 해요. 『논어』를 읽고 나서 친구들을 군자나 소인으로 분류하면 차라리 안 읽은 것만 못하죠. 그러면 안 되니까, 『논어』를 이해하는 방법에 대해 말해 볼게요. 무엇보다 『논어』는 공자 학교의 수업 내용이라는 걸 기억하면 좋겠어요. 학교에서 선생님이 학생에게 무슨 말을 하겠어요? 당연히 '훌륭한 사람이 되라'는 말이겠죠. 이러저러한 행동으로 훌륭한 사람이 되어라, 이러저러한 행동을 하면 훌륭한 사람이 안 된다, 주로 이런 말을 하다 보니 인간 유형을 둘로 나눈 것 같아요. 이분법이 현실에서는 문제가 많지만, 설명 방법으로는 강력한 효과를 발휘할 수도 있거든요. 그리고 『논어』에 군자와 소인만 나오는 건 아닌데, 저는 공자가 반복하며 강조한 내용을 여러분한테 소개하려고 다른 것들에 대한 설명을 뺐어요.

윤후

알겠어요. 언젠가 『논어』를 직접 읽어 보면 새롭게 이해되는 것들이 있겠네요. 어쨌든 군자와 소인을 가르는 기준 중에 귀에 쏙 들어오는 중요한 말이 많았던 것 같아요.

김 샘

하하! 그렇죠. 군자와 소인으로 가르는 것에 대한 이의 제기는 정당합니다. 저는 공자도 이런 점을 무시하지는 않았다고 봐요. 다양한 측면에서 군자와 소인을 말하거든요.

윤서

저는 군자라면 욕심이 없으니까 당연히 가난해야 한다고 생각했어요. 그런데 뜻밖에 선생님 말씀은 다르더라고요.

김 샘

'낙타가 바늘구멍으로 들어가는 것이 부자가 하느님의 나라에 들어가는 것보다 쉽다'는 말 들어 봤나요? 「마태복음」 19장 24절에 나와요. 돈이 많으면 교만해지기 쉽고, 교만하면 남을 깔봐서 사랑을 실천하기가 어려워요. 꼭 그렇다는 게 아니라, 그럴 확률이 높아요. 공자가 정당하지 않은 방법으로 부자가 되려고 하지 말라고 했지, 일부러 가난하게 살라고 하지는 않았어요. 남에게 보이려고 가난하게 산다면, 그것도 거짓된 마음이니까요.

윤후

겉으로 드러나는 조건에 휘둘리지 말라는 말인가요? 재산이나 신분 같은 거요. 그런 게 사람 됨됨이랑 곧바로 연결되지는 않으니까요.

김 샘

맞아요. 자본주의사회에서는 열심히 일해 자기 힘으로 부자가 된다는 생각이 있는데, 신분제도가 있는 사회에서는 노력만으로 부자가 될 수 없었어요. 사람의 가치까지 신분으로 정해 버리니까요. 그러니 노력해도 이루지 못할 목표 때문에 안달복달하지 말라는 뜻으로 이해할 수 있죠.

명랑한 삶, 솔직한 삶

윤후

저는 공자의 평소 표정이 아주 근엄할 거라고 생각했는데요, 책을 읽어 보니까 표정이 부드럽고 때로는 명랑하기까지 했던 것 같아요.

김 샘

맞아요. 공자는 괜히 얼굴 찌푸리며 무게 잡는 사람이 아니었어요. 유쾌한 성격이라고 할 수 있어요. 이건 공자가 강조한 진실함[忠]과 관계있어요. 진실함은 곧음[直]과 통하지요. 공자는 사랑[仁]의 두 가지 측면 중에서 자기 자신에 대해서는 진심과 곧음을 강조했어요. 타인에 대해서는 물론 배려[恕]를 강조했지요.

윤서

공자가 솔직한 분 같아요. 특히 식초를 빌려주는 것

에 관한 얘기에서 그런 느낌이 들었어요. 없으면 없다고 해야지, 괜히 환심을 사려고 거짓말을 하면 안 된다는 태도요. 작은 것이라도 '자신을 속이지 말라'는 거잖아요.

김 샘

딱 맞는 말이네요.

윤후

저는 "원수진 사람에게도 은덕을 베푸는 것이 어떠한가?"라는 질문에 대한 공자의 답이 기억에 남아요. 나한테 은덕을 베푼 사람 그리고 나랑 원수진 사람을 구별하라는 뜻이잖아요. 공자 같은 분은 '모든 사람을 사랑하라'고 가르칠 줄 알았거든요. 그런데 구별할 건 분명히 구별하고, 원수진 것 이상으로 갚지는 말라는 말이 아주 인간적으로 느껴졌어요. 괜히 착한 척하면서 자신을 속이지 않고 정직하게 살면 공자처럼 명랑하고 유쾌한 사람이 될 거라는 생각도 들었어요. 저도 그런 사람이 되고 싶어요.

윤서

친구끼리 모이면 다른 친구 '뒷담화'를 많이 하잖아요. 공자는 절대로 그렇지 않았을 것 같아요. "원망하는 감정을 숨기고 그 사람과 벗하지 마라."(『공야장 24』) 했으니까요. "치사하게 뒷담화하려면 차라리 친구 관계를 끊어라." 전 이런 뜻으로 받아들였어요.

김 샘

여러분한테 공자가 상담 선생님이 된 것 같네요. 뒷담화를 많이 하는 사람들의 공통점은 자신에게 충실하지 않다는 거예요. 남에게 솔직하기도 어렵지만 자신에게 솔직하기는 더 어렵죠. 정직하게 살기가 어려운 만큼 참 중요한 얘기예요.

잘못, 고치면 되지!

김 샘

저는 "허물이 있으면 고치기를 꺼리지 마라."(「학이 8」). 이 말도 좋아해요. 너무 뻔한 말인가요? 저도 여러분도 매일매일 크고 작은 잘못을 저지르면서 살아요. 저는 수업 시간에 별생각 없이 한 농담이 학생들 마음을 상하게 했을까 봐 후회할 때가 많아요.

윤서

그러고 보니 중요한 말 같네요. 저희 아빠가 술을 좋아하시는데, 술 때문인지 집에 오기로 한 시간을 항상 어기세요. 오늘 저녁에 아빠한테 공자 말씀을 꼭 들려드릴래요. "아빠, 공자님 말씀이, 잘못은 고치면 된대요! 당장 고치고 집에 일찍 오세요." 아, 저도 지각하는 버릇을 내일부터 고칠게요.

김 샘

맞아요. 잘못은 고치면 된다고 공자가 말했어요. 윤

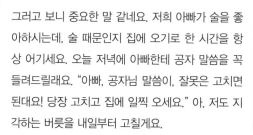

서의 아버지 모습이 꼭 저랑 닮기도 했고, 잘못인 줄 알아도 행동을 바꾸기가 어렵다는 걸 알기 때문에 좀 찔리네요. 그래도 노력해 볼게요. 윤서는 지각을 하지 않기로 해요. 하하!

오직 오늘뿐

김 샘

공자의 사상은 어떤 면에서는 지극히 보수적입니다. 사회의 질서가 무너져 가는 혼란기인 춘추 시대에 그는 주나라의 예법을 다시 살려야 한다고 힘주어 말했어요. 혼란기는 전에 없던 새로운 사상을 품을 기회가 되기도 하는데 말이에요. 하지만 공자에게 보수적인 면만 있지는 않았습니다. 공자는 '지금 여기'도 강조했어요.

윤후

"사람을 제대로 섬기지 못하면서 어찌 귀신을 섬기겠느냐? 삶을 잘 모르면서 어찌 죽음을 알려고 하느냐?"(『선진 11』) 이 대목이 지금 선생님이 하신 말씀하고 관련된 거죠? 지금 내 옆에 있는 사람을 잘 배려하고, 오늘 하루에 충실하라는 말씀이겠지요.

김 샘

맞아요, 저도 그렇게 해석하고 싶어요. 조선 후기의

문장가 중 이용휴李用休라는 분이 「당일헌기當日軒記」
라는 글을 썼어요. 어떤 사람이 집을 짓고 이름을 지
어 달라고 청하니까, 이분이 '오늘집[當日軒]'이라는
이름을 지었어요. 「당일헌기」의 한 대목을 소개할게
요. "사람이 오늘이 있음을 알지 못하게 되면서 세상
의 도리가 잘못되기 시작했다. 어제는 이미 지나갔
고 내일은 아직 오지 않았다. 어떤 일을 이루려면 다
만 오늘에 충실해야 한다. 이미 지나간 일은 돌이킬
수 없으며 아직 오지 않은 시간은 3만 6000날, 즉
100년이 잇달아 다가온다 해도 그날마다 당연히 그
날 해야 할이 있기 마련이다. 그러니 진실로 오늘 힘
을 쏟지 않으면 내일에는 쏟을 힘이 없다."

윤서

공자도 그런 마음에서 '일상'을 강조했나 봐요. 저는
열심히 공부하다가 친구랑 신나게 수다 떨고 맛있는
것 먹는 데 힘을 쏟을게요. 헤헤.

김 샘

좋아요. 공자 말씀은 하늘에서 뚝 떨어진 게 아니에
요. 공자도 우리 같은 사람이었다는 사실을 기억하
길 바랍니다. 사람마다 느낌과 생각이 다르니까 각
자 삶에 충실하라는 거지, 정해진 틀이 있다는 말이
아니에요. '충실한 삶'의 모습이 다를 수 있다는 걸
잊지 맙시다.

1840년(헌종 6년) 9월, 55세의 추사秋史 김정희金正喜가 윤상도尹尚度가 올린 흉한 상소의 배후 인물로 지목되어 제주 대정현大靜縣에 위리안치됩니다. 유배된 죄인을 가시로 울타리를 친 집에 가두는 위리안치는 귀양살이 중에서도 혹독한 귀양살이라고 할 수 있어요. 유배되기 전 그의 삶과 비교하면, 이때부터 9년 동안 이어진 제주 유배는 그야말로 하늘을 날다가 땅으로 곤두박질친 것과 마찬가지였습니다.

추사는 영조의 사위인 월성위 김한신金漢藎의 증손으로, 아들이 없는 큰아버지 김노영金魯永에게 제사를 맡아 받드는 자손으로 입양되었으므로 분명 조선 왕실의 일원입니다. 게다가 1809년 12월, 24

세에는 사신使臣으로 떠나는 친아버지 김노경金魯敬을 따라 청나라 수도 연경(燕京, 베이징)에 가서 당시 최첨단의 학예와 문물을 접하며 그곳 명사들과 깊은 교분을 쌓았습니다. 그 뒤 금석학에 대한 깊은 식견으로, 당시에는 글자를 알아볼 수 없어서 몰자비沒字碑로 불리며 북한산 승가사 곁 비봉에 있던 비석이 진흥왕순수비임을 고증해 냅니다. 당시 그의 나이 31세였어요. 가문의 명망이나 학문적 성취 면에서 인생의 정점이자 황금기로 자부하던 때죠. 1819년, 34세에 문과 급제한 뒤에는 여러 관직을 맡으며 승승장구했습니다. 1830년에 김노경이 윤상도 상소의 배후 혐의로 고금도에 4년간 유배되었지만 판의금부사로 복직됩니다. 이것으로 지긋지긋한 상소 사건이 순조롭게 마무리되는 줄로만 알았겠지요. 김정희의 벼슬이 성균관 대사성, 형조 참판에까지 이르렀기 때문이에요. 그러나 정국의 격변으로 1840년에 아버지와 똑같이, 고위 관료의 부패를 고발한 윤상도의 상소에 연루된 죄인의 신분이 되어 바다 건너 제주로 쫓겨난 것입니다.

몸은 온갖 고문과 매질로 만신창이가 됩니다. 몸에 형구가 채워지고 매를 맞았다는 모욕감으로 치를 떨었어요. 자신이 가문의 명예에 먹칠을 하고 말았다는 죄책감은 더 컸어요. 제주의 풍토가 맞지 않아 병치레도 잦았어요. 하지만 처음 유배되었을 때만 해도 잠깐 있다 돌아갈 줄 알았어요.

그런데 나쁜 일이 겹쳐집니다. 둘도 없는 친구 김유근金逌根이 추사가 유배를 떠나던 해에 죽습니다. 김유근은 당시 세도가인 안동 김씨 가문의 일원으로, 그냥 친한 친구 정도가 아니었어요. 유배를 풀어 줄 유일한 희망의 끈이었던 겁니다. 그래서 김정희의 낙담은 더욱 컸어요. 유배지에서 생을 마칠지도 모른다는 불안감이 닥쳤습니다.

슬픔은 여기서 끝나지 않았어요. 아내 예안 이씨와 사별하는 아픔을 겪습니다. 아내가 죽은 날은 1842년 11월 13일이에요. 그런데 운명의 장난인지 그 사실을 알 리 없던 그는 아내가 죽은 다음 날인 11월 14일에도 아내가 아프다는 소식에 안절부절못하며 먼 유배지 제주에서 편지를 쓰고 있었어요. 그러고는 한 달이 지난 12월 15일에야 아내의 부음을 듣고 운명의 잔혹함에 통곡합니다. 그의 절절한 애통이 「부인예안이씨애서문夫人禮安李氏哀逝文」에 잘 드러나요.

어떻게든 월하노인 저승 법정 세우리라. / 다음 생엔 남편 아내 처지 바꿔 태어난 뒤 / 나는 죽고 천 리 밖에 그대 혼자 남게 하여 / 나의 이 슬픈 심정 그대도 알게 하리라.

아내의 장례에도 참석하지 못한 남편으로서 자책과 그리움과 슬픔과 원망이 뒤섞인 감정이었겠지요.

이런 와중에도 반대파의 박해는 끊이지 않았고, 이들의 사주를 받은 제주 수령이 직간접적으로 그를 괴롭혔습니다. 상황이 이렇고 보니, 그가 믿었던 한양의 친구들도 소식을 점차 끊고 편지 한 통 부쳐 오지 않았어요. 의지할 것은 오직 책 읽기와 서예뿐이었어요. 무슨 즐거움이 있었겠어요!

바로 이때, 10여 년 전부터 사제지간으로 각별한 친분을 이어 오던 역관譯官 이상적李尙迪이 구하기 어려운 책을 연행길에 청나라에서 구해다 제주의 유배지까지 보내 주었습니다. 평소에도 사행을 따르는 통역관으로서 연경에 갈 때마다 최신 서적을 구해 보내거나 그곳 학계의 최신 정보를 속속들이 전해 주던 그였어요. 그 정성에 보답하려 붓을 들 때『논어』의 한 대목이 자연스레 떠올랐습니다.「자한子罕」편 '세한연후지송백지후조歲寒然後知松柏之後凋'입니다. 이런 사연이 담긴 그림이 바로 〈세한도歲寒圖〉입니다. '세한'은 앞의 구절 첫 두 글자예요.

그림은 단색조 수묵과 마르고 거친 붓질이 전부입니다. 옆으로 긴 화폭에 지조의 상징인 소나무와 잣나무가 좌우에 두 그루씩 대칭을 이루고, 집 한 채가 지극히 간략하게 묘사되어 있을 뿐입니다. 그림을 완성한 뒤에는 다른 종이에 칸을 치고 제자에게 알리고 싶은 심정을 정갈한 글씨로 써 내려갑니다.

지난해엔『만학집晚學集』과『대운산방문고大雲山房文藁』를 보내 주더니, 올해에는 하장령賀長齡의『경세문편經世文編』을 보내왔다. 이 모두가 세상에 늘 있는 게 아니고 천만리 먼 곳에서 구입해 온 것이다. 여러 해 걸려 손에 넣은 것으로, 단번에 구할 수 있는 책들이 아니다. 게다가 세상의 풍조는 오직 권세와 이권만을 좇는다. 그런데 이 책들을 구하기 위해 이렇게 심력을 쏟았으면서도 권세가 있거나 이권이 생기는 사람에게 보내지 않고, 바다 밖의 별 볼 일 없는 사람에게 보냈다. 그러면서도 마치 다른 사람들이 권세나 이권을 좇는 것처럼 하였다.(……)

공자께서는 '겨울이 되어서야 소나무와 잣나무가 시들지 않는다는 것을 알게 된다〔歲寒然後知松柏之後凋〕' 하셨다. 소나무와 잣나무는 사시사철 시들지 않는다. 겨울이 되기 전에도 소나무와 잣나무고, 겨울이 된 뒤에도 여전히 소나무와 잣나무다. 그런데 공자께서는 특별히 겨울이 된 뒤 상황을 들어 이야기했다. 지금 그대가 나를 대하는 것은 그 전이라고 해서 더 잘하지도 않았고 그 뒤라고 해서 더 못하지도 않았다. 그 전의 그대는 칭찬할 게 없지만, 그 뒤의 그대는 공자의 칭찬을 받을 만하지 않겠는가? 공자가 특별히 칭찬한 것은 단지 시들지 않는 굳센 정열 때문만이 아니다. 겨울이 되자 마음속에 느낀 바가 있어서 그런 것이다.(……)

김정희, 〈세한도〉, 1844, 국립중앙박물관

추사는 이상적이야말로 공자가 말한 소나무, 잣나무같이 변치 않
는 사람이라는 것을 뼈저리게 깨달았습니다. 이 뼈아픈 체험과 깨
달음과 열렬한 우정으로 한국 미술사의 기념비적 작품인 〈세한도〉
가 탄생했습니다.

〈세한도〉에는 네 가지 인장이 찍혀 있습니다. '정희正喜'는 이름이
고, '완당阮堂'과 '추사秋史'는 호예요. 그런데 오른쪽 맨 아래에 인장
이 하나 더 있어요. '장무상망長毋相忘', 즉 '영원히 서로 잊지 말자'
는 뜻입니다. 우정이란 예나 지금이나 서로 잊지 않고 처음 맺은 마
음을 바꾸지 않는 것이겠지요.

이상적은 스승에게 〈세한도〉를 받은 감격을 답장에 써 보냅니다.

〈세한도〉 한 폭을 엎드려 읽으니 눈물이 저절로 흘러내리는 것을 깨닫지 못하였습니다. 어찌 그다지도 제 분수에 넘치는 칭찬을 하셨으며, 그 감개 또한 그토록 진실하고 절실하셨습니까? 아! 제가 어떤 사람이기에 권세와 이득을 따르지 않고 도도히 흐르는 세파 속에서 초연히 빠져나올 수가 있겠습니까? 다만 보잘것없는 마음에 스스로 하지 않으려야 아니 할 수 없었을 따름입니다.

이듬해에 이상적은 이 그림을 가지고 연경에 가서 장악진章岳鎭, 조진조趙振祚 등 그곳의 명사 16인에게 보였습니다. 그리고 이들로부터 받은 찬시가 작품에 길게 더해졌어요. 그 마지막 자리에 이상적의 제자 김병선金秉善의 아들로서 이 그림을 소장한 김준학金準學의 찬贊과 오세창吳世昌, 이시영李始榮 등 애국지사의 배관기拜觀記가 함께 붙었습니다. 그래서 오늘날 국립중앙박물관에 소장된 〈세한도〉는 긴 두루마리 모양을 하고 있어요. '찬'과 '배관기'는 귀한 물건을 조심스럽게 감상하고 쓴 글을 말합니다.

4부

공자의 가치 2:
함께

열여섯 번째 이야기

남을 섬기라

요즘은 제도권 학교만이 아니라 대안학교도 있지만 학교에 적응하지 못해서 혹은 자발적으로 학교를 떠난 학생도 많습니다. 그래도 대다수의 아이들이 학교를 다닙니다.

인공 지능이 모든 것을 해결해 줄 것만 같은 요즘 시대에 학교라는 곳의 존재 가치는 무엇일까요? 저는 타인에 대한 감수성, 즉 공감 능력을 키우기 위해서라고 생각합니다. 인성 교육은 내 진실함〔忠〕을 바탕으로 남을 헤아리는 것〔恕〕이죠. 배려하고 섬기는 일, 즉 인仁을 추구하는 것입니다.

평생토록 실천할 한마디

자공이 물었다. "죽을 때까지 행할 만한 한마디 말씀이 있습니까?" 선생님께서 말씀하셨다. "그건 '배려〔恕〕'다! 자기가 하고 싶지 않은 것을 남에게도 시키지 말라는 뜻이지."[1] 「위령공 23」

똑똑하지만 남과 비교하며 자기를 내세우길 좋아하는 자공이 어느 날, 평생 좌우명으로 삼을 만한 말씀이 있는지를 물었습니다. 평범한 제자라면 "그런 게 어디 있니? 네 할 일이나 똑바로 열심히 해라." 했을 법도 한데, 자공이라면 공자의 제자 가운데 명민하기로 손꼽힌 데다 그날따라 사뭇 표정이 진지했던지 공자가 에두르지 않고 답했습니다. 단번에 아무런 망설임 없이 대답한 것을 보면 공자의 생각이 이미 정리되어 있었던 것 같군요. 공자 학교의 학생들은 질문을 중시하는 학교의 전통에 따라 평소에도 질문을 엄청 했나 봅니다.

그 한 말씀은 '배려〔恕〕'였습니다. 앞서도 말했지만 '서恕'는 나와 너의 마음이 같다는 것을 나타냅니다. 내 마음이 이러니 네 마음도 이렇겠지 하고 유추하는 것입니다. 그래서 저는 서를 '배려'로 풀었습니다. 좀 더 적극적인 의미로는 섬김이지요. 신神이나 임금만 섬기는 게 아니죠. 때로는 남도 섬겨야 합니다. 일부 몰지각한 주민이 아파트 경비원을 하대하며 폭행하는 일, 비행기 안에서 수백 명의 안전을 위협하는 난동 등이 다 배려가 부족한 사람들이 저지른 일입니다.

저는 공자의 생각이 다 옳다고 보지 않습니다. 또 당시에는 옳던 주장도 지금 현실에는 적용할 수 없고 전혀 쓸모없을 수 있어요. 하지만 오늘날 우리가 되새겨야 할 중요한 가르침도 있는데, 그게 바로 배려와 섬김이 아닐까 싶어요. 용서와 포용이기도 하지요.

공자는 자기가 모르는 것, 자기가 실천해 보지 않은 것은 제자들에게 권하지 않았기 때문에 훌륭하다는 평을 받습니다. 그럼 자공의 물음에 대한 답에는 공자가 평생 실천한 덕목이 담겼다고 볼 수 있어요. 죽음을 앞둔 상황은 아니지만 이런 말은 공자의 유언이라 해도 될 것 같습니다. "남을 배려해라!"

공자의 말을 잘 새겨야 합니다. 공자는 '내가 하기 싫은 일이라면 남에게 시키지 말라'고 했는데, 우화 속 청개구리처럼 말을 뒤집어서 '내가 하고 싶은 일이라면 남에게 베풀라'는 뜻으로 받아들이면 다른 문제가 발생합니다. 내가 정말 좋아하는 일을 남에게 권해 볼 수는 있어요. 그러나 강제로 베풀면 안 됩니다. 그것도 폭력이니까요. 이런 폭력을 휘두르는 사람들은 대개 이렇게 말해요. "내가 해 봐서 알아! 나 때는 말이야!" 신체 폭력만 폭력이 아닙니다.

선생님께서 말씀하셨다. "인자는 자기가 서고 싶으면 남을 먼저 세워 주고, 자기가 이루고 싶으면 남이 먼저 이루게 한다. 가까이 내 마음으로 미루어 남의 마음을 헤아릴 수 있다면[能近取譬], 이 또한 인을 실천하는 방법이라 할 수 있다."[2] 「옹야 28」

"자신이 하고 싶지 않은 일을 남에게 베풀지 마라.[己所不欲勿施於人]"와 비교하면 좀 더 적극적이지요? 내 생각을 남에게 강요하는 것이 아니라, 남의 마음을 헤아려서 그 사람이 바라는 대로 이루게 하라는 겁니다. 역시 배려입니다.

특히 중요한 대목은, 인을 실천하는 방법으로 제시한 '능근취비能近取譬'입니다. '가까운 데서부터 유추해 가라', 즉 '내 마음을 잘 살펴라. 그러면 남의 마음을 알 수 있다'는 뜻이죠. 가까운 곳, 낮은 곳에서 시작해 원대한 곳, 높은 곳에 이르는 것이 학문과 삶에 대한 공자의 태도이자 방법론이죠. 『중용』에서는 같은 내용을 이렇게 표현했습니다. "군자의 도는, 비유하자면 먼 곳을 가려면 반드시 가까운 곳에서 시작하고 높은 곳에 오르려면 반드시 낮은 곳에서 시작해야 하는 것과 같다.[君子之道 辟如行遠必自邇 辟如登高必自卑]" 일을 할 때 반드시 차례를 밟아야 한다는 뜻인 '등고자비登高自卑'란 말이 여기서 나왔습니다.

인간다움의 첫발

'천 리 길도 한 걸음부터'라는 속담이 있지요. 공자에게는 '효孝'가 인간다움의 '한 걸음'이자 '첫걸음'입니다. 그래서 중요하지요. 인간의 '관계'가 어떻게 이루어져 있나요? '나'를 기준으로 보면, 위로 부모님이 계십니다. 수직적 관계죠. 집을 나오면 친구들이 있어요. 수평적 관계입니다. 이런 수직적 관계와 수평적 관계 사이에 인간이 존재하기 마련입니다.

그런데 인간은 자연의 일부이면서 특이한 점이 있어요. 시간 속에서 나이 듦을 느끼고 가치판단을 한다는 거예요. 봄에 꽃이 피고 여름에 녹음이 짙어지고 가을에 단풍이 들고 겨울에 눈이 오는 자연현상은 원래 가치판단의 대상이 아닙니다. 우열을 논할 수 없으니까요. 쉽게 말해, 봄보다 여름을 더 좋아할 수는 있어도 봄보다 여름이 우월하다고 할 수는 없어요. 사람이 나이 드는 것도 자연현상인데, 이에 대해서는 가치판단을 합니다. 늙음이 때로는 어른으로 대접받고, 때로는 천대받습니다. 그러니까 앞에서 말한 수평적 관계와 수직적 관계는 영원불변할 수 없습니다. 또 인간관계는 일방적일 수도 없어요. 공자도 이 점을 간파했습니다.

제나라 경공이 정치에 대해 묻습니다. 그러자 공자가 이렇게 대답해요. "임금은 임금답고 신하는 신하답고 아버지는 아버지답고 자식은 자식다워야 한다.〔君君 臣臣 父父 子子〕"(「안연 11」) 이것이 그 유명한 정명론正名論입니다. 쉽게 말하면, 이름에 맞는 구실을 강조한 것이지요. 우리가 오해하듯 '아버지'가 일방적으로 대접만 받는 일은 있을 수 없습니다. 억압적인 수직 관계의 강조는 폐해이지, 공자 사상의 근본 취지가 아닙니다. 부모는 부모라는 이름에 맞게 행동해야 하고, 자식도 자식이라는 이름에 맞게 행동해야 합니다. 공자는 이런 이치를 나랏일에 적용해 '정치의 핵심'이라고까지 해요.

그리고 공자는 자기 역할과 지위에 맞는 일을 잘 해낼 때 '인간다움'이 형성될 수 있다고 보았습니다. 부모나 윗사람이라도 나이나 권위만 앞세우고 일방적으로 나를 따르라고 한다면 아무도 따르지 않아요. 동등한 인격체로서 진심으로 소통하려고 해야 상대방에게 존경을 받을 수 있지요. 이런 이치를 깨닫지 못하면 영원히 '꼰대' 밖에 안 돼요.

'사람됨'이 먼저

유자(유약)가 말했다. "사람 됨됨이가 효성스럽고 공손한 사람치고 윗사람에게 대들기를 좋아하는 사람은 드물고, 윗사람에게 대들기를 좋아하지 않는 사람치고 난리를 일으키기 좋아하는 사람은 여태 없었다. 군자는 근본에 힘쓰니, 근본이 확고히 서면 방법은 절로 생겨난다. 효성스러움과 공손함은 아마 사람다움〔仁〕을 실천하는 근본일 것이다."3 「학이 2」

제자 유약이 한 말입니다. 인仁은 도덕 감정입니다. 따라서 어떤 사람의 마음이 인과 얼마나 가까운지는 쉽게 알 수 없어요. 인이 밖으로 드러난 말과 행동을 통해서만 확인할 수 있어요. 마지막 문장에서 '사람다움을 실천하는'으로 옮겨진 '위인爲仁'은 '행인行仁'으로 봅니다. 인을 실천한다는 뜻이지요. 그리고 그 실천의 첫걸음이 효도라고 했습니다. 어진 사람이 되고 싶고, 군자가 되고 싶다면 부모에게 잘하라는 거지요.

우리가 세상에서 가장 함부로 대하는 사람은 누굴까요? 역설적이게도 가족입니다. 가족 중에서도 부모지요. 저는 학교에선 멀쩡하고 예의 바르게 굴던 학생이 집에서 부모를 막 대하는 경우를 많이 봤어요.

공자가 말하는 '상황'에 맞는 효

앞에서 공자의 '눈높이 교육'에 관해 알아봤지요. 공자는 제자들이 질문을 '하면' 대답합니다. 효에 관해서도 마찬가지였어요.

맹의자孟懿子가 효에 대해 묻자 선생님께서 말씀하셨다. "어김이 없는 것이다." 번지가 선생님을 모시고 수레를 몰았는데, 선생님께서 그에게 일러 주셨다. "맹손孟孫(맹의자)이 나에게 효에 대해 묻기에, 내가 '어김이 없어야 한다'고 했다." 번지가 물었다. "무슨 뜻으로 말씀하셨습니까?" 선생님께서 말씀하셨다. "어버이가 살아계실 때는 예에 맞게 섬기고 돌아가시면 예에 맞게 장사를 치르며 예에 맞게 제사 지내는 것을 말한다."4 「위정 5」

맹의자가 효에 대해 물었을 때 공자는 아주 짧게 답합니다. "어김이 없어야 한다." 그런데 맹의자는 자세한 뜻을 묻지 않고 그냥 물러납니다. 뭘 어기지 말아야 하는지 궁금하지 않았을까요? 공자는 아마 다시 묻기를 바랐을 거예요. 그런데 맹의자는 다시 묻지 않았어요. 그래서 어느 날 번지에게 말해 주지요. 공자는 맹의자가 혹시나 부모 말씀은 무조건 어기지 말아야 한다고 잘못 이해할까 봐 번지에게 자세히 설명해 줍니다. "내 말은, 예를 어기지 말라는 뜻이었다. 부모를 섬길 때도 예에 맞게, 돌아가셨을 때도 예에 맞게,

제사도 예에 맞게 지내야 한다는 뜻이었다." 아마 맹의자가 부모 말씀에 껌뻑 죽는 '마마보이'였나 봐요. 그래서 부모 말씀에 무조건 순종하는 것을 효로 여길까 염려되어 말해 준 겁니다.

> 맹무백孟武伯이 효를 묻자 선생님께서 대답하셨다. "부모가 오직 자식이 병들까만을 근심하게 해야 한다."5 「위정 6」

이번에는 맹무백이 물어요. 맹무백은 맹의자의 아들입니다. 부자父子가 공자에게 같은 질문을 했는데 답은 전혀 다릅니다. 주희는 '부모는 오직 자식이 병들까 근심한다'는 뜻으로 보았는데요, 이 대목에 대한 주희의 해석은 다음과 같습니다. "이 구절은 부모가 자식을 사랑하는 마음은 이르지 않는 데가 없지만, 오직 자식에게 질병이 있을까 염려해 항상 근심한다는 뜻이다. 자식이 부모의 이 마음을 잘 본받아 부모의 마음을 잘 새긴다면 그 몸을 지킴에 스스로 삼가지 않을 수 없을 것이니, 어찌 효가 되지 않겠는가?" 뜻이야 아주 자세하고 간곡하지만 저는 그 전 시기의 해석이 더 마음에 듭니다. 그래서 주희의 해석과는 다르게 인용문처럼 옮겼어요. 그 해석에 따르면, 자식은 부모님께서 오직 자식이 아플까만을 걱정하게 하고, 나머지는 척척 알아서 해야 한다는 뜻이 됩니다. 맹무백의 시호가 '무武'인 걸 보면 평소에 용맹을 자랑하며 함부로 행동해서 부모를 근심시킨 듯합니다. 그래서 공자가 이런 말을 했을 겁니다.

공경하는 마음이 효다

자유가 효를 묻자 선생님께서 대답하셨다. "요즘 효라는 것은 단지 물질적으로 잘 봉양하는 것만을 일컫는다. 그러나 개나 말도 모두 잘 길러 주니, 공경하지 않는다면 부모를 봉양함과 개와 돼지를 기름이 무슨 차이가 있겠느냐?"[6] 「위정 7」

『논어』를 편집한 제자들이 효에 관한 내용을 모아 두었습니다. 언제 묻고 답했는지는 알 수 없습니다만, 자유가 공자에게 효를 묻습니다. 그러자 공자가 앞에서 본 것과 또 다른 답을 내놓네요. 물질적 봉양보다는 공경하는 마음이 우선이라는 말씀입니다.

그런데 이에 대해 주희는 '공경히는 마음이 전제되지 않은 효란 개와 돼지를 먹이는 것과 다르지 않다'는 주석을 붙였습니다. 설마 부모를 개와 돼지에 비겼을까요? 지나친 해석이라고 볼 여지가 있어요. 그래서 다음과 같이 해석하기도 합니다. "개나 말도 그 주인을 잘 모신다. 그러니 공경하지 않는다면 부모를 봉양하는 일이 개와 돼지가 주인을 모시는 일과 무슨 차이가 있겠는가?" 주희가 살던 송나라보다 앞선 시대의 주석과 정약용의 해석이 이래요. 여러분은 어떤 해석이 마음에 드나요?

이번에는 자하가 효를 물었는데, 공자는 또 다른 답을 합니다.

자하가 효를 묻자 선생님께서 대답하셨다. "부모나 형 앞에서 얼굴빛을 온화하게 하기가 어렵다. 부모나 형에게 수고로운 일이 있거든 아우와 자식이 그 수고를 대신하는 일과 술과 밥이 있을 때 부모나 형이 먼저 들게 하는 것을 두고 효라고 할 수 있겠는가?"[7] 「위정 8」

한마디로 물질보다 태도가 중요하다는 것이지요. 이를 '양지養志'라고 합니다. 부모님의 뜻이 어디에 있는지를 헤아려 모시라는 뜻입니다.

부모가 잘못하면

부모도 사람인데 왜 잘못을 저지르지 않겠어요? 그러니 앞서 말한 것처럼 효란 '맹목적인 떠받듦'이 아닙니다. 자식으로서 할 수 있는 도리를 하는 것이지요.

선생님께서 말씀하셨다. "부모를 섬길 때 부모에게 허물이 있으면 부드럽게 충고해야 하니, 부모의 뜻이 내 충고를 따르려 하지 않는 것을 보면 더욱 공경해 부모의 뜻을 어기지 말고 수고로워도 원망하지 말아야 한다."[8] 「이인 18」

공자의 말은 분명한데, 누구에게 한 말인지는 나와 있지 않아요. 아마도 평소에 공자가 여러 제자들에게 자주 들려준 말이 아닌가 추측해 봅니다. 보통 윗사람이 잘못할 때 충고하는 것을 '간諫'한다고 합니다. 그러니 부모도 잘못을 저지를 수 있다는 것이 전제된 말입니다. '부드럽게 충고해야 한다'고 합니다. 부모 자식의 관계는 하늘이 맺어 주었다는 뜻에서 '천륜天倫'이라고 합니다. 마음이 안 맞는다고 쉽게 끊을 수 있는 게 아니지요. 그러니 충고할 때도 잘 살펴서 해야 합니다. 남이면 어떨까요? 몇 번 충고하다가 안 되면 그만두고 때로는 관계를 끊기도 합니다. 그러나 부모 자식 관계는 다르잖아요. 쉽게 말해, 올바른 말이라도 예의를 갖춰 해야 한다는 뜻입니다. 정말 맞는 말이에요. 부모와 자식은 아무리 불미스러운 일이 있어도 '끝'까지 가면 안 되죠. 하지만 요즘 뉴스에는 폭력, 유기, 살인, 사기 등 끝까지 간 부모 자식 들이 자주 등장합니다. 이런 일들이 뉴스가 된다는 것만 봐도 일어나면 안 될 일이라는 것을 알 수 있습니다.

『논어』에는 효에 관한 구절 중 새겨들을 만한 명구가 여럿 있는데, 저는 특히 다음 구절을 좋아합니다.

선생님께서 말씀하셨다. "부모의 나이를 몰라서는 안 되니, 한편으로는 그 때문에 기쁘고 한편으로는 그 때문에 두렵다."[9] 「이인 21」

공자의 말에 따르면 부모의 나이를 알아서 기쁜 것은 여전히 부모님이 살아 계시기 때문이고, 두려운 것은 부모님과 함께할 날이 얼마 남지 않았기 때문입니다. 한나라 사람 한영韓嬰이 지은 『한시외전韓詩外傳』에 효에 관한 유명한 말이 있어요. "나무는 고요하려고 해도 바람이 그치지 않고, 자식은 봉양하려고 해도 부모님이 기다려 주지 않는다." '바람과 나무의 탄식'을 뜻하는 '풍수지탄風樹之嘆'이 바로 이 대목에서 나왔습니다. 자식은 부모가 돌아가시고 세상에 고아로 남은 뒤에야 부모님께 해드리지 못한 효도를 생각하게 되나 봐요.

계강자가 물었다. "백성들이 임금을 공경하고 진실하게 대하며 백성들끼리 서로 착한 일을 권하게 하려면 어떻게 해야 합니까?" 선생님께서 말씀하셨다. "임금이 엄정하고 기품 있는 모습으로 백성들을 다스리면 백성들이 임금을 공경할 것이요, 임금이 자기 부모에게 효성스럽고 대중에게 자애로우면 백성들이 임금을 진실하게 대할 것이며, 유능한 사람을 쓰고 유능하지 못한 자는 유능해지도록 가르친다면 백성들이 서로 선을 권할 것입니다."10 「위정 20」

노나라 대부인 계강자가 정치를 잘할 수 있는 방법을 물었습니다. 공자의 대답은 간단하고 분명합니다. 군주가 모범을 보이라는 거죠. 솔선수범해야 한다는 말입니다. 효에 관해서만 말하자면, 임

금이 자기 부모에게 효를 다하고 백성을 자애롭게 대해야 백성들이
진실하게 임금을 존경할 거라고 했습니다.

효가 뻗어 나간 것이 정치다

공자가 이렇게 효를 강조한 것은, 가족의 바람직한 확대가 좋은
사회의 근본이라고 보았기 때문입니다. 유학이 규정한 세계관은
『대학』에 있는 '수신제가치국평천하修身齊家治國平天下'라는 말에 담
겨 있습니다. 자기 몸을 닦는 '수신'은 사람다운 사람이 되려는 노
력인데, 이 수신의 주요 실천 덕목이 바로 효도죠.

> 어떤 이가 공자(선생님)께 말했다. "선생님께서는 왜 정치를 안 하
> 십니까?" 선생님께서 말씀하셨다. "『서경』에 이르기를 '효도하고
> 오직 효도하라. 형제간에 우애롭게 지내 (이런 기풍이) 정치에까지
> 이르게 하라.' 하니, 이 또한 정치를 행함인데, 어찌 관직을 맡아 국
> 정에 참여하는 것만을 두고 정치를 한다 하겠느냐?"[11] 「위정 21」

공자는 교육자이면서 정치가였습니다. 정치적 포부를 펼치려고
13년간 유랑까지 했잖아요. 그는 가정이 확대된 것이 사회라고 봤
습니다. 그러니 가정에서 효를 행해 인간다움을 키우고, 그것을 공

적 영역인 정치에 적용해야 한다고 생각했어요. 내 마음을 미루어 남의 마음을 헤아리듯, 가정에서 효를 행하는 마음을 정치 영역에서 실현하는 겁니다. 진리는 늘 가까운 곳에서 먼 곳으로, 낮은 곳에서 높은 곳으로 점진적이고 순차적으로 실현된다고 보았지요. 그러니 단계를 건너뛰는 엽등躐等을 공자는 멀리했습니다.

효는 죽어서야 면하는구나: 증삼

공자 학교에서 효행으로 이름난 제자인 증삼이 "죽음을 앞둔 이제야 나는 부모님이 주신 몸을 상하지나 않을까 하는 근심에서 벗어났음을 알겠구나![而今而後 吾知免夫]"(「태백 3」)라고 했지요. 증삼이 지었다는 『효경孝經』에 '몸은 부모님께서 주신 것이니 감히 훼손하지 않는 것이 효도의 시작'이라는 대목도 있는데, 들어 봤나요? 불의한 짓을 저질러 자기 몸을 다치고 부모를 욕되게 하는 것을 최악의 불효로 본 겁니다. 그러니 자기 몸을 보존하는 데 온 마음을 다 바쳤겠지요. 저는 이 대목을 읽으면서 증삼이 몸을 온전하게 보존한 채 운명하는 순간이 아니라 그가 지나쳤을 수많은 과정을 떠올립니다. 경건한 마음으로 몸을 보존한 하루하루가 쌓여서 도달한 순간이니까요. 나는 누가 뭐래도 부모가 몸을 주신 존엄한 존재라고 확신하는 바탕이 있어야 증삼처럼 살 수 있을 겁니다. 우리는 자신의 몸으로 하루를 사는 것이 얼마나 존엄한지를 알아야 합니다. 나부터 내 몸을 귀하게 여기고 귀한 몸에 어울리게 행동하다 보면 점점 더 귀한 사람이 될 수 있어요.

열여덟 번째 이야기
나를 지탱하는 버팀목

앞에서 수직적 관계를 대표하는 효에 대한 공자의 생각을 알아봤는데, 이제 수평적 관계를 대표하는 벗에 관해 공자와 그 제자들의 생각을 알아보지요. 증삼의 말부터 봅니다.

> 증자(증삼)가 말했다. "군자는 글로 벗을 모으고 벗의 선善으로 내 인仁을 돕게 해야 한다."[12] 「안연 24」

공자 학교는 함께 글을 배우며 자신을 닦고, 더 나아가 정치에 참여할 인재를 기르는 곳이었습니다. 학교라고 오로지 공부만 하는 곳은 아니죠.

이익을 위해 사귄 벗은 진정한 벗이 아닐뿐더러 끝이 안 좋아요. 이익을 바라고 모였으니 저마다 자신에게 이익이 안 될 때는 버리면 그만이기 때문이에요. 그러나 학문을 통해 사귄 벗들은 싸울 일이 적지요. 학문의 벗들은 내 부족함을 일깨워 줍니다. '내 인을 돕게 해야 한다'는 대목의 원문은 '보인輔仁'인데, 돕는다는 뜻의 '보'는 수레바퀴의 둥근 상태를 지탱해 주는 버팀목을 가리킵니다. 살다 보면 여러 가지 어려움으로 생활도 생각도 찌그러지기 쉽잖아요. 그럴 때 잘못된 길로 들어서지 않도록 나를 붙잡아 주는 사람이 친구죠. 그래서 친구가 필요합니다.

잠깐 다른 얘기를 하자면, 제가 오래전 몇 해 동안 야간에 공부를 하러 다녔어요. 20대부터 70대까지 나이가 제각각인 사람들이 같이 공부했는데, 옆자리에 계신 나이 일흔의 동학同學이 피곤한지 꾸벅꾸벅 줍니다. 너무 피곤해 보여서 깨우지도 못했습니다. 무거워진 눈꺼풀을 올렸다가 다시 고개를 갸웃갸웃합니다. 그날 공부를 마치고 돌아오면서 여러 가지를 생각했습니다. 내가 그분 나이가 됐을 때 젊은 사람들 틈에 끼어 공부하러 다닐 용기가 있을까, 그러기 위해 평소에 스스로 관리를 잘할 수 있을까 하고요. 꼭 내 잘못을 짚어 줘야만 친구인 게 아니라, 앞에 소개한 제 동학처럼 평소 모습만으로도 내게 가르침이 되는 사람은 친구라고 할 수 있죠. 벗을 사귀는 데 나이는 상관없어요.

벗들의 관계에서 중요한 덕목은 상대를 공경하는 마음입니다. 앞서 제나라 경공이 공자를 중용하려고 할 때, 안영이라는 신하가 이를 막았다고 했습니다. 공자로서야 원망이 있었을 테지만, 공자는 안영의 사귐을 칭찬했어요.

선생님께서 말씀하셨다. "안평중晏平仲(안영)은 남과 교제를 잘하는 사람이다. 사귄 지 오래되어도 그 사람을 공경했으니 말이다."[13]
「공야장 16」

한두 번의 즐거움을 위해 사귄 친구가 아니라, 정말 평생을 함께할 만한 친구라면 서로 공경하는 자세를 가져야 합니다. '부모 팔아 친구 산다'는 속담이 있어요. 다소 과장된 측면이 있지만, 그만큼 친구가 인생에서 소중하다는 뜻이겠죠. 부모를 팔아 살 만한 친구라면 신중하게 선택하고, 신중하게 그 관계를 이어 가야 합니다.

배울 점이 있는 사람과 벗하라

벗에 관한 공자의 생각은 소박하고 평범합니다. "나보다 못한 사람과는 벗하지 마라.〔無(毋)友不如己者〕"(「학이 8」, 「자한 24」) 이 말이 『논어』에 두 번 나오니까, 평소에 강조했다고 봐도 되겠죠. '배울 점이 없는 녀석하고는 친구하지 말라니, 공자의 포용력이 겨우 이 정도야?' 하고 실망할 수도 있습니다. 그래서 '나와 생각(지향)이 같지 않은 사람과는 벗하지 말라'고 풀이하기도 합니다. 논리적으로도 그럴듯해요. 나보다 못한 사람과 벗하지 말라니, 그럼 나보다 나은 사람은 나하고 벗하지 않을 거잖아요. 그런데 저는 나보다 못한 사람보다는 내가 배울 점이 있는 사람을 친구로 삼아 자신을 향상하라는 것이 공자의 진의에 가깝다고 생각합니다. 그렇다고 해서 나보다 못한 사람을 물리치라는 말은 아니니까요.

인생은 참 짧아요. 배울 점이 없다고 판단되는 사람까지 사귀면서 지낼 시간이 없어요. 당연히 배울 점이 많은 사람과 사귀어야죠. 공자의 말이 이렇게 평범합니다. 『논어』의 깊은 울림은 이런 평범함에서 나옵니다.

공자는 평범해 보이면서도 분명히 우리와 다른 점이 있습니다. 우리는 배울 점이 있는 사람과 배울 점이 없는 사람을 구별해서 한쪽은 받아들이고 한쪽은 내치기가 쉽지요. 공자는 다릅니다.

선생님께서 말씀하셨다. "세 사람이 길을 가면 그중에 반드시 내가 스승 삼을 만한 사람이 있다. 남의 착한 행동을 가려서 따르고 남의 나쁜 행동을 거울삼아 자기 허물을 고쳐야 한다."14 「술이 21」

세 사람이 길을 갑니다. 그중 한 사람이 착하게 행동합니다. 당연히 그 사람의 착한 행동을 본받아야죠. 그런데 또 한 사람은 나쁘게 행동합니다. 배울 게 없으니 관계를 끊어야 할까요? 잘 생각해 보면 나쁜 행동을 저지르는 사람이 과거나 미래의 '나'일 수도 있어요. 누구나 잘못을 저질렀거나 저지를 가능성이 늘 있잖아요. 그러니 나쁘게 행동한 사람을 부정하면 마치 자신을 부정하는 것과 같지요. '세 사람'을 꼭 나 아닌 남들로 풀이할 필요는 없습니다. 나를 뺀 나머지 '두 사람'은 내 안에 있는 '나쁜 나'와 '좋은 나'일 수도 있어요.

그럼 어떻게 할까요? 착하게 행동한 사람에게는 착한 점을 배우고, 나쁘게 행동한 사람에게는 나쁜 행동을 하지 말아야겠다고 반면교사로 삼아 배우면 됩니다. 모든 사람이 나에게 스승인 셈입니다. 물론 이런 경지에 이르기가 말처럼 쉽지는 않죠. 그러나 불가능한 일은 아닙니다.

도움이 되는 벗

공자는 그럼 어떤 벗을 사귀어야 한다고 말할까요?

선생님께서 말씀하셨다. "나에게 도움이 되는 세 벗이 있고, 해가 되는 세 벗이 있다. 정직한 벗, 믿음직한 벗, 견문이 넓은 벗은 나에게 도움이 된다. 생각이 치우친 벗, 아첨을 잘하는 벗, 말만 잘하는

벗은 나에게 해가 된다."¹⁵ ^{「계씨 4」}

'익자삼우益者三友', 즉 내게 유익한 세 벗을 알아보려면 나 자신이 사람을 판단하는 눈부터 갖춰야 합니다. 『논어』에 이에 대한 언급이 여러 번 나옵니다.

번지가 지혜(知)에 대해 묻자, 공자는 '사람을 알아보는 것(知人)'(「안연 22」)이라고 말합니다. 사람을 안다는 것은 남을 잘 관찰하고 이해하는 것입니다. 이런 안목이 있어야 좋은 친구를 고를 수 있고, 정치가라면 인재를 제대로 뽑아 쓰겠죠. 그래서 공자는 사람 보는 눈을 중시했습니다.

선생님께서 말씀하셨다. "그 사람이 하는 행동을 보고 그 사람이 그렇게 행동하는 이유를 살피며 그 사람이 그 행동을 편안히 실천해 나가는지를 더욱 꼼꼼하게 살핀다면, 사람들이 어찌 자신을 숨길 수 있겠는가? 사람들이 어찌 자신을 숨길 수 있겠는가?"¹⁶ ^{「위정 10」}

남을 알아보는 방법을 단계에 따라 상세하게 말합니다. 첫째, 사람의 행동을 살피는 단계입니다. 착한 일을 하는 사람은 군자고, 나쁜 일을 하는 사람은 소인입니다. 둘째, 행위의 의도나 동기를 살피는 단계입니다. 어떤 사람이 착한 일을 했어도 그 의도가 착하지 않다면 군자일 수 없죠. 마지막으로, 어떤 사람이 정말로 즐거워하면서 행동하는지를 살피는 단계입니다. 행위가 선하고 의도가 착해도 마지못해 하고 즐거워하지 않는다면 위선이고, 위선은 오래갈 수 없기 때문입니다.

벗을 사귀는 태도

사회생활을 하다 보면 싫은 사람과도 잘 지내야 한다고 합니다. 그러나 공자로서는 그런 사람과 탈 없이 지낼 수는 있어도 벗을 할 수는 없습니다. 공자는 '원망하는 감정을 숨기고 그 사람과 벗하는 것을 부끄럽게 여긴다〔匿怨而友其人 左丘明恥之 丘亦恥之〕'(「공야장 24」)고 했어요.

만일 나와 원수진 사람이 있다고 해 보죠. 그 사람에 대한 감정이 말끔히 지워졌다면 그 사람과 우정을 쌓아 갈 수 있겠지만, 찜찜한 앙금이 남아 있다면 어떡할까요? 공자는 굳이 찜찜함을 감추면서 벗하려고 하지는 말라고 합니다. 자신의 감정에 충실하라는 메시지예요.

공자가 말하는 화합〔和〕, 어울림은 자기 생각 없이 '너도 옳고 그도 옳다'는 식의 부화뇌동과 다릅니다. 여러 사람과 어울려야 제 장단점을 잘 알 수 있어요. 자기 세계에 지나치게 갇혀 있으면 그만큼

시야가 좁아지고, 다른 분야의 사람들과 만나야 자기 분야도 잘 보이는 법입니다. 다른 것이 틀린 건 아니라는 말을 많이 하지요. 자꾸 내 틀로 남을 재단하면 그게 동일성을 강요하는 폭력이 될 수도 있습니다. 그러니 나와 다른 남의 존재를 인정해야죠. 인정한다고 해서 굳이 같아져야 하는 건 아니고, 앞에 말한 것처럼 좋은 점은 좋은 점대로 나쁜 점은 나쁜 점대로 내 인격적 성숙의 거름으로 삼으면 됩니다.

정말 벗할 사람이 없다면 차라리 혼자 있는 편이 낫습니다. 친구가 없다고 걱정할 것 없어요. 세상에 사람 많거든요. 언젠가는 자신과 맞는 벗이 생깁니다. "덕이 있는 사람은 외롭지 않다.〔德不孤〕"(「이인 25」) 공자가 이렇게 말한 걸 기억하나요? 불안해서 여기저기 기웃대지 말고 혼자 있는 걸 즐겨 보세요. 혼자 잘 지내는 사람이 다른 사람과도 잘 지낼 확률이 높습니다. 자기 사신을 존중하는 만큼 다른 사람도 배려할 수 있을 테니까요.

내가 어떤 사람에게 자꾸 충고해도 먹히질 않아요. 그럼 어떻게 해야 할까요?

자유가 말했다. "임금을 섬길 때 자주 충고하면 욕을 당하고, 친구에게 자주 충고하면 사이가 멀어진다."[17]「이인 26」

충고를 멈춰야 합니다. 이런 자유의 말에 공자도 고개를 끄덕일 겁니다. 내 뜻이 아무리 좋아도 상대에게 가 닿지 않을 때 억지로 관계를 유지하기보다는 거리와 시간을 두고 천천히 지켜보세요. 충고를 듣지 않는 친구를 억지로 변화시키려다가는 자칫 영원히 관계가 틀어져 버립니다. 그래서 자유의 말은 평범한 우리가 귀담아들어야 할 충고라고 생각합니다.

여론도 자기 눈으로 살펴야

> 자공이 물었다. "고을 사람들이 모두 그를 좋아하면 어떻습니까?" 선생님께서 말씀하셨다. "잘 모르겠다." "고을 사람들이 모두 그를 싫어하면 어떻습니까? 나쁜 사람입니까?" 선생님께서 말씀하셨다. "잘 모르겠다. 고을 사람 중에 착한 사람이 그를 좋아하고 나쁜 사람이 그를 싫어하는 것만 못하다."[18] 「자로 24」

삼인성호三人成虎라는 말이 있습니다. 세 사람이 호랑이가 나타났다고 하면 모두 그 말을 믿는다는 뜻으로, 여론 형성의 무서움을 나타냅니다. 세 사람만 있으면 없는 호랑이도 만들어 낼 수 있으니 겁나는 일이지요. 한두 사람이 아니라 여러 사람이 그 사람을 미워하면 정말 그 사람이 미움받을 짓을 했나 하고 의심하게 됩니다. 판단력이 없으면 여론에 쉽게 흔들립니다. 사람들이 모두 좋아하는 사람은 나도 좋아해야 할까요? 공자는 모두가 좋아하는 사람보다는 '착한 사람은 좋아하고, 착하지 않은 사람은 싫어하는 사람'이 낫다고 말하네요. 여론은 필요조건은 되지만 충분조건은 못 되니, 남의 의견을 존중해도 최종 판단은 스스로 하라는 뜻입니다. 모든 사람이 좋아한다고 해도 의롭지 않은 점이 있지는 않은지 내 눈으로 직접 보고 판단해야 한다는 겁니다.

같이 살자

정치인 공자

공자는 학교에서 학생을 가르친 교사일 뿐만 아니라 자기 사상을 현실 정치에 반영하기를 간절히 바란 정치가이기도 했습니다. 13년 방랑은 정치적 이상을 실현하기 위한 고난의 발걸음이었어요. 그러니까 공자를 이해하려면 그가 생각하는 정치를 이해해야 합니다.

독일 철학자 야스퍼스는 『논어』의 명제를 이렇게 정리했습니다. "국가라는 공동체는 구성원들의 정신이 모여 형성되는 것이고, 인간은 상호 관계 속에서 성숙할 수 있다." 공자가 '정치'로 생각한 것이 바로 '구성원들의 정신을 모으는 구심점'입니다.

선생님께서 말씀하셨다. "덕으로 정치하는 것은, 북극성은 제자리에 있는데 뭇별이 북극성을 향해 도는 것과 같다."[19] 「위정 1」

「위정」 편에는 정치에 대한 공자의 생각을 엿볼 수 있는 구절이 꽤 있어요. 공자의 정치사상은 한마디로 '덕치'입니다. 덕치란, 덕으로 다스린다는 뜻이에요. 법으로 다스린다는 뜻의 법치와 비교해보면 이해하기 쉽지요. 법이라는 잣대로 사리를 엄격하게 판단하는 법치와 달리 덕치는 백성들의 잠재된 도덕성이나 성장 가능성을 믿는 바탕 위에 임금이 솔선수범하는 것입니다. 그래서 덕치는 임금의 모범적인 행동에서 출발합니다. 임금부터 훌륭함을 보여야 백성들이 이를 본받아 사회가 조화롭게 유지된다는 발상입니다. 공자는 이를 두고 하늘의 북극성이 제자리에서 중심을 잡아 주면 다른 별들이 북극성을 향해 질서 있게 도는 것과 같다고 했어요. 이 구절에서 독재자를 떠올리면 안 됩니다. 임금의 솔선수범에 백성의 마음이 감화되어 자연스럽게 따르는 것과 무조건 '나를 따르라'는 독재자의 압력에 못 이겨 백성들이 끌려가는 건 다르거든요.

선생님께서 말씀하셨다. "법령으로 이끌고 형벌로 규제한다면 백성들은 형벌을 모면하려고만 할 뿐 부끄러움이 없어진다. 덕으로 이끌고 예로써 규제한다면 백성들은 부끄러워할 줄 알고 바른 사람이 될 것이다."[20] 「위정 3」

교통 경찰의 함정 단속을 예로 들 수 있을 것 같네요. 모퉁이에 숨어서 적발과 과태료만을 목적으로 단속하면, 운전자는 자신의 잘못을 인정하기보다는 결국 '재수가 없어서 걸렸다'는 반감을 갖게 된다는 거죠.

정치는 솔선수범

> 선생님께서 말씀하셨다. "윗사람의 몸가짐이 바르면 명령하지 않아도 따르고, 몸가짐이 바르지 않으면 명령을 내려도 따르지 않는다."21 「자로 6」

공자는 역시 임금을 포함한 위정자의 솔선수범을 강조합니다. 그들의 행동이 바르지 않으면 백성들이 따르지 않는다면서요. 제도를 잘 갖추면 나라가 저절로 운영된다고 생각하기가 쉬운데, 제도의 운용은 어쩔 수 없이 사람의 몫입니다. 세상에 만병통치는 없습니다. 공자를 받들어 모신 유학자들이 통치한 조선만 해도 당시 다른 나라들에 비해 제도가 잘 갖춰져 있었습니다. 하지만 망했어요. 이유가 뭘까요? 여러 가지 이유를 들 수 있겠지만, 정치체제를 운용한 관리들이 '공공성'을 망각했다는 사실이 아주 크게 작용했습니다. 그들이 사적인 이익을 중시했거든요.

계강자가 공자에게 정치에 대해 물었다. "만일 무도無道한 자를 죽임으로써 백성들을 올바른 도道로 이끌면 어떻습니까?" 선생님께서 대답하셨다. "그대는 정치를 하면서 어찌 사람을 죽이려고 하십니까? 그대가 선하려고만 하면 백성들도 선해질 것입니다. 위정자의 덕德은 바람이고 백성의 덕은 풀과 같아, 풀 위에 바람이 불면 풀은 반드시 눕기 마련입니다."[22]「안연 19」

논밭에서 잡초를 솎아 내듯 나쁜 사람을 죽이거나 격리하는 데만 골몰하는 것은 바른 정치가 아니라고 말합니다. 사법제도를 잘 갖춘다고 해서 좋은 나라가 되지는 않아요. 바람이 불면 풀이 눕듯이, 정치하는 사람이 모범을 보이면 백성이 자연스럽게 따른다고 합니다. 결국 정치한다면서 남 위에 군림하려 하지 말고 스스로 좋은 사람이 되려고 노력하라는 뜻입니다. 선거철에는 시장을 돌아다니면서 허리 굽혀 인사하다가도 당선하고 나면 권위를 내세우고 특혜를 누리기에 바쁜 정치인들에게 보여 주고 싶은 대목이네요. 정치는 우리 생활 구석구석에 영향을 미치니, 우리 모두 마음에 새겨 두면 좋겠습니다.

계강자가 도둑이 많은 것을 걱정해 공자(선생님)께 해결 방법을 물었는데, 선생님께서 말씀하셨다. "진실로 그대가 욕심을 부리지 않는다면, 비록 상을 준다 해도 도둑질하지 않을 것입니다."[23]「안연 18」

공자는 대체로 자신보다 신분이 높은 사람에게 최대한 예의를 갖춥니다만, 여기서는 뜻밖에 다른 모습을 보입니다. "당신이 욕심을 지나치게 부려서 세금을 너무 걷지 않는다면, 도둑에게 상을 준다고 해도 백성들은 도둑질하지 않을 거요!" '돌직구'를 날린 공자가 멋지지 않나요?

계강자가 공자(선생님)께 정치에 대해 물었는데, 선생님께서 대답하셨다. "정치란 바르게 한다는 말이니, 그대가 바르게 이끌어 간다면 누가 감히 바르게 되지 않겠습니까?"[24] 「안연 17」

한마디로 정치란, 바르지 않은 것을 '바르게' 하는 것입니다. 나 자신의 비뚤어진 행동을 반듯하게 바로잡고, 잘못된 관행을 바로잡는 것이지요.

임금 노릇의 어려움을 알라

노나라 정공이 물었다. "한마디 말로 나라를 홍하게 할 수 있다는데, 그런 말이 있습니까?" 선생님께서 대답하셨다. "한마디 말로 그런 효과를 기대할 수는 없습니다만, 사람들 말에 '임금 노릇하기 어렵고, 신하 노릇하기 쉽지 않다'는 말이 있습니다. 임금 노릇하기 어려운 줄 알아야 한다는 말 한마디가 나라를 흥하게 한다는 말에 가깝지 않겠습니까?" 정공이 말했다. "한마디 말로 나라를 잃는다고 하는데, 그런 말이 있습니까?" 선생님께서 대답하셨다. "한마디 말로 그런 결과를 예측할 수는 없습니다만, 사람들 말에 '나는 임금이 된 것이 즐거운 게 아니라 내 말을 아무도 어기지 않는 게 즐거울 뿐'이라는 말이 있습니다. 임금의 말이 옳은 경우에 아무도 어기지 않는다면 얼마나 좋겠습니까만, 임금의 말이 옳지 않은 경우에 아무도 어기지 않는다면 어떻게 되겠습니까? 이 한마디 말로 나라 잃는 결과를 예측할 수 있지 않겠습니까?"[25] 「자로 15」

한마디로 나라가 망한다, 흥한다고 딱 부러지게 말할 수는 없다고 했습니다. 그러면서도 옛말을 빌려다 말합니다. "임금이 백성을 괴롭히는 정치를 해도 임금이 두려워서 아무도 거역하지 못하면 나라는 쫄딱 망하게 되어 있다."

정치의 기본은 신뢰

자공이 정치에 대해 물으니, 선생님께서 말씀하셨다. "양식을 풍족하게 하고, 군대를 충실하게 갖추고, 백성이 나라를 믿게 하는 것이다." 자공이 말했다. "어쩔 수 없이 꼭 버려야 한다면, 그 셋 중 무엇을 먼저 버려야 합니까?" 선생님께서 말씀하셨다. "군대를 버려야 한다." 자공이 말했다. "어쩔 수 없이 꼭 버려야 한다면, 나머지 둘 중 무엇을 먼저 버려야 합니까?" 선생님께서 말씀하셨다. "양식을 버려야 한다. 예부터 사람은 누구나 죽기 마련이지만, 백성의 신뢰가 없으면 나라는 존립할 수 없다."26 「안연 7」

　공자가 여기서 국가의 근본 세 가지를 들었습니다. 풍부한 양식은 경제력, 군대는 군사력이겠지요. 오늘날에도 경제력과 군사력이 갖춰진 나라라면 괜찮은 나라라고 할 수 있을 겁니다. 그러나 공자는 여기에 백성의 신뢰를 보탰습니다. 경제력과 군사력보다 오히려 백성의 신뢰가 더 중요하다고 했습니다. 백성이 임금을 믿지 않으면 제대로 된 나라가 아니고, 머지않아 무너질 수도 있다는 것이 공자의 생각입니다. 사람됨에 신의(信)가 중요하듯 나라는 백성의 믿음이 있어야 튼튼해진다는 겁니다. 지극히 당연한, 지당한 말씀입니다.

지금 우리에게 필요한 덕목이 뭘까요?

사랑(仁)의 본질은 타인과 공감하는 능력

김 샘

4부의 부제인 '함께'는 '홀로'에 대응하는 말입니다. 『논어』에 그려진 공자만 봐도 그의 곁에는 늘 든든한 제자들이 있었어요. 내가 지금 누구와 함께 있으며 그 사람과 어떻게 교감하며 행복을 느끼느냐가 삶에서 중요합니다. 윤후랑 윤서는 누구랑 있을 때 가장 행복해요?

윤후

음, 저는 집에서는 엄마가 제일 좋아요. 그다음은 할머니, 그다음은 아빠, 또 그다음은 동생이고요. 학교에서는 친한 친구들이 있고, 저를 인정해 주시는 선생님들도 계세요.

김 샘

윤서는요?

윤서

저도 윤후랑 비슷해요. 그런데 친한 친구 중에도 떡볶이 먹으면서 수다 떨 때 좋은 친구가 있고, 노래방

가서 신나게 춤추면서 노래 부를 때 좋은 친구가 따로 있어요. 뭐, 친구가 아주 많지는 않아요. 또 저도 윤후처럼 가족이 소중해요. 저는 엄마, 할머니, 아빠, 오빠 순으로 좋아요.

김 샘

저는 윤후랑 윤서가 한 말에 공자 사상의 중요한 밑그림이 숨어 있다고 생각해요. '함께'라는 말을 달리 표현하면 '관계'거든요. 사람은 누구나 다른 사람과 맺는 관계 속에 존재해요.

그런데 행복한 관계가 있고, 불행한 관계도 있잖아요. 공자는 관계에 대해 어떻게 생각했어요?

윤후

김 샘

공자를 비롯한 유학자들은 '관계'를 두 부분으로 나눠요. 부모와 자식의 관계는 하늘이 맺어 줬다는 뜻에서 인륜人倫 중에서도 특히 '천륜天倫'이라고 하고, 이 관계는 영원히 끊을 수 없다고 했습니다. 그 나머지는 임금과 신하의 관계, 부부 관계, 친구 관계가 있죠. 이런 관계들은 말 그대로 사람의 관계니까 영원하지는 않아요. 가슴에 품은 뜻이 같으면 함께하고, 그게 다르면 언제든 끊어질 수 있다고 봤어요. 그럼 여러분이 살아가며 맺고 있는 관계는 어떤 것들이 있을까요?

제가 주로 있는 곳이 '집'이랑 '학교'잖아요. 집에는 '가족'이 있고, '학교'에는 친구랑 선생님들이 있어요.

우리가 매일 만나는 사람들과 맺는 '관계'에 대해 말씀하시는 거죠?

그럼요. '홀로'가 수기修己라면, '함께'는 안인安人이에요. 안인은 다른 사람을 편안하게 해 주는 것이고, 관계를 잘 살펴야 그렇게 할 수 있어요.

선생님, 다른 사람과 관계를 맺을 때 가장 중요한 덕목으로 『논어』에서는 뭘 꼽았어요?

그걸 말하기 전에 복습을 한 번 더 하죠. 사랑[仁]에는 두 가지 측면이 있어요. 첫째는 자신과 관계된 진실함[忠]. 둘째는 남과 관계된 배려[恕]죠. 여기까지 기억하겠죠? 그럼 『논어』에서 가장 많이 나온 단어가 뭐죠?

당연히 사랑[仁]이죠.

김 샘

맞아요. 그 인을 실천하는 덕목 중에 타인과 맺는 관계에서 가장 중요한 게 뭘까요?

배려[恕]죠.

윤후

김 샘

그래요. 중궁이 인에 대해 물었을 때 공자의 답, "자기가 하고 싶지 않은 일을 남에게 베풀지 마라."(『안연 2』) 저는 이 말을 참 좋아해요. 자공이 평생 가슴에 새겨 행할 말씀을 가르쳐 달라고 했을 때도, 공자는 배려라고 답했죠. 배려는 자신이 하고 싶지 않은 일을 남에게 베풀지 않는 것이라면서요.

선생님, '내 마음을 미루어 남을 헤아리는 것'도 배려죠?

윤서

김 샘

네, 배려가 특별한 게 아닙니다. 내가 다른 사람이 되어 보는 거죠.

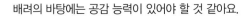

배려의 바탕에는 공감 능력이 있어야 할 것 같아요.

윤서

김 샘

윤서 말대로 '공감 능력'이 우리한테 필요해요.

얼마전에 물고기도 공감 능력이 있다는 게 밝혀졌어요. 과학저널 《사이언스》 2023년 2월호에 "물고기도 동료의 공포를 느끼며 이런 능력은 뇌에서 분비되는 호르몬인 옥시토신에 의해 조절되는 것으로 드러났다."라는 논문이 발표되었거든요. 영장류나 고래 같은 지능이 높은 사회적 동물의 대표적 특질이 공감 능력이라고 하는데, 최근 쥐, 새, 물고기도 비슷한 능력을 지닌다는 연구결과가 잇따르고 있어요.

저는 공감 능력을 '경쟁력'이라고도 생각해요. 다른 사람의 생각이나 느낌에 대해 '그렇구나.' 하고 잘 느끼는 사람은 이해력이 뛰어나고 소통하는 힘도 크다고 볼 수 있어요. 요즘은 혼자 똑똑해서 이룰 수 있는 일이 많지 않아요. 교육 현장에서도 '협동 학습'을 중요하게 봐요. 한마디로 '공감의 시대'예요.

함께 사는 길, 정치

김 샘

고등학생에게 정치는 참 멀게 느껴지죠. 하지만 곧 투표권이 생길 테고, 우리 사회에서 선거 연령을 낮추자는 주장도 나왔으니까 정치가 남의 일만은 아니에요.

저희도 알아요. 우리를 주체적 존재로 보지 않는 것

윤후

같아서 불만도 있어요. 어떤 정치인들은 우리가 미숙하고 물정을 몰라 인기만 좇을까 봐 투표권을 줄 수 없다고 하는데, 우리도 정치에 관심 많고 각자 생각이 있다고요.

윤서

저는 교육 문제처럼 우리랑 아주 가까운 문제에 주로 관심이 있어요. 교육제도를 우리가 선택할 기회가 온다면 지금보다 훨씬 더 진지하게 고민해 볼 거예요. 우리도 사회에서 한몫한다는 느낌이 들어 자연스레 책임감도 커질 것 같아요.

김 샘

여러분이 제 생각보다 훨씬 더 정치에 관심이 많네요. 투표권이 주어진다면 아마 그에 걸맞게 성숙한 자세를 보일 거라고 믿어요.

윤후

저는 공자가 말하는 정치도 꼭 정치가들만 하는 건 아니라고 느꼈어요. "부모에게 효도하고 형제간에 우애 있게 지내, 이를 정치에 적용한다."(『위정 21』) 이런 말도 했잖아요.

김 샘

맞아요. 공자는 정치를 정치가들의 영역에만 두지 않았어요. 가정에서 부모 노릇을 반듯이 하는 것도 정치고, 내 마음을 미루어 타인에게 적용하는 것도

정치로 봤죠. 교사가 학생들을 잘 이끄는 것도 정치
겠죠.

윤서

그러고 보니 『논어』 이야기를 하다 정치 이야기까지
온 게 재밌네요. 그만큼 『논어』의 폭이 넓은 거죠?

김 샘

맞아요. 살다가 고민이 생기면 『논어』에서 답을 찾는
다는 사람들도 있어요.

윤후

저는 기억해 두면 좋겠다 싶은 구절들이 꽤 많았어
요. 그래도 친구들한테 『논어』 구절을 알려 주면 잘
난 척한다는 말을 듣고 저도 쑥스러울 것 같아요.

김 샘

친구끼리 좋은 건 나눌수록 좋은데, 그게 어렵다니
안타깝네요. 여러분 또래한테 『논어』를 쉽게 알리고
싶어서 제가 이 책을 썼잖아요. 이 책을 읽은 친구들
이 많아져서 여러분이 『논어』 얘기를 편하게 할 수
있기를 바랍니다.

『논어』와 안중근
─지상에 남기고 싶던 『논어』의 구절

조선이 망하기 한 해 전인 1909년 10월 26일, 안중근安重根이 중국 하얼빈 역에서 이토 히로부미伊藤博文를 사살합니다. 이 일로 다음 해 2월 14일에 사형을 선고받고, 3월 26일에 순국했어요. 그의 나이 서른둘이었죠. 안중근은 뤼순 감옥에서 붓글씨를 많이 남겼습니다. 갇혀 있는 동안 친절하게 대해 준 일본인 교도관과 고마운 사람들에게 써 준 것으로 알려졌어요. 유묵의 구절은 대부분 중국 고전에서 골랐어요. 그가 머문 감방에 참고할 서적이 전혀 없던 점을 고려하면, 안중근이 고른 구절은 숙성된 삶의 철학을 그대로 보여 준다고 할 수 있어요. 죽음을 앞둔 그의 머릿속에 침잠해 있던 것들이었습니다.

안중근의 유묵은 형식이 특별합니다. 보통 글씨 왼편에 이름이나 호를 작게 쓰고 인장을 찍습니다. 그런데 그는 1909년 1월에 조선의 독립을 소원하는 동지 열한 명과 단지동맹斷指同盟을 맺고 약지한 마디를 자른 왼손을 인장 삼아 찍은 것입니다. 낙관의 글은 이런 식이에요. "경술년(1910) 2월/3월 뤼순 감옥에서 대한국인 안중근이 쓰다.〔庚戌 二月/三月 於旅順獄中 大韓國人 安重根 書〕"

현재 유묵 서른한 점이 보물로 지정되어 있어요. 이 밖에도 유묵이 많지만 일부는 진품 시비가 있어요. 그런데 압도적 비중을 차지하는 구절이 『논어』에서 왔다는 데 주목할 만합니다. 그는 『논어』의 구절을 그대로 인용하거나 일부를 바꿔 썼습니다.

피신처를 마련해 주는 등 백범白凡 김구金九와 각별한 인연이 있는 그의 아버지 안태훈安泰勳이 서당을 세우고 훈장을 초빙해 아들에게 한문을 공부시켰는데, 그 기간이 유년시절 가운데 8~9년에 해당한다고 해요. 죽음을 앞둔 그의 정신에서, 어릴 때 익힌 『논어』가 큰 비중을 차지하고 있던 셈이죠.

안중근의 유묵 가운데 『논어』에서 온 구절 몇 가지를 보겠습니다. 가장 잘 알려진 것이 '이익을 보거든 의로움을 생각하고, 위태로움을 보거든 목숨을 바치라〔見利思義 見危授命〕'는 구절입니다. 짧고 강렬한 삶과 꼿꼿한 최후의 모습을 떠올릴 때, 그의 삶 전체를 표현하는 말로 이보다 더 적절한 것이 없어요. 『논어』 「헌문憲問」에 나오는 대목을 풀면 이렇습니다.

자로가 성인成人, 즉 완전한 사람에 대해 묻자, 선생님(공자)께서 말씀하셨다. "장무중의 지혜와 맹공작의 무욕과 변장자의 용기와 염구의 기예를 갖추고, 예법과 음악으로 보완한다면 성인이라 할 수 있다." 또 말씀하셨다. "오늘날의 성인이 어찌 그럴 필요까지야 있겠느냐? 눈앞의 이익을 보고도 의로운지를 생각하고, (나라가) 위태로운 때를 당해 자신의 목숨을 내놓을 각오를 하며, 오랜 약속에 대해 지난날의 말을 잊지 않고 실천한다면 또한 성인이라 할 수 있다."

공자는 '지혜, 무욕, 용기, 재주, 예악'을 겸비해야 인격의 완성에 도달한다고 했습니다. 그러나 이 다섯 가지를 완벽히 얻기가 쉽지 않아요. 그래서 '이익 앞에서 의를 생각하는 것', '위험 앞에서 목숨을 버릴 각오를 하

안중근, 〈견리사의 견위수명〉, 1910, 동아대학교 석당박물관.

는 것', '어려운 생활 속에서 옛 약속을 저버리지 않는 것', 이 세 가지만 갖춰도 완성된 인격이라 할 수 있다고 했습니다. 안중근이 이를 인용해 글씨를 썼어요. 『논어』에서 온 유묵 구절 중 몇 가지를 더 보면 다음과 같습니다.

누추한 옷과 거친 밥을 부끄러워하는 자와는 더불어 의논할 수 없다.〔恥惡衣惡食者 不足與議〕 —「이인」

원문은 이 앞에 '선비가 도에 뜻을 두고도〔士志於道而〕'라는 구절이 있습니다.

사람이 원대한 계획이 없으면 큰일을 이루기 어렵다.〔人無遠慮 難成大業〕 —「위령공」

원문은 이렇습니다. "앞날에 대한 원대한 생각이 없으면, 반드시 눈앞의 근심에 매몰될 뿐이다.〔人無遠慮 必有近憂〕"'난성대업難成大業'은 그가 만든 구절입니다.

높은 뜻이 있는 선비와 어진 사람은 자신의 몸을 바쳐 인을 이룬다.〔志士仁人 殺身成仁〕 —「위령공」

"뜻있는 사람과 어진 사람은 살기 위해 인을 해치는 일이 없고 자신의 몸을 바쳐 인을 이룬다.〔志士仁人 無求生以害仁 有殺身以成仁〕"를 줄인 것입니다. 흔히 쓰는 '살신성인'이 여기서 온 말입니다.

> 머리가 명민하면서도 배우기를 좋아하며 아랫사람에게 묻는 걸 부끄러워하지 않았다.〔敏而好學 不恥下問〕 ―「공야장」

공자의 제자인 자공이 공문자에 대해 물은 내용의 일부입니다. 공문자는 행실이 매우 나빴다고 해요. 그럼에도 죽은 뒤에 '문文'이라는 시호를 받은 것에 대해 자공이 의아해서 묻습니다. 이에 공자는, 똑똑하면 잘난 체하기 쉬운데 공문자는 남에게 묻기를 좋아하고 아랫사람에게 묻는 것도 부끄러워하지 않았다며 그래서 문이라는 시호를 받았다고 답해요.

> 가난하면서도 아첨하지 않고, 부유하면서도 교만을 부리지 않는다.〔貧而無諂 富而無驕〕 ―「학이」

자공이 슬쩍 자신의 경지를 자부한 내용입니다. "저는 가난하되 아첨하지 않고, 부유하되 교만하지 않습니다." 자공은 부자였기 때문에 뒷구절에 해당할 거예요. 그러나 공자는 자공이 더욱 분발하기를 바라면서 이렇게 말합니다. "괜찮긴 해도, 가난하지만 도를 즐

기고 부유하지만 예禮를 좋아하는 사람만은 못하다.〔可也 未若貧而樂
富而好禮者也〕"

　이렇게 안중근이 『논어』에서 인용한 구절의 내용은, 공자가 말한
군자가 되기 위해 추구해야 할 마음가짐과 태도라는 공통점이 있습
니다. 감옥에서 죽음을 앞둔 몸으로 일본인 간수에게까지 깊은 경
외감을 불러일으킨 그의 의연함의 원천으로서 『논어』가 단단히 한
몫을 했을 거예요.
　세례명이 도마(토마스)인 천주교 신자 안중근은 근대인인 동시에
『논어』로 대표되는 유교적 교양이 몸과 정신에 새겨진 조선인이었
습니다. 이런 면에서 그가 유묵에 담은 낙관, '대한국인'은 조선에
서 대한민국으로 가는 과도기의 표징이 아닌가 싶어요. 그가 순국
한 1910년은 조선이 멸망한 해이기도 합니다.

나오며

마흔이 되던 2012년에 제가 가장 좋아하는 프랑스 작가 카뮈의 묘지에 다녀왔어요. 프로방스 루르마랭 마을의 공동묘지에 그가 아내와 함께 묻혀 있어요. 거기서 소박하고 간명한 비문을 한참 우두커니 바라본 기억이 새롭네요. 'Albert Camus/1913~ 1960'이라고만 적혀 있었거든요.

카뮈의 단편소설집 『적지와 왕국』에 「요나」라는 작품이 있어요. 화가인 요나가 어느 날 쓰러집니다. 텅 빈 캔버스에 그가 써 놓은 아주 작은 글씨 하나가 있는데, 사람들이 알아볼 수가 없어요. '고독solitaire인지 연대solidaire'인지. 요나를 비롯해 모든 인간의 운명은, 고독과 연대 사이의 균형 또는 중용의 줄타기에 있을지도 모르겠어요. 저는 고독과 연대를 우리말 '홀로'와 '함께'로 옮기고 싶어요.

학자들은 대개 『논어』의 핵심을 '극기복례', 즉 '이기심을 이겨 질서를 바로잡는다'로 요약합니다. 하지만 그건 좀체 오늘 우리가 쓰는 말로 다가오지 않아요. 그래서 저는 『논어』 말씀을 '홀로 그리고 함께'로 요약합니다. 공자의 가르침은 '수기修己'와 '안인安人', '사랑[仁]과 진실함[忠]'과 '배려[恕]'입니다. 수기·사랑·진실함은 내 인격을 닦는 일이고, 안인·배려는 남을 섬기는 일입니다. 저는 수기·사랑·진실함을 '홀로'로, 안인·배려를 '함께'로 옮기는 셈입니다. 이 둘은 서로 무관하지 않아요. '또는'이 아니라 '그리고'로 연결되어 있죠. 굳이 순서를 따지면 '홀로'가 앞서겠지만, '홀로'와 '함께'는 결코 무관할 수 없고 서로 필요합니다. 서로 소통하며 영향을 주고받는 관계라고 할 수 있어요.

저는 아동, 청소년, 성인, 노인을 가르는 게 때로는 못마땅합니다. 물론 사회적 약자를 보호하고 대접하기 위한 방편이라면 좋아요. 하지만 배려심 없이 말로만 '노인'을 '어르신'이라고 부르면 억지가 느껴져요. 우리가 나이와 성별에 상관없이 다 같은 사람이라는 점을 가끔 잊는 것 같습니다. 엄마도 사람이고 아빠도 사람이고, 선생님도 사람이고 학생도 사람이죠. 할아버지와 할머니도 사람입니다.

사람이면 누구나 가야 할 길이 있고, 사람이면 누구나 권리와 의

무가 있어요. 무엇보다 사람은 누구나 존엄한 가치가 있기 때문에 존중해야 합니다. 나도 사람이고 남도 사람이라는 점을 되새겨서 다른 사람의 삶에 공감하는 능력을 기르는 것이 인문 고전 읽기의 목적이 아닐까요? 『논어』 읽기는 '인간'으로서 '홀로'와 '함께'의 의미를 곱씹어 보는 것이라고 생각합니다.

오리엔테이션

¹子曰 不憤不啓 不悱不發 擧一隅 不以三隅反 則不復也 「술이 8」
자왈 불분불계 불비불발 거일우 불이삼우반 즉불부야

1부

¹曾子有疾 召門弟子曰 啓予足 啓予手 詩云 戰戰兢兢 如臨深淵
증자유질 소문제자왈 계여족 계여수 시운 전전긍긍 여림심천

如履薄氷 而今而後 吾知免夫 小子 「태백 3」
여리박빙 이금이후 오지면부 소자

²子曰 觚不觚 觚哉 觚哉 「옹야 23」
자왈 고불고 고재 고재

³子之武城 聞弦歌之聲 夫子莞爾而笑 曰 割鷄焉用牛刀
자지무성 문현가지성 부자완이이소 왈 할계언용우도

子游對曰 昔者 偃也聞諸夫子曰 君子學道則愛人 小人學道則易使也
자유대왈 석자 언야문저부자왈 군자학도즉애인 소인학도즉이사야

子曰 二三者 偃之言是也 前言戲之耳 「양화 4」
자왈 이삼자 언지언시야 전언희지이

⁴子路問曰 子見夫子乎 丈人曰 四體不勤 五穀不分 孰爲夫子 「미자 7」
자로문왈 자견부자호 장인왈 사체불근 오곡불분 숙위부자

⁵顔淵死 顔路請子之車以爲之槨
안연사 자로청자지거이위지곽

子曰 才不才 亦各言其子也 鯉也死 有棺而無槨
자왈 재부재 역각언기자야 리야사 유관이무곽

吾不徒行以爲之槨 以吾從大夫之後 不可徒行也「선진 7」
오부도행이위지곽 이오종대부지후 불가도행야

6顏淵死 子哭之慟 從者曰 子慟矣 曰 有慟乎 非夫人之爲慟而誰爲「선진 9」
안연사 자곡지통 종자왈 자통의 왈 유통호 비부인지위통이수위

7子曰 吾十有五而志于學 三十而立 四十而不惑
자왈 오십유오이지우학 삼십이립 사십이불혹

五十而知天命 六十而耳順 七十而從心所欲 不踰矩「위정 4」
오십이지천명 육십이이순 칠십이종심소욕 불유구

8子曰 後生可畏 焉知來者之不如今也
자왈 후생가외 언지래자지불여금야

四十五十而無聞焉 斯亦不足畏也已「자한 22」
사십오십이무문언 사역부족외야이

9子曰 年四十而見惡焉 其終也已「양화 26」
자왈 연사십이견오언 기종야이

10孔子曰 君子有三戒 少之時 血氣未定 戒之在色
공자왈 군자유삼계 소지시 혈기미정 계지재색

及其壯也 血氣方剛 戒之在鬪 及其老也 血氣旣衰 戒之在得「계씨 7」
급기장야 혈기방강 계지재투 급기로야 혈기기쇠 계지재득

11子曰 女奚不曰 其爲人也 發憤忘食 樂以忘憂 不知老之將至云爾「술이 18」
자왈 여해불왈 기위인야 발분망식 낙이망우 불여노지장지운이

12食不厭精 膾不厭細 食饐而餲 魚餒而肉敗 不食 色惡不食 臭惡不食
식불염정 회불염세 식의이애 어뇌이육패 불식 색악불식 취악불식

失飪不食 不時不食 割不正 不食 不得其醬 不食「향당 8」
실임불식 불시불식 할부정 불식 부득기장 불식

13唯酒無量 不及亂「향당 8」
유주무량 불급란

14緇衣羔裘 素衣麑裘 黃衣狐裘「향당 6」
치의고구 소의예구 황의호구

¹⁵當暑 袗絺綌 必表而出之 ^{「향당 6」}
당서 진치격 필표이출지

¹⁶褻裘長 短右袂 ^{「향당 6」}
설구장 단우메

¹⁷必有寢衣 長一身有半 ^{「향당 6」}
필유침의 장일신유반

¹⁸廏焚 子退朝曰 傷人乎 不問馬 ^{「향당 12」}
구분 자퇴조왈 상인호 불문마

2부

¹子入大廟 每事問 或曰 孰謂鄹人之子知禮乎 入大廟 每事問
자입태묘 매사문 혹왈 숙위추인지자지례호 입태묘 매사문

　子聞之 曰 是禮也 ^{「팔일 15」}
　자문지 왈 시례야

²子曰 敏而好學 不恥下問 是以謂之文也 ^{「공야장 14」}
자왈 민이호학 불치하문 시이위지문야

³子曰 不曰 如之何 如之何者 吾末如之何也已矣 ^{「위령공 15」}
자왈 불왈 여지하 여지하자 오말여지하야이의

⁴子曰 二三者以我爲隱乎 吾無隱乎爾 吾無行而不與二三子者 是丘也 ^{「술이 23」}
자왈 이삼자이아위은호 오무은호이 오무행이불여 이삼자자 시구야

⁵子曰 有敎無類 ^{「위령공 38」}
자왈 유교무류

⁶子謂仲弓曰 犁牛之子 騂且角 雖欲勿用 山川其舍諸 ^{「옹야 4」}
자위중궁왈 이우지자 성차각 수욕물용 산천기사저

⁷互鄕難與言 童子見 門人惑 子曰 與其進也 不與其退也
호향난여언 동자현 문인혹 자왈 여기진야 불여기퇴야

　唯何甚 人潔己以進 與其潔也 不保其往也 ^{「술이 28」}
　유하심 인결기이진 여기결야 불보기왕야

⁸柴也愚 參也魯 師也辟 由也喭「선진 17」
시 야 우 삼 야 로 사 야 벽 유 야 언

⁹子曰 中人以上 可以語上也 中人以下 不可以語上也「옹야 19」
자 왈 중 인 이 상 가 이 어 상 야 중 인 이 하 불 가 이 어 상 야

¹⁰子路問 聞斯行諸 子曰 有父兄在 如之何其聞斯行之 冉有問 聞斯行諸
자 로 문 문 사 행 저 자 왈 유 부 형 재 여 지 하 기 문 사 행 지 염 유 문 문 사 행 저

子曰 聞斯行之 公西華曰 由也問聞斯行諸 子曰 有父兄在 求也問聞斯行諸
자 왈 문 사 행 지 공 서 화 왈 유 야 문 문 사 행 저 자 왈 유 부 형 재 구 야 문 문 사 행 저

子曰 聞斯行之 赤也惑 敢問 子曰 求也退 故進之 由也兼人 故退之「선진 21」
자 왈 문 사 행 지 적 야 혹 감 문 자 왈 구 야 퇴 고 진 지 유 야 겸 인 고 퇴 지

¹¹子以四敎 文行忠信「술이 24」
자 이 사 교 문 행 충 신

¹²子曰 弟子入則孝 出則弟 謹而信 汎愛衆而親仁 行有餘力 則以學文「학이 6」
자 왈 제 자 입 즉 효 출 즉 제 근 이 신 범 애 중 이 친 인 행 유 여 력 즉 이 학 문

¹³子曰 知者不惑 仁者不憂 勇者不懼「자한 28」
자 왈 지 자 불 혹 인 자 불 우 용 자 불 구

¹⁴子曰 道不行 乘桴浮于海 從我者 其由與
자 왈 도 불 행 승 부 부 우 해 종 아 자 기 유 여

子路聞之喜 子曰 由也 好勇過我 無所取材「공야장 6」
자 로 문 지 희 자 왈 유 야 호 용 과 아 무 소 취 재

¹⁵子路曰 君子尚勇乎 子曰 君子義以爲上
자 로 왈 군 자 상 용 호 자 왈 군 자 의 이 위 상

君子有勇而無義爲亂 小人有勇而無義爲盜「양화 23」
군 자 유 용 이 무 의 위 란 소 인 유 용 이 무 의 위 도

¹⁶子謂顔淵曰 用之則行 舍之則藏 惟我與爾有是夫 子路曰 子行三軍則誰與
자 위 안 연 왈 용 지 즉 행 사 지 즉 장 유 아 여 이 유 시 부 자 로 왈 자 행 삼 군 즉 수 여

子曰 暴虎馮河 死而無悔者 吾不與也 必也臨事而懼 好謀而成者也「술이 10」
자 왈 포 호 빙 하 사 이 무 회 자 오 불 여 야 필 야 림 사 이 구 호 모 이 성 자 야

¹⁷子路有聞 未之能行 唯恐有聞「공야장 13」
자 로 유 문 미 지 능 행 유 공 유 문

¹⁸顔淵季路侍 子曰 盍各言爾志 子路曰 願車馬 衣輕裘
안 연 계 로 시 자 왈 합 각 언 이 지 자 로 왈 원 거 마 의 경 구

與朋友共 敝之而無憾 顔淵曰 願無伐善 無施勞 ^{「공야장 25」}
여 붕 우 공 폐 지 이 무 감 안 연 왈 원 무 벌 선 무 시 로

¹⁹子曰 衣敝縕袍 與衣狐貉者 立而不恥者 其由也與
자 왈 의 폐 온 포 여 의 호 학 자 입 이 불 치 자 기 유 야 여

不忮不求 何用不臧 子路終身誦之 子曰 是道也 何足以臧 ^{「자한 26」}
불 기 불 구 하 용 부 장 자 로 종 신 송 지 자 왈 시 도 야 하 족 이 장

²⁰子曰 由之瑟 奚爲於丘之門 門人不敬子路
자 왈 유 지 슬 해 위 어 구 지 문 문 인 불 경 자 로

子曰 由也 升堂矣 未入於室也 ^{「선진 14」}
자 왈 유 야 승 당 의 미 입 어 실 야

²¹公山弗擾以費畔 召 子欲往 子路不說 曰 末之也已 何必公山氏之之也
공 산 불 요 이 비 반 소 자 욕 왕 자 로 불 열 왈 말 지 야 이 하 필 공 산 씨 지 지 야

子曰 夫召我者 而豈徒哉 如有用我者 吾其爲東周乎 ^{「양화 5」}
자 왈 부 소 아 자 이 기 도 재 여 유 용 아 자 오 기 위 동 주 호

²²佛肸召 子欲往 子路曰 昔者由也聞諸夫子曰
필 힐 소 자 욕 왕 자 로 왈 석 자 유 야 문 저 부 자 왈

親於其身爲不善者 君子不入也 佛肸以中牟畔 子之往也 如之何
친 어 기 신 위 불 선 자 군 주 불 입 야 필 힐 이 중 모 반 자 지 왕 야 여 지 하

子曰 然 有是言也 不曰堅乎 磨而不磷 不曰白乎
자 왈 연 시 유 언 야 불 왈 견 호 마 이 불 린 불 왈 백 호

涅而不緇 吾豈匏瓜也哉 焉能繫而不食 ^{「양화 7」}
날 이 불 치 오 기 포 과 야 재 언 능 계 이 불 식

²³子見南子 子路不說 夫子矢之曰 予所否者 天厭之 天厭之 ^{「옹야 26」}
자 견 남 자 자 로 불 열 부 자 시 지 왈 여 소 부 자 천 염 지 천 염 지

²⁴在陳絶糧 從者病 莫能興 子路慍見曰 君子亦有窮乎
재 진 절 량 종 자 병 막 능 흥 자 로 온 현 왈 군 자 역 유 궁 호

子曰 君子固窮 小人窮斯濫矣 ^{「위령공 1」}
자 왈 군 자 고 궁 소 인 궁 사 람 의

²⁵子曰 十室之邑 必有忠信如丘者焉 不如丘之好學也 ^{「공야장 27」}
자 왈 십 실 지 읍 필 유 충 신 여 구 자 언 불 여 구 지 호 학 야

²⁶孔子對曰 有顔回者好學 不幸短命死矣 今也則亡 「선진 6」
공자대왈 유안회자호학 불행단명사의 금야즉무

²⁷子曰 吾與回言終日 不違如愚 退而省其私 亦足以發 回也不愚 「위정 9」
자왈 오여회언종일 불위여우 퇴이성기사 역족이발 회야불우

²⁸子謂顔淵曰 惜乎 吾見其進也 未見其止也 「자한 20」
자위안연왈 석호 오견기진야 미견기지야

²⁹子謂子貢曰 女與回也, 孰愈 對曰 賜也 何敢望回
자위자공왈 여여회야 숙유 대왈 사야 하감망회

回也 聞一以知十 賜也 聞一以知二 子曰 弗如也 吾與女弗如也 「공야장 8」
회야 문일이지십 사야 문일이지이 자왈 불여야 오여여불여야

³⁰子曰 賢哉 回也 一簞食一瓢飲 在陋巷 人不堪其憂
자왈 현재 회야 일단사일표음 재누항 인불감기우

回也 不改其樂 賢哉 回也 「옹야 9」
회야 불개기락 현재 회야

³¹子曰 回也 其庶乎屢空 賜不受命而貨殖焉 億則屢中 「선진 18」
자왈 회야 기서호루공 사불수명이화식언 억즉루중

³²子畏於匡 顔淵後 子曰 吾以女爲死矣 曰 子在 回何敢死 「선진 22」
자외어광 안연후 자왈 오이여위사의 왈 자재 회하감사

³³顔淵死 子曰 噫 天喪予 天喪予 「선진 8」
안연사 자왈 희 천상여 천상여

³⁴顔淵死 子哭之慟 從者曰 子慟矣 曰 有慟乎 非夫人之爲慟而誰爲 「선진 9」
안연사 자곡지통 종자왈 자통의 왈 유통호 비부인지위통이수위

³⁵顔淵死 門人欲厚葬之 子曰 不可 門人厚葬之
안연사 문인욕후장지 자왈 불가 문인후장지

子曰 回也 視予猶父也 予不得視猶子也 非我也 夫二三子也 「선진 10」
자왈 회야 시여유부야 여부득시유자야 비아야 부이삼자야

³⁶孔子對曰 有顔回者好學 不遷怒 不貳過 不幸短命死矣
공자대왈 유안회자호학 불천로 불이과 불행단명사의

今也則亡 未聞好學者也「옹야 2」
금 야 즉 무   미 문 호 학 자 야

37 叔孫武叔語大夫於朝曰 子貢賢於仲尼
숙 손 무 숙 어 대 부 어 조 왈   자 공 현 어 중 니

子服景伯以告子貢 子貢曰 譬之宮牆 賜之牆也及肩 窺見室家之好
자 복 경 백 이 고 자 공   자 공 왈   비 지 궁 장   사 지 장 야 급 견   규 견 실 가 지 호

夫子之牆數仞 不得其門而入 不見宗廟之美百官之富
부 자 지 장 수 인   부 득 기 문 이 입   불 견 종 묘 지 미 백 관 지 부

得其門者 或寡矣 夫子之云 不亦宜乎「자장 23」
득 기 문 자   혹 과 의   부 자 지 운   불 역 의 호

38 叔孫武叔毁仲尼 子貢曰 無以爲也 仲尼不可毁也
숙 손 무 숙 훼 중 니   자 공 왈   무 이 위 야   중 니 불 가 훼 야

他人之賢者 丘陵也 猶可踰也 仲尼日月也 無得而踰焉
타 인 지 현 자   구 릉 야   유 가 유 야   중 니 일 월 야   무 득 이 유 언

人雖欲自絶 其何傷於日月乎 多見其不知量也「자장 24」
인 수 욕 자 절   기 하 상 어 일 월 호   다 견 기 부 지 량 야

39 子貢問曰 賜也 何如 子曰 女器也 曰 何器也 曰 瑚璉也「공야장 3」
자 공 문 왈   사 야   하 여   자 왈   여 기 야   왈   하 기 야   왈   호 련 야

40 子貢方人 子曰 賜也 賢乎哉 夫我則不暇「헌문 31」
자 공 방 인   자 왈   사 야   현 호 재   부 아 즉 불 가

41 子貢曰 我不欲人之加諸我也 吾亦欲無加諸人 子曰 賜也 非爾所及也「공야장 11」
자 공 왈   아 불 욕 인 지 가 저 아 야   오 역 욕 무 가 저 인   자 왈   사 야   비 이 소 급 야

42 子貢欲去告朔之餼羊 子曰 賜也 爾愛其羊 我愛其禮「팔일 17」
자 공 욕 거 곡 삭 지 희 양   자 왈   사 야   이 애 기 양   아 애 기 례

43 子曰 回也 其庶乎屢空 賜不受命而貨殖焉 億則屢中「선진 18」
자 왈   회 야   기 서 호 루 공   사 불 수 명 이 화 식 언   억 즉 루 중

44 子謂子貢曰 女與回也 孰愈 對曰 賜也何敢望回
자 위 자 공 왈   여 여 회 야   숙 유   대 왈   사 야 하 감 망 회

回也 聞一以知十 賜也 聞一以知二 子曰 弗如也 吾與女弗如也「공야장 8」
회 야   문 일 이 지 십   사 야   문 일 이 지 이   자 왈   불 여 야   오 여 여 불 여 야

⁴⁵子貢曰 貧而無諂 富而無驕 何如 子曰 可也 未若貧而樂 富而好禮者也
자공왈 빈이무첨 부이무교 하여 자왈 가야 미약빈이락 부이호례자야

子貢曰 詩云 '如切如磋 如琢如磨' 其斯之謂與
자공왈 시운 여절여차 여탁여마 기사지위여

子曰 賜也 始可與言詩已矣 告諸往而知來者 ^{「학이 15」}
자왈 사야 시가여언시이의 고저왕이지래자

⁴⁶宰予晝寢 子曰 朽木 不可雕也 糞土之牆 不可杇也 於予與何誅
재여주침 자왈 후목 불가조야 분토지장 불가오야 어여여하주

子曰 始吾於人也 聽其言而信其行
자왈 시오어인야 청기언이신기행

今吾於人也 聽其言而觀其行 於予與改是 ^{「공야장 9」}
금오어인야 청기언이관기행 어여여개시

⁴⁷宰我問 三年之喪 期已久矣 君子三年不爲禮 禮必壞 三年不爲樂 樂必崩
재아문 삼년지상 기이구의 군자삼년불위례 예필괴 삼년불위악 악필붕

舊穀旣沒 新穀旣升 鑽燧改火 期可已矣 ^{「양화 21」}
구곡기몰 신곡기승 찬수개화 기가이의

⁴⁸子曰 食夫稻 衣夫錦 於女安乎 曰 安 〔子曰〕 女安則爲之
자왈 식부도 의부금 어여안호 왈 안 〔자왈〕 여안즉위지

夫君子之居喪 食旨不甘 聞樂不樂 居處不安 故不爲也 今女安則爲之 ^{「양화 21」}
부군자지거상 식지불감 문악불락 거처불안 고불위야 금여안즉위지

⁴⁹宰我出 子曰 予之不仁也 子生三年 然後免於父母之懷
재아출 자왈 여지불인야 자생삼년 연후면어부모지회

夫三年之喪 天下之通喪也 予也 有三年之愛於其父母乎 ^{「양화 21」}
부삼년지상 천하지통상야 여야 유삼년지애어기부모호

⁵⁰宰我問曰 仁者 雖告之曰 井有仁焉 其從之也
재아문왈 인자 수고지왈 정유인언 기종지야

子曰 何爲其然也 君子可逝也 不可陷也 可欺也 不可罔也 ^{「옹야 24」}
자왈 하위기연야 군자가서야 불가함야 가기야 불가망야

3부

¹子夏曰 雖小道 必有可觀者焉 致遠恐泥 是以君子不爲也 ^{「자장 4」}
자하왈 수소도 필유가관자언 치원공니 시이군자불위야

²司馬牛問仁 子曰 仁者 其言也訒「안연 3」
사 마 우 문 인 자 왈 인 자 기 언 야 인

³樊遲問仁 曰 仁者 先難而後獲 可謂仁矣「옹야 20」
번 지 문 인 왈 인 자 선 난 이 후 획 가 위 인 의

⁴樊遲問仁 子曰 居處恭 執事敬 與人忠 雖之夷狄 不可棄也「자로 19」
번 지 문 인 자 왈 거 처 공 집 사 경 여 인 충 수 지 이 적 불 가 기 야

⁵子曰 仁遠乎哉 我欲仁 斯仁至矣「술이 29」
자 왈 인 원 호 재 아 욕 인 사 인 지 의

⁶唐棣之華 偏其反而 豈不爾思 室是遠而 子曰 未之思也 夫何遠之有「자한 30」
당 체 지 화 편 기 번 이 기 불 이 사 실 시 원 이 자 왈 미 지 사 야 부 하 원 지 유

⁷子曰 (……) 君子去仁 惡乎成名 君子無終食之間違仁
자 왈 (……) 군 자 거 인 오 호 성 명 군 자 무 종 식 지 간 위 인

造次必於是 顚沛必於是「이인 5」
조 차 필 어 시 전 패 필 어 시

⁸子張問仁於孔子 孔子曰 能行五者於天下爲仁矣 請問之 曰 恭寬信敏惠
자 장 문 인 어 공 자 공 자 왈 능 행 오 자 어 천 하 위 인 의 청 문 지 왈 공 관 신 민 혜

恭則不侮 寬則得衆 信則人任焉 敏則有功 惠則足以使人「양화 6」
공 즉 불 모 관 즉 득 중 신 즉 인 임 언 민 즉 유 공 혜 즉 족 이 사 인

⁹子曰 參乎 吾道一以貫之 曾子曰 唯
자 왈 삼 호 오 도 일 이 관 지 증 자 왈 유

子出 門人問曰 何謂也 曾子曰 夫子之道 忠恕而已矣「이인 15」
자 출 문 인 문 왈 하 위 야 증 자 왈 부 자 지 도 충 서 이 이 의

¹⁰仲弓問仁 子曰 出門如見大賓 使民如承大祭 己所不欲 勿施於人
중 궁 문 인 자 왈 출 문 여 견 대 빈 사 민 여 승 대 제 기 소 불 욕 물 시 어 인

在邦無怨 在家無怨 仲弓曰 雍雖不敏 請事斯語矣「안연 2」
재 방 무 원 재 가 무 원 중 궁 왈 옹 수 불 민 청 사 사 어 의

¹¹顔淵問仁 子曰 克己復禮爲仁 一日克己復禮 天下歸仁焉
안 연 문 인 자 왈 극 기 복 례 위 인 일 일 극 기 복 례 천 하 귀 인 언

爲仁由己而由人乎哉「안연 1」
위 인 유 기 이 유 인 호 재

¹²顔淵曰 請問其目 子曰 非禮勿視 非禮勿聽
안연왈 청문기목 자왈 비례물시 비례물청

非禮勿言 非禮勿動 顔淵曰 回雖不敏 請事斯語矣「안연 1」
비례물언 비례물동 안연왈 회수불민 청사사어의

¹³仲弓問仁 子曰 (……) 己所不欲 勿施於人「안연 2」
중궁문인 자왈 (……) 기소불욕 물시어인

¹⁴子曰 由也 女聞六言六蔽矣乎 對曰 未也 居 吾語女 好仁不好學 其蔽也愚
자왈 유야 여문육언육폐의호 대왈 미야 거 오어여 호인불호학 기폐야우

好知不好學 其蔽也蕩 好信不好學 其蔽也賊 好直不好學 其蔽也絞
호지불호학 기폐야탕 호신불호학 기폐야적 호직불호학 기폐야교

好勇不好學 其蔽也亂 好剛不好學 其蔽也狂「양화 8」
호용불호학 기폐야란 호강불호학 기폐야광

¹⁵子曰 學而時習之 不亦說乎 有朋自遠方來 不亦樂乎
자왈 학이시습지 불역열호 유붕자원방래 불역락호

人不知而不慍 不亦君子乎「학이 1」
인부지이불온 불역군자호

¹⁶子曰 人而不仁 如禮何 人而不仁 如樂何「팔일 3」
자왈 인이불인 여례하 인이불인 여악하

¹⁷樊遲問仁 子曰 愛人「안연 22」
번지문인 자왈 애인

¹⁸子曰 學而時習之 不亦說乎 有朋自遠方來 不亦樂乎
자왈 학이시습지 불역열호 유붕자원방래 불역락호

人不知而不慍 不亦君子乎「학이 1」
인부지이불온 불역군자호

¹⁹子曰 我非生而知之者 好古敏以求之者也「술이 19」
자왈 아비생이지지자 호고민이구지자야

²⁰孔子曰 生而知之者 上也 學而知之者 次也 困而學之 又其次也
공자왈 생이지지자 상야 학이지지자 차야 곤이학지 우기차야

困而不學 民斯爲下矣「계씨 9」
곤이불학 민사위하의

²¹子曰 吾嘗終日不食 終夜不寢 以思 無益 不如學也「위령공 30」
자왈 오상종일불식 종야불침 이사 무익 불여학야

²²子曰 莫我知也夫 子貢曰 何爲其莫知子也
자왈 막아지야부 자공왈 하위기막지자야

子曰 不怨天 不尤人 下學而上達 知我者 其天乎「헌문 37」
자왈 불원천 불우인 하학이상달 지아자 기천호

²³子曰 弟子入則孝 出則弟 謹而信 汎愛衆而親仁 行有餘力 則以學文「학이 6」
자왈 제자입즉효 출즉제 근이신 범애중이친인 행유여력 즉이학문

²⁴子曰 知之者 不如好之者 好之者 不如樂之者「옹야 18」
자왈 지지자 불여호지자 호지자 불여락지자

²⁵子曰 學如不及 猶恐失之「태백 17」
자왈 학여불급 유공실지

²⁶子曰 吾未見好德如好色者也「자한 17」
자왈 오미견호덕여호색자야

²⁷子夏曰 賢賢易色 事父母 能竭其力
자하왈 현현역색 사부모 능갈기력

事君 能致其身 與朋友交 言而有信 雖曰未學 吾必謂之學矣「학이 7」
사군 능치기신 여붕우교 언이유신 수왈미학 오필위지학의

²⁸子在齊聞韶 三月不知肉美 曰 不圖爲樂之至於斯也「술이 13」
자재제문소 삼월부지육미 왈 부도위악지지어사야

²⁹子曰 古之學者爲己 今之學者爲人「헌문 25」
자왈 고지학자위기 금지학자위인

³⁰子謂顔淵曰 惜乎 吾見其進也 未見其止也「자한 20」
자위안연왈 석호 오견기진야 미견기지야

³¹冉求曰 非不說子之道 力不足也 子曰 力不足者 中道而廢 今女畫「옹야 10」
염구왈 비불열자지도 역부족야 자왈 역부족자 중도이폐 여금획

³²子曰 譬如爲山 未成一簣 止 吾止也 譬如平地 雖覆一簣 進 吾往也「자한 18」
자왈 비여위산 미성일궤 지 오지야 비여평지 수복일궤 진 오왕야

³³ 子曰 學而不思則罔 思而不學則殆 ^{「위정 15」}
자왈 학이불사즉망 사이불학즉태

³⁴ 子曰 飯疏食飲水 曲肱而枕之 樂亦在其中矣
자왈 반소사음수 곡굉이침지 낙역재기중의

不義而富且貴 於我如浮雲 ^{「술이 15」}
불의이부차귀 어아여부운

³⁵ 子曰 君子 食無求飽 居無求安 ^{「학이 14」}
자왈 군자 식무구포 거무구안

³⁶ 子曰 君子坦蕩蕩 小人長戚戚 ^{「술이 36」}
자왈 군자탄탕탕 소인장척척

³⁷ 有子曰 (……) 君子務本 本立而道生 ^{「학이 2」}
유자왈 (……) 군자무본 본립이도생

³⁸ 子曰 君子懷德 小人懷土 君子懷刑 小人懷惠 ^{「이인 11」}
자왈 군자회덕 소인회토 군자회형 소인회혜

³⁹ 子曰 君子喻於義 小人喻於利 ^{「이인 16」}
자왈 군자유어의 소인유어리

⁴⁰ 子曰 君子周而不比 小人比而不周 ^{「위정 14」}
자왈 군자주이불비 소인비이부주

⁴¹ 子之燕居 申申如也 夭夭如也 ^{「술이 4」}
자지연거 신신여야 요요여야

⁴² 子曰 君子和而不同 小人同而不和 ^{「자로 23」}
자왈 군자화이부동 소인동이불화

⁴³ 孔子於鄕黨 恂恂如也 似不能言者 其在宗廟朝廷 便便言 唯謹爾 ^{「향당 1」}
군자어향당 순순여야 사불능언자 기재종묘조정 편편언 유근이

⁴⁴ 子曰 (……) 主忠信 無友不如己者 過則勿憚改 ^{「학이 8」}
자왈 (……) 주충신 무우불여기자 과즉물탄개

⁴⁵子曰 十室之邑 必有忠信如丘者焉 不如丘之好學也 ^{「공야장 27」}
자왈 십실지읍 필유충신여구자언 불여구지호학야

⁴⁶子以四敎 文行忠信 ^{「술이 24」}
자이사교 문행충신

⁴⁷子張問崇德辨惑 子曰 主忠信 徙義 崇德也
자장문숭덕변혹 자왈 주충신 사의 숭덕야

愛之欲其生 惡之欲其死 旣欲其生 又欲其死 是惑也 ^{「안연 10」}
애지욕기생 오지욕기사 기욕기생 우욕기사 시혹야

⁴⁸曾子曰 吾日三省吾身 爲人謀而不忠乎 與朋友交而不信乎 傳不習乎 ^{「학이 4」}
증자왈 오일삼성오신 위인모이불충호 여붕우교이불신호 전불습호

⁴⁹子貢問友 子曰 忠告而善道之 不可則止 無自辱焉 ^{「안연 23」}
자공문우 자왈 충고이선도지 불가즉지 무자욕언

⁵⁰定公問 君使臣 臣事君 如之何 孔子對曰 君使臣以禮 臣使君以忠 ^{「팔일 19」}
정공문 군사신 신사군 여지하 공자대왈 군사신이례 신사군이충

⁵¹子張問政 子曰 居之無倦 行之以忠 ^{「안연 14」}
자장문정 자왈 거지무권 행지이충

⁵²子曰 人而無信 不知其可也 大車無輗 小車無軏 其何以行之哉 ^{「위정 22」}
자왈 인이무신 부지기가야 대거무예 소거무월 기하이행지재

⁵³子曰 巧言令色 鮮矣仁 ^{「학이 3」}
자왈 교언영색 선의인

⁵⁴子貢問君子 子曰 先行其言而後從之 ^{「위정 13」}
자공문군자 자왈 선행기언이후종지

⁵⁵或曰 雍也 仁而不佞 子曰 焉用佞 禦人以口給 屢憎於人
혹왈 옹야 인이불녕 자왈 언용녕 어인이구급 누증어인

不知其仁 焉用佞 ^{「공야장 4」}
부지기인 언용녕

⁵⁶子路使子羔爲費宰 子曰 賊夫人之子 子路曰 有民人焉 有社稷焉
자로사자고위비재 자왈 적부인지자 자로왈 유민인언 유사직언

何必讀書然後爲學 子曰 是故 惡夫佞者「선진 24」
하 필 독 서 연 후 위 학 자 왈 시 고 오 부 녕 자

57 子曰 可與言而不與之言 失人 不可與言而與之言 失言
자 왈 가 여 언 이 불 여 지 언 실 인 불 가 여 언 이 여 지 언 실 언

知者不失人 亦不失言「위령공 7」
지 자 불 실 인 역 불 실 언

58 子問公叔文子於公明賈曰 信乎夫子不言不笑不取乎
자 문 공 숙 문 자 어 공 명 가 왈 신 호 부 자 불 언 불 소 불 취 호

公明賈對曰 以告者過也 夫子時然後言 人不厭其言
공 명 가 대 왈 이 고 자 과 야 부 자 시 연 후 언 인 불 염 기 언

樂然後笑 人不厭其笑 義然後取 人不厭其取 子曰 其然 豈其然乎「헌문 14」
낙 연 후 소 인 불 염 기 소 의 연 후 취 인 불 염 기 취 자 왈 기 연 기 기 연 호

59 子曰 巧言令色足恭 左丘明恥之 丘亦恥之
자 왈 교 언 영 색 주 공 좌 구 명 치 지 구 역 치 지

匿怨而友其人 左丘明恥之 丘亦恥之「공야장 24」
익 원 이 우 기 인 좌 구 명 치 지 구 역 치 지

60 葉公語孔子曰 吾黨有直躬者 其父攘羊 而子證之
섭 공 어 공 자 왈 오 당 유 직 궁 자 기 부 양 양 이 자 증 지

孔子曰 吾黨之直者 異於是 父爲子隱 子爲父隱 直在其中矣「자로 18」
공 자 왈 오 당 지 직 자 이 어 시 부 위 자 은 자 위 부 은 직 재 기 중 의

61 子曰 孰謂微生高直 或乞醯焉 乞諸其鄰而與之「공야장 23」
자 왈 숙 위 미 생 고 직 혹 걸 혜 언 걸 저 기 린 이 여 지

62 子曰 人之生也直 罔之生也 幸而免「옹야 17」
자 왈 인 지 생 야 직 망 지 생 야 행 이 면

63 子曰 由 誨女知之乎 知之爲知之 不知爲不知 是知也「위정 17」
자 왈 유 회 여 지 지 호 지 지 위 지 지 부 지 위 부 지 시 지 야

64 或曰 以德報怨 何如 子曰 何以報德 以直報怨 以德報德「헌문 36」
혹 왈 이 덕 보 원 여 하 자 왈 하 이 보 덕 이 직 보 원 이 덕 보 덕

65 子曰 (……) 匿怨而友其人 左丘明恥之 丘亦恥之「공야장 24」
자 왈 (……) 익 원 이 우 기 인 좌 구 명 치 지 구 역 치 지

⁶⁶子曰 (……) 過則勿憚改「학이 8」
자왈 (……) 과즉물탄개

⁶⁷子曰 過而不改 是謂過矣「위령공 29」
자왈 과이불개 시위과의

⁶⁸曾子曰 吾日三省吾身 爲人謀而不忠乎
증자왈 오일삼성오신 위인모이불충호

與朋友交而不信乎 傳不習乎「학이 4」
여붕우교이불신호 전불습호

⁶⁹子曰 見賢思齊焉 見不賢而內自省也「이인 17」
자왈 견현사제언 견불현이내자성야

⁷⁰子曰 (……) 吾未見能見其過而內自訟者也「공야장 26」
자왈 (……) 오미견능견기과이내자송자야

⁷¹子曰 中庸之爲德也 其至矣乎 民鮮久矣「옹야 27」
자왈 중용지위덕야 기지의호 민선구의

⁷²子貢問 師與商也 孰賢 子曰 師也過 商也不及
자공문 사여상야 숙현 자왈 사야과 상야불급

曰 然則師愈與 子曰 過猶不及「선진 15」
왈 연즉사유여 자왈 과유불급

⁷³子曰 關雎 樂而不淫 哀而不傷「팔일 20」
자왈 관저 낙이불음 애이불상

⁷⁴子絶四 毋意 毋必 毋固 毋我「자한 4」
자절사 무의 무필 무고 무아

⁷⁵子曰 與之釜 請益 曰 與之庾 冉子與之粟五秉
자왈 여지부 청익 왈 여지유 염자여지속오병

子曰 赤之適齊也 乘肥馬 衣輕裘 吾聞之也 君子周急 不繼富「옹야 3」
자왈 적지적제야 승비마 의경구 오문지야 군자주급 불계부

⁷⁶原思爲之宰 與之粟九百 辭 子曰 毋 以與爾隣里鄉黨乎「옹야 3」
원사위지재 여지속구백 사 자왈 무 이여이린리향당호

⁷⁷ 子之燕居 申申如也 夭夭如也 「술이 4」
자 지 연 거 신 신 여 야 요 요 여 야

⁷⁸ 子溫而厲 威而不猛 恭而安 「술이 37」
자 온 이 려 위 이 불 맹 공 이 안

⁷⁹ 子曰 朝聞道 夕死可矣 「이인 8」
자 왈 조 문 도 석 사 가 의

⁸⁰ 季路問事鬼神 子曰 未能事人 焉能事鬼 敢問死 曰 未知生 焉知死 「선진 11」
계 로 문 사 귀 신 자 왈 미 능 사 인 언 능 사 귀 감 문 사 왈 미 지 생 언 지 사

⁸¹ 子不語怪力亂神 「술이 20」
자 불 어 괴 력 란 신

⁸² 曰 滔滔者天下皆是也 而誰以易之 且而與其從辟人之士也
왈 도 도 자 천 하 개 시 야 이 수 이 역 지 차 이 여 기 종 피 인 지 사 야

豈若從辟世之士哉 耰而不輟 「미자 6」
기 약 종 피 세 지 사 재 우 이 불 철

⁸³ 子路行以告 夫子憮然曰 鳥獸不可與同群 吾非斯人之徒與 而誰與
자 로 행 이 고 부 자 무 연 왈 조 수 불 가 여 동 군 오 비 사 인 지 도 여 이 수 여

天下有道 丘不與易也 「미자 6」
천 하 유 도 구 불 여 역 야

4부

¹ 子貢問曰 有一言而可以終身行之者乎
자 공 문 왈 유 일 언 이 가 이 종 신 행 지 자 호

子曰 其恕乎 己所不欲 勿施於人 「위령공 23」
자 왈 기 서 호 기 소 불 욕 물 시 어 인

² 子曰 (……) 夫仁者 己欲立而立人 己欲達而達人 能近取譬
자 왈 (……) 부 인 자 기 욕 립 이 립 인 기 욕 달 이 달 인 능 근 취 비

可謂仁之方也已 「옹야 28」
가 위 인 지 방 야 이

³有子曰 其爲人也孝弟 而好犯上者 鮮矣 不好犯上 而好作亂者 未之有也
유자왈 기위인야효제 이호범상자 선의 불호범상 이호작란자 미지유야

君子務本 本立而道生 孝弟也者 其爲仁之本與 ^{「학이 2」}
군자무본 본립이도생 효제야자 기위인지본여

⁴孟懿子問孝 子曰 無違 樊遲御 子告之曰 孟孫問孝於我 我對曰 無違
맹의자문효 자왈 무위 번지어 자고지왈 맹손문효어아 아대왈 무위

樊遲問 何謂也 子曰 生事之以禮 死葬之以禮 祭之以禮 ^{「위정 5」}
번지문 하위야 자왈 생사지이례 사장지이례 제지이례

⁵孟武伯問孝 子曰 父母唯其疾之憂 ^{「위정 6」}
맹무백문효 자왈 부모유기질지우

⁶子游問孝 子曰 今之孝者 是謂能養 至於犬馬 皆能有養 不敬 何以別乎 ^{「위정 7」}
자유문효 자왈 금지효자 시위능양 지어견마 개능유양 불경 하이별호

⁷子夏問孝 子曰 色難 有事 弟子服其勞 有酒食 先生饌 曾是以爲孝乎 ^{「위정 8」}
자하문효 자왈 색난 유사 제자복기로 유주사 선생찬 증시이위효호

⁸子曰 事父母幾諫 見志不從 又敬不違 勞而不怨 ^{「이인 18」}
자왈 사부모기간 견지부종 우경불위 노이불원

⁹子曰 父母之年 不可不知也 一則以喜 一則以懼 ^{「이인 21」}
자왈 부모지년 불가부지야 일즉이희 일즉이구

¹⁰季康子問 使民敬忠以勸 如之何
계강자문 사민경충이권 여지하

子曰 臨之以莊則敬 孝慈則忠 舉善以敎不能則勸 ^{「위정 20」}
자왈 임지이장즉경 효자즉충 거선이교불능즉권

¹¹或謂孔子曰 子奚不爲政
혹위공자왈 자해불위정

子曰 書云 孝乎唯孝 友于兄弟 施於有政 是亦爲政 奚其爲爲政 ^{「위정 21」}
자왈 서운 효호유효 우우형제 시어유정 시역위정 해기위위정

¹²曾子曰 君子 以文會友 以友輔仁 ^{「안연 24」}
증자왈 군자 이문회우 이우보인

¹³子曰 晏平仲 善與人交 久而敬之 「공야장 16」
자왈 안평중 선여인교 구이경지

¹⁴子曰 三人行 必有我師焉 擇其善者而從之 其不善者而改之 「술이 21」
자왈 삼인행 필유아사언 택기선자이종지 기불선자이개지

¹⁵孔子曰 益者三友 損者三友 友直 友諒 友多聞 益矣 「계씨 4」
공자왈 익자삼우 손자삼우 우직 우량 우다문 익의

友便辟 友善柔 友便佞 損矣
우편벽 우선유 우편녕 손의

¹⁶子曰 視其所以 觀其所由 察其所安 人焉廋哉 人焉廋哉 「위정 10」
자왈 시기소이 관기소유 찰기소안 인언수재 인언수재

¹⁷子游曰 事君數 斯辱矣 朋友數 斯疏矣 「이인 26」
자유왈 사군삭 사욕의 붕우삭 사소의

¹⁸子貢問曰 鄕人皆好之 何如 子曰 未可也 鄕人皆惡之 何如
자공문왈 향인개호지 하여 자왈 미가야 향인개오지 하여

子曰 未可也 不如鄕人之善者好之 其不善者惡之 「자로 24」
자왈 미가야 불여향인지선자호지 기불선자오지

¹⁹子曰 爲政以德 譬如北辰居其所 而衆星共之 「위정 1」
자왈 위정이덕 비여북신거기소 이중성공지

²⁰子曰 道之以政 齊之以刑 民免而無恥 道之以德 齊之以禮 有恥且格 「위정 3」
자왈 도지이정 제지이형 민면이무치 도지이덕 제지이례 유치차격

²¹子曰 其身正 不令而行 其身不正 雖令不從 「자로 6」
자왈 기신정 불령이행 기신부정 수령부종

²²季康子問政於孔子曰 如殺無道 以就有道 何如 孔子對曰 子爲政 焉用殺
계강자문정어공자왈 여살무도 이취유도 하여 공자대왈 자위정 언용살

子欲善而民善矣 君子之德風 小人之德草 草上之風 必偃 「안연 19」
자욕선이민선의 군자지덕풍 소인지덕초 초상지풍 필언

²³季康子患盜 問於孔子 孔子對曰 苟子之不欲 雖賞之 不竊 「안연 18」
계강자환도 문어공자 공자대왈 구자지불욕 수상지 부절

²⁴季康子問政於孔子 孔子對曰 政者正也 子帥以正 孰敢不正 「안연 17」
계강자문정어공자 공자대왈 정자정야 자솔이정 숙감부정

²⁵定公問 一言而可以興邦 有諸 孔子對曰 言不可以若是其幾也 人之言曰
정공문 일언이가이흥방 유저 공자대왈 언불가이약시기기야 인지언왈

爲君難 爲臣不易 如知爲君之難也 不幾乎一言而興邦乎 曰 一言而喪邦 有諸
위군난 위신불이 여지위군지난야 불기호일언이흥방호 왈 일언이상방 유저

孔子對曰 言不可以若是其幾也 人之言曰 '予無樂乎爲君
공자대왈 언불가이약시기기야 인지언왈 여무락호위군

唯其言而莫予違也' 如其善而莫之違也 不亦善乎
유기언이막여위야 여기선이막지위야 불역선호

如不善而莫之違也 不幾乎一言而喪邦乎 「자로 15」
여불선이막지위야 불기호일언이상방호

²⁶子貢問政 子曰 足食 足兵 民信之矣 子貢曰 必不得已而去 於斯三者 何先
자공문정 자왈 족식 족병 민신지의 자공왈 필부득이이거 어사삼자 하선

曰 去兵 子貢曰 必不得已而去 於斯二者 何先
왈 거병 자공왈 필부득이이거 어사이자 하선

曰 去食 自古皆有死 民無信不立 「안연 7」
왈 거식 자고개유사 민무신불립

나의 첫 논어 공부

초판 1쇄 발행 2017년 9월 4일
초판 3쇄 발행 2021년 7월 2일
개정판 1쇄 발행 2024년 4월 24일
개정판 2쇄 발행 2024년 11월 5일

지은이 | 김태진
교정 | 김정민
디자인 | 여상우

펴낸이 | 박숙희
펴낸곳 | 메멘토
신고 | 2012년 2월 8일 제25100-2012-32호
주소 | 서울시 은평구 연서로26길 9-3 동양오피스텔 301호
전화 | 070-8256-1543 팩스 | 0505-330-1543
전자우편 | memento@mementopub.kr

ⓒ김태진

ISBN 979-11-92099-33-0 (03140)

* 이 책은 『열일곱 살에 읽는 논어』 개정판입니다.